Wasserkur und Badelust

Horst Prignitz

Wasserkur und Badelust

Eine Badereise in die Vergangenheit

Koehler & Amelang · Leipzig

Prignitz, Horst:
Wasserkur und Badelust: eine Badereise in die Vergangenheit /
Horst Prignitz. – Leipzig: Koehler & Amelang, 1986. –
234 S.: 142 Abb. (z. T. farb.)
ISBN 3-7338-0011-7

ISBN 3-7338-0011-7
1. Auflage · © 1986 by Koehler & Amelang (VOB), Leipzig
Lizenznummer 295/275/2815/86 · LSV 0239 · Printed in the German Democratic Republic
Klischees von Interdruck, Leipzig, und BS «Rudi Arndt», Berlin
Gesetzt aus der Baskerville-Antiqua, gedruckt und gebunden von den Druckwerkstätten Stollberg VOB
Zeichnungen Hans-Ulrich Herold · Gesamtgestaltung: Joachim Kölbel
698 337 2
02800

Inhalt

Kapitel I

Das Badewesen der Alten Welt

Uralte Wasserkur ▪ Sucht man nach dem Ursprung des Badens, will erfahren, wann wohl die verschiedensten Bäder erstmalig gebraucht wurden, heißt es, einen Weg zurückzugehen in das Dunkel der Geschichte. Doch trotz aller Bemühungen wird man schließlich feststellen müssen, daß auf viele Fragen, etwa nach den ersten Schwimmkundigen oder nach Zeit und Ort der frühesten Badeeinrichtungen, keine Antwort zu finden ist. So bleibt nur die Annahme, daß zu allen Zeiten gebadet, geschwommen und getaucht wurde. Sollten wir uns mit dieser Vermutung zufriedengeben? Sicher, es gibt Beweise für ein weit zurückliegendes Badewesen. Wir kennen die rund sechs Jahrtausende alte Darstellung eines Schwimmers auf einem ägyptischen Siegelzylinder aus der Negadezeit, die Ruinen eines etwa um 2500 v.Chr. benutzten Hallenbades in der am Unterlauf des Indus gelegenen Stadt Mohenjo-Daro oder die Tonscherben, die bei Ausgrabungen in der einstigen Königsburg von Tiryns auf dem Peloponnes gefunden wurden und auf die Benutzung von Badewannen vor rund 3500 Jahren hinweisen. Doch alle diese Zeugnisse von der Badelust unserer Vorfahren führen uns in frühe Hochkulturen, nicht aber zu den Anfängen des Badewesens. Eher schon helfen uns wissenschaftliche Untersuchungen oder Berichte von Reisenden über noch im Stadium der Urgesellschaft lebende Stämme und Dorfgemeinschaften weiter, ist doch anzunehmen, daß sich bei ihnen älteste Badebräuche erhalten haben.

Alle Naturvölker beherrschten die Kunst des Schwimmens, war es doch nötig, bei der Jagd, bei der Suche nach neuen Wohnplätzen oder auch auf der Flucht vor manchen Gefahren Bäche und Flüsse zu überqueren.

Uralt sind auch kalte Bäder, Waschungen und Übergießungen aus hygienischen, medizinischen oder religiösen Gründen. Aber das kalte Bad, in den rauheren Klimazonen doch immer von der Jahreszeit abhängig, bildete nur einen Teil – und nicht einmal den wichtigsten – des frühen Badewesens. Vorherrschend war bei den nordasiatischen Völkerschaften, bei den Bewohnern Nordeuropas, bei Eskimos und Indianern das Schwitzbad, meist in Form des Dampfbades, verbunden mit der anschließenden Erfrischung im nahen Fluß oder See.

Die unterschiedlichsten Schwitzbadestuben gab es bei den Indianern Nord- und Mittelamerikas. *Tafel 1, 2* Neben den etwa 1 bis 1,3 Meter hohen und breiten Schwitzhütten der Dakotas, in denen der Schwitzende hockte, während ein Gehilfe glühende Steine mit Wasser begoß, sind in den Abhang eines Hügels gegrabene Löcher, aber auch zeltartige Gebäude in Form eines Wigwams bekannt. Massiv gebaute Schwitzhäuser besaßen die Ureinwohner Guatemalas, aber auch die Pueblo-Indianer Arizonas und Neu-Mexikos.

Otto Stoll, der in den Jahren von 1878 bis 1883 Guatemala durchreiste, schilderte das Schwitzen der indianischen Dorfbewohner in seinem 1886 erschienenen Werk «Guatelama»:

«In allen den zahlreichen Dörfern, welche noch indianische Sitte aufrechthalten, findet man gewöhnlich hinter dem Wohnhause backofenförmige, halbkugelige Bauten, deren Durchmesser und Höhe mehrere Fuß beträgt. Sie sind aus Stein oder Lehmziegeln gebaut. Die Eingangsöffnung ist so klein, daß ein Mensch eben noch durchkriechen kann. Im Inneren, worin sich dem Eingang gegenüber ein paar als Herd dienende Steine befinden, wird Feuer angemacht, dessen Rauch durch ein in der Kuppe befindliches Loch entweicht. Gleichzeitig werden drei Schüsseln voll Wasser in den Ofen gestellt, und zwar zwei davon neben das Feuer, damit ihr Wasser sich erhitze, die dritte aber entfernt davon, da ihr Wasser nicht heiß werden soll. Wenn das Feuer abgebrannt ist, so kriechen eine oder mehrere Personen nackend in den Temescal (aztekisch, spanisch Estufa) hinein, löschen die Glut durch Übergießen mit Wasser. Der sich entwickelnde Wasserdampf, dessen Entweichen durch Verschließen des Eingangs und des Kamins verhindert wird, erfüllt den Ofen. Die Badenden haben dünne Zweige irgend welcher Pflanzen bei sich, welche sie in die Schüsseln mit dem heißen Wasser tauchen und womit sie alsdann sich selbst oder einen anderen schlagen, um den Ausbruch des Schweißes zu befördern. In diesem Dampfbad verweilen sie etwa zwanzig Minuten.»*

Schwitzbäder galten weithin als erfolgversprechendes Mittel, Krankheiten vorzubeugen oder die Gesundheit wiederzuerlangen. Doch schon vor Jahrtausenden kannten Heilkundige – vor allem Medizinmänner, Schamanen oder Priesterärzte – andere Elemente der Wasserkur: kalte und warme Bäder, auch Güsse, ja sogar in therapeutischer Absicht das Bespeien mit einfachem Wasser, zum Beispiel bei hohem Fieber. Seit eh und je spielten Thermalquellen eine besondere Rolle, schien sich doch in ihnen das von vielen Völkern für heilig gehaltene Wasser und Feuer glücklich zu vereinigen. Unzweifelhaft ist die Wasserkur die älteste naturgemäße Heilmethode.

Zwischen Euphrat und Tigris ■ Der Gedanke von der reinigenden und läuternden Wirkung von Feuer und Wasser findet sich stark ausgeprägt in der Kultur der altorientalischen Völker, bei Sumerern, Babyloniern und Assyrern. So ist es nicht verwunderlich, daß vor allem in unmittelbarer Nähe natürlicher Thermen, aber auch anderer Quellen heilige Tempel entstanden, in denen Prie-

sterärzte mit wachsender Sachkenntnis Kranke behandelten. Von besonderer Bedeutung war in den Mythen der Babylonier das auch aus den Märchen vieler Völker bekannte Wasser des Lebens; es sollte sich in der Tiefe der Erde befinden und nicht nur alle Schmerzen beseitigen, sondern selbst Tote lebendig machen. In höchstem Ansehen standen das Lebenswasser in den Tempeln des Gottes Marduk und das für heilig gehaltene Wasser des Euphrat.

Ein Badezimmer mit zwei Wannen fand sich bei Ausgrabungen in den Ruinen des Palastes von Mari, einem am mittleren Euphrat gelegenen Stadtstaat, in dem von 2350 v. Chr. bis zu seiner Zerstörung durch Hammurapi im Jahre 1695 v. Chr. semitische Fürsten herrschten.

Auch aus der altbabylonischen Zeit sind Badestuben in Palästen nachweisbar. Da das Wasser in Krügen gelagert wurde, ist anzunehmen, daß die Räume einfachen Übergießungen dienten. Anhaltspunkte für öffentliche Badeeinrichtungen gibt es dagegen nicht, die große Mehrheit der Bauern, Fischer und Handwerker badete im Fluß. Vorgeschrieben waren Bäder nach Kriegszügen, um sich und die Waffen zu reinigen, aber auch nach Krankheiten.

Daß die Bewohner des Landes zwischen Euphrat und Tigris schwimmen konnten, beweisen Steinbilder der Assyrer und Babylonier aus dem 1. Jahrtausend v. Chr. – sie zeigen aufgeblasene Fellsäcke als Schwimmhilfsmittel.

Geheilt durch Meerwasser ■ Bis tief in die Vergangenheit läßt sich das altägyptische Badewesen zurückverfolgen. Wir erwähnten schon eine ägyptische Zeichnung aus dem 4. bis 5. Jahrtausend v. Chr., die mehrere Kraulschwimmer zeigt; der gleiche Schwimmstil ist auf zwei Hieroglyphen aus der Zeit um 3000 bzw. 2500 v. Chr. dargestellt. Auch für die spätere Zeit gibt es Hinweise auf die Schwimmkunst der alten Ägypter. Die Prinzen

* Bei diesem und bei den folgenden Zitaten wurde die Schreibweise der heute gültigen Rechtschreibung angeglichen.

und die am Königshof erzogenen Söhne der Höflinge und des Adels erhielten Schwimmunterricht, aber auch Schiffer und Krieger konnten meist schwimmen.

Früh verbürgt sind kalte und warme Bäder, ebenso das Dampfbad. Die ägyptischen Priesterärzte unterstützten ihre Wasserkuren mit Diät, Massage und Hypnose. Bei ihnen finden wir auch erstmalig die Nutzung des Meerwassers zu medizinischen Zwecken. Es wird berichtet, daß Euripides, als er den jungen Platon um 410 v. Chr. auf einer Reise durch Ägypten begleitete, schwer erkrankte und von ägyptischen Priestern durch Anwendung von Meerwasser geheilt wurde. Auch Quellwasser trank man bereits in vorislamischer Zeit gegen die verschiedensten Krankheiten.

Das hohe Niveau der ägyptischen Wasserkur veranlaßte immer wieder griechische Gelehrte wie Pythagoras, Herodot, Platon und Eudoxos zu Reisen in das Land am Nil, um von den heilkundigen Priestern zu lernen. So empfahl zum Beispiel Pythagoras seinen Schülern kalte Bäder, um Körper und Geist zu stärken.

Betrachtet man das Badewesen der altorientalischen Staaten von Ägypten bis ins Perserreich, wirft man einen Blick bis nach Indien und Japan, so fällt auf, wie stark die Gemeinsamkeiten sind. Überall finden wir Heilgötter, die Verehrung der großen Ströme und der natürlichen Thermen, nicht zuletzt genaue Vorschriften über das Waschen und Baden in den Schriften der Religionsstifter. Das gilt für Manu in Indien, für Zarathustra in Persien sowie für Mohammed und findet seine Entsprechung in den Büchern Mosis. Wenn man sich vor Augen führt, welche große Bedeutung das Wasser für die vor allem auf Ackerbau und Viehzucht beruhende Wirtschaft jener frühen Staaten, ja für das Überleben jedes einzelnen hatte, dann

Beinschlagschwimmen auf einem Siegelzylinder aus der Negadezeit, Ägypten, 4.–5. Jahrtausend v. Chr.

wird deutlich, daß die um das Wasser entstandenen Mythen durchaus einen realen Hintergrund haben.

Der Teich Bethesda ∎ Einflüsse der babylonisch-assyrischen, aber auch der altägyptischen Kultur lassen sich im Badewesen Israels nachweisen. Wie bei allen Völkern des alten Orients herrschte auch bei den hebräischen Stämmen der Gedanke von der Erneuerung, von der körperlichen und seelischen Reinigung durch das Baden – im Bad konnte man sich reinwaschen von aller Sündenschuld. Im Pentateuch finden sich Hinweise auf Ganz- und Teilbäder, auf Besprengungen und Übergießungen, die zum Teil auf Gebräuchen aus ältesten Zeiten beruhen. Ausgiebige Waschungen nach jeder körperlichen Verrichtung, jeder Berührung unreiner Gegenstände, kranker Menschen oder deren Kleidung waren vorgeschrieben.

Die Anhänger mehrerer jüdischer Sekten badeten täglich – ob im Sommer oder im Winter. Hier sei nur auf die Essener (Essäer) verwiesen, die in der Mitte des zweiten Jahrhunderts v. Chr. am Toten Meer lebten. Sie versammelten sich täglich um 11 Uhr, um vor dem Mittagsmahl kalt zu baden. Dabei trugen die Frauen Hemden, die Männer umgürtete leinene Unterkleider.

Gebadet wurde in Flüssen, wobei das Wasser des Jordan als besonders heilkräftig bei der gefährlichen und weit verbreiteten Lepra galt, aber auch in Teichen und in tönernen oder bronzenen Wannen, die sich auf den flachen Dächern der Häuser oder in den Gärten befanden. Die Heilige Schrift erzählt von Bathseba, der späteren Gattin Davids, die unter freiem Himmel – wahrscheinlich in einem Badebecken – ein Bad nahm.

Vereinzelt gab es auch bereits mit einem Abfluß versehene Badezimmer. Doch noch im hellenistischen Zeitalter, als öffentliche Badehäuser, Heil- und Luxusbäder keine Seltenheit waren, galt ein Bad in einem Privathaus als außergewöhnlich. So berichtet Flavius Josephus in seinem großen Geschichtswerk «Über den jüdischen Krieg», Herodes der Große habe in der von ihm erbauten Phasael-Burg auch ein Bad eingerichtet, «damit der Burg nichts fehle, um als eine königliche zu erscheinen».

Zwei über viele Jahrhunderte benutzte Quellen, die Tausende von Kranken anzogen, sind aus der Heiligen Schrift bekannt: die Gichon-Quelle mit dem Teich Siloah und Bethesda.

Die ununterbrochen fließende Gichon-Quelle hatte schon König Salomo im 10. Jahrhundert v. Chr. einfassen und das Wasser in zwei Kanälen am Hang des Berges Zion entlangleiten lassen. Als 200 Jahre später König Achaz den oberen der beiden Kanäle nach Jerusalem führen ließ, entstand ein «unterer Teich». Nach und nach ging die Bezeichnung des Kanals (Siloah-Leitung, Kanal) auf den Teich über. In den sich dort befindenden Baderäumen suchten ständig Leprakranke Heilung. An einem Tag des Laubhüttenfestes aber stiegen Männer, Frauen und Kinder in Prozessionen zu dem reinigenden Wasser der Quelle herab. Die Heilung eines Blinden am Teich Siloah wird im Neuen Testament (Johannes 9,6–7) beschrieben:

«Als Jesus dies gesagt hatte, spuckte er auf den Boden und rührte einen Brei mit seinem Speichel an. Er strich den Brei auf die Augen des Mannes und befahl ihm: ‹Geh zum Teich Siloah und wasche dir das Gesicht.› Siloah bedeutet: der von Gott Gesandte. Der Mann ging dorthin und wusch sein Gesicht. Als er zurückkam, konnte er sehen.»

Wohl noch größere Anziehungskraft besaß der Teich Bethesda bei Jerusalem, über den wir im Johannes-Evangelium (5,2–9) lesen:

«Am Schaftor in Jerusalem befindet sich ein Teich mit fünf offenen Hallen. Auf hebräisch wird er Bethesda genannt. Eine große Anzahl von Kranken lag ständig in den Hallen: Blinde, Gelähmte und Schwindsüchtige.

Sie warteten darauf, daß das Wasser Wellen schlug, denn von Zeit zu Zeit kam ein Engel Gottes und brachte das Wasser in Bewegung. Wer als erster in das bewegte Wasser hineinging, wurde gesund, ganz gleich, welche Krankheit er hatte.

Unter ihnen war auch ein Mann, der seit achtunddreißig Jahren krank war. Jesus sah ihn dort liegen. Er wußte, wie lange der Mann schon unter seiner Krankheit litt, und fragte ihn: ‹Willst du gesund werden?› Der Kranke antwortete: ‹Herr, ich habe keinen, der mir in den Teich hilft, wenn das Wasser sich bewegt. Wenn ich es allein versuche, ist immer schon jemand vor mir da.› Jesus sagte zu ihm: ‹Steh auf, nimm deine Matte und geh!› Im selben Augenblick wurde der Mann gesund. Er nahm seine Matte und konnte wieder gehen.»

Der bei Jerusalem gelegene Teich Bethesda diente ursprünglich zum Baden der als Schlachtopfer ausgewählten Schafe. Er war etwa 30 Meter lang, 20 Meter breit und 13 Meter hoch. Die Wände waren teils gemauert, teils in den Felsen gehauen. Bethesda bestand aus zwei Sümpfen, und nur bei starkem Regen füllte sich der Teich mit Wasser. Der eine Teil enthielt rotes Wasser, und seine Heilkraft dürfte auf den sich im Schlamm be-

11

findlichen mineralischen Bestandteilen beruht haben. Regnete es, geriet der Untergrund in Bewegung; wahrscheinlich ähnelte seine Wirkung der eines Schlammbades. Der Doppelteich war von vier Hallen umgeben, in denen sich die Kranken aufhielten. Eine fünfte Halle teilte den Teich in zwei ungleich große Becken. Östlich von ihnen fand man in den Felsen gehauene Badewannen, die von einem Netz kleiner Kanäle mit Wasser versorgt wurden. Bethesda galt zur Römerzeit als wertvolles Heilbad und war unter dem Namen Piscina probatica weithin bekannt.

Während der römischen Herrschaft gewannen auch weitere Quellbäder an Bedeutung. Viel besucht wurden die heißen Quellen von Tiberias und Gadara am See Genezareth und die Schwefelthermen von Kallirrhoe am Ostufer des Toten Meeres, wo auch König Herodes Heilung suchte.

Kaltes Bad im Eurotas ■ Als in den Jahren 1884/85 Heinrich Schliemann und Wilhelm Dörpfeld die Ruinen der bei Nauplia in der Argolis gelegenen Königsburg von Tiryns freilegten, stießen sie auf das älteste Badezimmer des europäischen Festlandes. Der Fußboden des aus der Zeit um 1400 v. Chr. stammenden Raumes besteht aus einem über drei Meter breiten, fast vier Meter langen und durchschnittlich 0,7 Meter dicken Kalkstein-

block, als dessen Fundament auf allen vier Seiten mächtige Grundmauern dienen. Das Gewicht des Kolosses beträgt mehr als 20 Tonnen. Die Mitte des Blockes bildet ein sorgfältig geglättetes, etwa acht Quadratmeter großes Rechteck. Die nicht mehr vorhandenen Wände des Badezimmers waren – wie die große Anzahl von Bohrlöchern am Rande des Blockes beweist – mit hölzernen Bohlen verkleidet. Es fanden sich auch Scherben einer tönernen Wanne. Da es zu jener Zeit noch keine Wasserzuführung gab, wohl aber eine Rinne zum Abfluß des Wassers entdeckt wurde, ist anzunehmen, daß das Wasser aus Krügen über den in der Wanne Sitzenden gegossen wurde und man nach dem Bade die Wanne einfach auf dem Fußboden ausgoß.

Noch älter als der kleine Baderaum in der mykenischen Burganlage Tiryns sind die Reste ovaler tönerner Wannen, die bei Ausgrabungen auf Kreta und Melos (neugriechisch Milo) gefunden wurden. Sie stammen aus dem 16. Jahrhundert v. Chr., als die ägäische Kultur der Bronzezeit ihren Höhepunkt erreicht hatte. Nur wenig jünger dürften auf Kreta gefundene Badezimmer sein, kleine, meist quadratische Räume, die oft tiefer als die angrenzenden Zimmer lagen und über ein, zwei Treppenstufen zu erreichen waren. In den Palästen von Knossos auf Kreta, Phylakopi auf Melos und im

Tönerne Wanne aus dem Palast von Knossos
(Länge 1,45 m, größte Höhe 0,50 m)

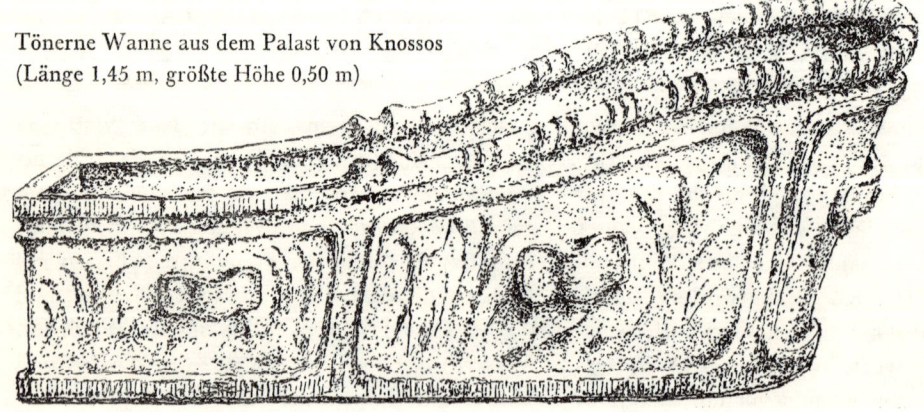

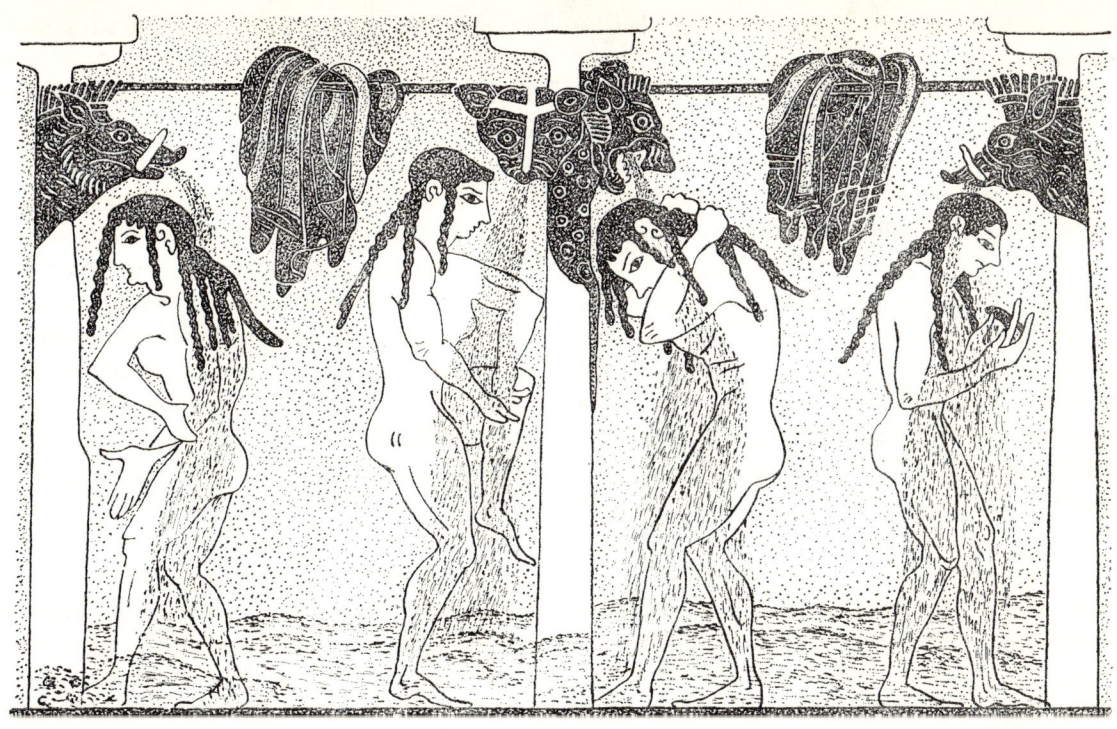

Griechisches Frauenbad, zweite Hälfte des 6. Jahrhunderts v. Chr.

Palast von Mykene auf dem griechischen Festland konnten zum Teil reich ausgemalte Baderäume festgestellt werden. Das vorgriechische Badewesen der kretisch-mykenischen Zeit hatte beim Einsetzen der großen dorischen Wanderbewegung (etwa um 1200 v. Chr.) eine Höhe erreicht, die zum Teil in der homerischen Epoche nachlebte, aber für Jahrhunderte in Griechenland nicht wieder erreicht wurde. Interessant ist, daß die Sage Dädalus, dem Vater des Ikarus, nicht nur die Erbauung des Labyrinths für den kretischen König Minos, sondern auch die Erfindung des Dampfbades zuschreibt.

Auch in den im 8. Jahrhundert v. Chr. entstandenen Gesängen Homers sind Hinweise auf frühe Badesitten zu entdecken: Die Königstochter Nausikaa badet mit ihren Mägden im Fluß, Diomedes und Odysseus reinigen und erfrischen sich in den kühlen Fluten des Meeres, bevor sie ein warmes Wannenbad nehmen, der schiffbrüchige Odysseus schwimmt zur Phäakeninsel, die Skythen suchen vor der Belagerung Trojas ein Dampfbad auf. Aus der homerischen Epoche sind aber weder Badezimmer, noch Reste von Badewannen nachweisbar. Wahrscheinlich bestanden sie aus Holz, so daß sie nicht erhalten geblieben sind.

Am Anfang des griechischen Badewesens stand – wie bei allen Völkern – das Bad im Fluß oder im Meer. Es scheint, daß zuerst die Spartaner gemeinsam kalte Bäder im Eurotas nahmen; bald ahmten die übrigen Griechen dieses Beispiel nach. Das kalte Bad diente nicht nur der Reinigung und Stärkung, sondern galt auch als Vergnügen. Im nahe bei Athen gelegenen Eleusis mußten die in die Mysterien Einzuweihenden am zweiten Tag ein Meerbad nehmen.

13

Warme Bäder galten dagegen lange Zeit für verweichlichend oder sollten nur zu außerordentlichen Anlässen genommen werden. Nach und nach entstanden öffentliche Bäder, teil waren sie im Privatbesitz, teils – vor allem für die ärmeren Volksschichten – vom Staat eingerichtet. Im Hauptraum des griechischen Bades befanden sich eine große, gleichzeitig von mehreren Badegästen benutzte Wanne und mehrere kleinere Wannen, die für vornehme Besucher reserviert waren. Es gab Waschbecken, Gefäße mit kochendem Wasser zum *Seite* Mischen und warmem Wasser zum Übergießen. *13* Zur griechischen Badeanstalt gehörten vielfach auch ein Salbzimmer, worin der Körper mit Öl eingerieben und das Haar gesalbt wurde, und ein Auskleideraum. Umfangreiche Badeeinrichtungen gehörten zu den sportlichen Übungen dienenden Gymnasien; in einigen Fällen besaßen die hellenistischen Turnanstalten auch Badebecken. Wie aber die aus dem 3. bis 4. Jahrhundert v. Chr. stammende Palästra von Olympia zeigt, deren Badebecken nur etwa 12 Quadratmeter groß und 1,38 Meter tief war, dürften diese Vorläufer der Schwimmhallen recht bescheiden gewesen sein. Nachweisbar sind auch im Freien gelegene Schwimmteiche, Kolymbethra genannt. Überaus reines Wasser sagte man dem Schwimmteich bei den Thermopylen nach, der durch das Wasser der warmen Quellen gespeist wurde, die dem Ort auch den Ruf eines Heilbades verschafften.

Im 4. Jahrhundert v. Chr. fragte der griechische Philosoph Platon in seinen «Gesetzen»:

«Wird man Leuten, die das Gegenteil von weise sind, die wie das Sprichwort sagt, weder schwimmen noch lesen können, ein Amt übergeben?»

Der Analphabet der Antike: ein Mensch, der weder schwimmen noch lesen kann. Die Schwimmfähigkeit der Griechen ist durch viele Beispiele verbürgt; das Kraulen dominierte, aber auch das Rückenschwimmen war bekannt, während das Brustschwimmen seltener gepflegt wurde. Wie schon andere Völker vor ihnen benutzten auch die Griechen aufgeblasene Schläuche und aus Rohr oder Binsen gepreßte Bündel als Schwimmhilfsmittel.

Hero und Leander ■ Eines der schönsten Beispiele für die Schwimmkunst der Griechen bietet die in mehreren Fassungen überlieferte Sage von Hero und Leander. Hero, eine von den Göttern abstammende Priesterin der Aphrodite, wohnte auf einem Turm bei Sestos auf dem europäischen Ufer des Hellespont. Am gegenüberliegenden Ufer, in der Stadt Abydos, lebte der junge Leander. Bei einem Fest zu Ehren des Adonis und der Aphrodite verliebte sich Leander in Hero. Obwohl Hero als Priesterin ehelos bleiben sollte, erwiderte sie seine Neigung. Allabendlich schwamm Leander von Abydos nach Sestos, wo ihm vom Turm die Leuchte der Geliebten den Weg wies. Der Sommer verging. An einem stürmischen Herbstabend, als Leander wieder das Licht sah, ertrank er bei dem Versuch, die Wellen zu bezwingen. Hero stürzte sich in die See, um mit ihrem Geliebten im Tod vereint zu sein.

Hero und
Leander. Darstellung auf einer Münze aus Abydos

Griechischer Taucher. Ausschnitt aus einem Wandgemälde

Interessant ist, daß es auch Formen der Sage gibt, in denen Hero schwimmt – ein Hinweis auf die Schwimmkunst der Frauen.

Zwar sollte jeder Grieche schwimmen lernen, von einem Schwimmsport aber kann nicht gesprochen werden. Auch Wettkämpfe waren selten. Pausanias, der «Bädeker» der Antike, hat uns ein Wettschwimmen überliefert, das in der kleinen, durch ihre Quellen berühmten Stadt Hermione zu Ehren des Weingottes Dionysos stattfand. Schon die geringe Tiefe der Schwimmbecken deutet darauf hin, daß es auch kein sportliches Wasserspringen gab. Andererseits aber hatten die Griechen hervorragende Taucher. Sie holten Muscheln, Korallen, Schwämme aus der Tiefe des Meeres und spielten vor allem bei Schiffskatastrophen und im Krieg eine wichtige Rolle. So sollen Taucher, als die athenische Flotte im Peleponnesischen Krieg Syrakus belagerte, im Wasser Pfähle abgesägt haben, die die Syrakuser zum Schutz ihres Hafens eingerammt hatten.

Der berühmteste Taucher der Antike war Skyllias aus Skione. Von ihm wird erzählt, er habe die Flotte der Perser ins Verderben gestürzt, als sie während eines schweren Sturmes vor Anker lag und Skyllias die Ankertaue durchschnitt.

Welche Rolle die Schwimmfähigkeit der Griechen in den kriegerischen Auseinandersetzungen spielte, beweist auch ein Beispiel aus dem Perserkrieg. Herodot beschreibt in seinem Geschichtswerk die Schlacht bei Salamis, die den Seesieg der Griechen über Perserkönig Xerxes im Jahre 480 v. Chr. brachte:

«In dieser Schlacht blieben auf Seiten der Perser, Meder und ihrer Verbündeten viele vornehme Herren, darunter auch Ariabignes, der Sohn des Dareios, Xerxes' Bruder, aber nur wenige Griechen. Denn da die schwimmen konnten, schwammen sie, wenn ihr Schiff unterging und sie nicht von Feindeshand fielen, nach Salamis ans Land, während die Barbaren, die nicht schwimmen konnten, fast immer ertranken.»

Zu erwähnen wäre noch, daß erfahrene griechische Ärzte auch bereits das Schwimmen zu medizinischen Zwecken nutzten, so zum Beispiel bei Verrenkungen, Versteifungen der Glieder und einigen inneren Krankheiten.

Die griechischen Ärzte übernahmen nicht nur verschiedene Methoden der Hydrotherapie von den Ägyptern, wie etwa das kalte Bad zur Erhaltung oder Herstellung der Gesundheit, sondern entwickelten die Wasserkur weiter. Hatte Herodikos sich nachhaltig für den gesundheitlichen Wert des kalten Wassers eingesetzt, so führte sein berühmtester Schüler – Hippokrates – im 4. Jahrhundert v. Chr. die Wasserheilkunde zu wissenschaftlicher Bedeutung.

Hippokrates schuf die ersten ausgedehnten, nach wissenschaftlichen Gesichtspunkten geordneten Angaben über die verschiedensten Verwendungsmöglichkeiten des Wassers in der Medizin. Als erster behauptete er, daß kaltes Wasser wärme, warmes dagegen kühle. Er kannte Begießungen mit kaltem Wasser bei Starrkrampf, Rheuma und Gicht, er benutzte Waschungen, Bäder, Wickel und ließ seine Patienten bei fieberhaften Erkrankungen sehr viel reines oder mit Honig vermischtes Wasser trinken.

Als abhärtend galten bei den Griechen Schwitzbäder, die durch Kohlebecken und heiße Steine geheizt wurden. Petronas, ein Arzt aus der Zeit des Hippokrates, erfand das Kastendampfbad, das auch im späteren Mittelalter bekannt war und dann Ende des 18. Jahrhunderts zu neuem Leben erweckt wurde.

Stätten der Gesundung und natürlich auch der Unterhaltung waren die vielen über Heilquellen verfügenden Badeorte auf dem griechischen Festland, auf den Inseln Kythos, Euböa, Melos und Lesbos und in den von den Griechen beherrschten Gebieten des Mittelmeerraumes. Auch bei den Griechen finden wir die schon im alten Orient ausgeprägte Verknüpfung abergläubischer und medizinischer Vorstellungen. Viele Quellen waren Göttern geweiht, dem Appollon oder seiner Schwester Artemis, dem Übelabwender und Weltenwanderer Herakles (Herkules) und in der späteren Zeit dem Heilgott Asklepios (Äskulap). Alle Asklepieien, Reste von ihnen wurden beispielsweise in Hermione, Pergamon und in Ephesos an der Westküste Kleinasiens gefunden, waren Kultstätten – Tempel in Verbindung mit heilkräftigen Quellen.

Das wohl berühmteste Heiligtum des Asklepios befand sich in der an der Ostküste der Argolis gelegenen Stadt Epidauros. Den Tempel des in der griechischen und römischen Antike viel besuchten Kurortes umgaben Gebäude zur Aufnahme von Kranken.

Die Asklepieien zeichneten sich durch eine besonders günstige Lage, sehr reine Luft, eine gesunde Umgebung und die Nähe einer Quelle aus. So sollen zum Beispiel durch den Asklepiostempel in Pergamon viele Blinde ihr Augenlicht wiedererhalten haben und andere Patienten von Brustleiden, Atemnot und Fußverkrümmungen befreit worden sein; ja, es wird sogar von einem Stummen berichtet, der das Wasser der Quelle trank und seine Sprache wiederfand. Bäder, der Aufenthalt in luftigen Zellen, eine strenge Diät und gymnastische Übungen gehörten zu den Kurmitteln in den Asklepieien.

Groß war die Zahl der Quellen; in höchstem Ansehen standen die heißen Stahlquellen von Adepsos auf der Insel Euböa. Die griechischen Ärzte kannten Bäder mit schwefelhaltigem Schlamm, das Baden in kalten, warmen und heißen Quellen, auch Trinkkuren und als Heilmittel Sonnenbäder.

Blütezeit der Thermen ■ Mit dem römischen Badewesen verbinden wir die Vorstellung von prachtvollen Thermen und dem ausschweifenden Leben in Baiae, dem berühmtesten Luxusbad der Antike. Doch die Anfänge nehmen sich wesentlich bescheidener aus. Als vor etwa 3000 Jahren die erste Ansiedlung auf dem Palatin entstand, als schließlich – nach sagenhafter Überlieferung – Romulus im Jahre 753 v.Chr. das später weltbeherrschende Rom gründete, gab es noch keine öffentlichen Badeanstalten, keine beheizten Schwimmbäder, keine prunkvollen Villen am Golf von Neapel.

Die Römer der Königszeit kannten vor allem eine Badestelle: den Tiber. Und nicht zufällig befand sich der Exerzierplatz, das Marsfeld, am Ufer

1
Wöchnerin
der Rouquouyennes-
Indianer
im Schwitzbad.
Xylographie,
um 1885
2
Schwitzhütte
der Indianer in
Guatemala.
Xylographie,
um 1885

Die 216 n. Chr. erbauten Thermen des Caracalla in Rom
(Tepidarium)

Das Frigidarium in den Thermen des Caracalla

5
Ruinen der um 300 n. Chr. erbauten
Kaiserthermen in Trier
6
Ruinen eines römischen Bades in Varna

des Flusses, spielte doch das Schwimmen eine wichtige Rolle bei der Ausbildung der Legionäre. Vegetius, ein reicher Grundbesitzer, Finanzminister unter Kaiser Theodosius I., schrieb darüber um 400 n. Chr. in seinem militärischen Handbuch «Epitoma rei militaris»:

«Das Schwimmen und seine Anwendung muß im Sommer jeder Neuling in gleicher Weise lernen. Nicht immer können nämlich Flüsse auf Brükken überschritten werden. Auf der Flucht oder bei der Verfolgung wird das Heer oft zum Schwimmen gezwungen. Häufig nämlich treten Flüsse infolge von Regengüssen oder Schneeschmelze aus ihren Ufern, und Schwimmunkundige kommen dann nicht nur durch ihre Feinde, sondern auch durch das Wasser in Lebensgefahr. Deshalb haben die alten Römer, denen so viele Kriege und fortgesetzte Gefahren in jeder Angelegenheit des Heerwesens zur Lehre gedient hatten, ihren Übungsplatz, das Marsfeld, neben dem Tiber angelegt, damit sich in ihm die Jugend nach den Übungen mit den Waffen den Staub und Schweiß abwasche und die Müdigkeit infolge des Laufens durch anstrengendes Schwimmen bekämpfe. Nicht nur die Fußsoldaten sollen schwimmen lernen, sondern auch die Reiter, ja sogar die Pferde- und Troßknechte, die Gallianer, damit ihnen, wenn die Notwendigkeit zu schwimmen an sie herantritt, nichts geschieht.»

Die ersten Bäder in den Häusern waren alles andere als luxuriös. Das Waschhaus (lavatrina) lag nahe der Küche, um deren Heizung und Wasserabfluß nutzen zu können, und war meist ein dunkler, kleiner Raum, in dem man sich mit Wasser aus Krügen übergießen und waschen konnte. Wahrscheinlich aber entstand bereits unter König Tarquinius die erste öffentliche Badeanstalt, doch noch lange blieb der Tiber Volks- und Schwimmbad. Mit dem Wachsen der Stadt und der damit verbundenen Verschmutzung des Flusses wurde der Tiber zum Baden immer ungeeigneter, und als unter Appius Claudius im Jahre 305 v. Chr. die erste große Wasserleitung (Aqua Appia) entstanden war, legte man außerhalb der Stadtmauer ein großes Becken an, das aus der Wasserleitung gespeist und zum Volksbad bestimmt wurde.

Die stärkere Berührung mit den Griechen, deren Bade- und Bäderwesen zu jener Zeit auf einer wesentlich höheren Stufe stand, ließ im 3. Jahrhundert v. Chr. eine Entwicklung beginnen, die dann schließlich zu den Thermenbauten eines Diokletian oder Caracalla führte. Als immerhin mehr als ein halbes Jahrtausend seit der Gründung Roms vergangen war, besaß die Stadt, die bereits ganz Italien unterworfen und den Kampf um die Seeherrschaft im Mittelmeer aufgenommen hatte, drei Arten von Bädern: die Hausbäder (balnearia), private, von ihren Besitzern vermietete Bäder (balneae privatae) und öffentliche Badeanstalten (balneae publicae), die auf Staatskosten oder auf Grund von Stiftungen reicher Bürger errichtet worden waren.

Starke Impulse erhielt das Badewesen im ersten Jahrhundert v. Chr. durch einige grundlegende technische Neuerungen: Die Herstellung der ersten hartgebrannten Ziegel ermöglichte höhere Heiztemperaturen. Ausgedient hatten die in den Baderäumen stehenden Kohlebecken. Es wird angenommen, daß es C. Sergius Orata war, der die Fußbodenbeheizung (Hypokausten) erfand. Orata hatte die Fisch- und Austernzucht durch verschiedene Verbesserungen vervollkommnet, vor allem durch die künstliche Beheizung seiner Bassins. Möglich ist aber auch, daß die im Jahr 89 v. Chr. in den ersten Bädern eingeführte Luftheizung älteren Ursprungs ist.

Der Fußboden der zu beheizenden Räume ruhte auf etwa 80 Zentimeter hohen Pfeilern. In den Hohlraum strömte durch Kanäle aus der zentralen Heizungsanlage heiße Luft; der Effekt wurde in den zum Schwitzen bestimmten Baderäumen noch durch hohle Wände und Decken erhöht. Dazu kam, daß sich über dem Ofen ein oder mehrere miteinander verbundene Kessel befanden, so daß die Baderäume mit unterschiedlich temperiertem Wasser versorgt werden konnten. Schließlich brachte die Entwicklung des Fensterglases das Ende der kleinen, dunklen Bäder. Jetzt wurde es möglich, helle, große, luftabgeschlossene Räume zu bauen. Erst seit dieser Zeit führten die öffentlichen Bäder den Namen Thermae. Die Blütezeit der Thermen lag in der Kaiserzeit, als sich der römische Staat zu einem Weltreich entwickelte und Rom eine Weltstadt war. Nun erst konnten die Bäder der Römer mit denen der Griechen und Ägypter konkurrieren.

Im Jahre 19 v. Chr. war der erste große Thermenbau vollendet worden. Agrippa, Feldherr und Staatsmann, Schwiegersohn des Kaisers Augustus, hatte ihn errichten lassen. Ihm wird auch die Einführung der Schwitzbäder in das römische Badewesen zugeschrieben, besaßen doch die etwa 14 250 Quadratmeter großen, mit Luftheizung versehenen Agrippa-Thermen erstmals ein öffentliches Heißluftbad. Es gab kaum einen römischen Kaiser, der nicht durch den Bau immer größerer Thermen Macht und Reichtum demonstrieren wollte. Oftmals wurden alte Thermen abgerissen und an gleicher Stelle neue erbaut. Ob Nero oder Titus, *Tafel* ob Caracalla, Diokletian oder Konstantin – jeder 3, 4 wetteiferte mit seinem Vorgänger. Unübertroffen an Schönheit und Pracht blieben die Thermen des Diokletian, in denen gleichzeitig 3200 Menschen baden konnten. Etwa 2400 marmorne Badesessel dienten zum Ausruhen und 3000 Alabasterwannen für Einzelbäder. Die letzten in Rom gebauten Thermen entstanden im Jahre 324 n. Chr. unter der Herrschaft Kaiser Konstantins.

Die großen Thermen boten nicht nur die Möglichkeit zu verschiedenen Bädern, sondern verfügten auch über Sportstätten, waren Ort der Bildung und der Geselligkeit. Da ihnen Speisewirtschaften angeschlossen waren, gab es Schlemmereien und Trinkgelage. Schließlich gehörten zu den Bädern Einrichtungen der Körperpflege; hier ließ man sich salben und massieren, den Bart schaben und die Haare schneiden.

Es überrascht, daß die Schwimmbecken in den Thermen nur brusttief waren; im Vergleich zur Größe der Thermen nehmen sich ihre Maße doch recht bescheiden aus. In den Arippa-Thermen gab es zwei nahezu ovale Becken, eines für Frauen, eines für Männer, von jeweils etwa 32 Meter Länge und 22 Meter Breite. Das größte Schwimmbecken (70 mal 40 Meter) befand sich in den 80 n. Chr. erbauten Titus-Thermen. Die geringe Wassertiefe deutet darauf hin, daß das Wasserspringen – wie schon bei den Griechen – keine Rolle spielte. Auch bei den Römern konnte von einem Schwimmsport keine Rede sein, wenn es auch in der Kaiserzeit im unter Wasser gesetzten Amphitheater unterhaltsame Schwimmvorführungen zu sehen gab, Szenen aus den Göttersagen, Reigen, ja sogar die nachgestaltete Geschichte des Leander.

Übrigens erbaute Maecenas, ein Freund des Kaisers Augustus, um die Zeitenwende das erste beheizte Schwimmbecken. Am Rande sei erwähnt, daß Caligula und Nero mit großem Aufwand Meerwasser durch die Aquädukte in die Bäder leiten ließen. Ein Beispiel soll hier noch für die Prachtentfaltung im römischen Badewesen stehen: Kaiser Caligula besaß ein geräumiges Badeschiff, das erste und einzige seiner Zeit, mit mehreren Gemächern und bedeckten Bogengängen aus Zedernholz. Auf dem Luxusschiff wurden sogar Reben und Obstbäume gepflanzt.

Neben den prunkvollen Thermen gab es in Rom stets eine große Anzahl öffentlicher Bäder, die von den ärmeren Bewohnern der Weltstadt besucht wurden; um 330 n. Chr. waren es mehr als 850, die meist unentgeltlich benutzt werden konnten. Die für das Baden verbrauchte Wassermenge zu jener Zeit war enorm: Täglich flossen 750 Millionen Liter in die Bäder, das meiste sicher in die

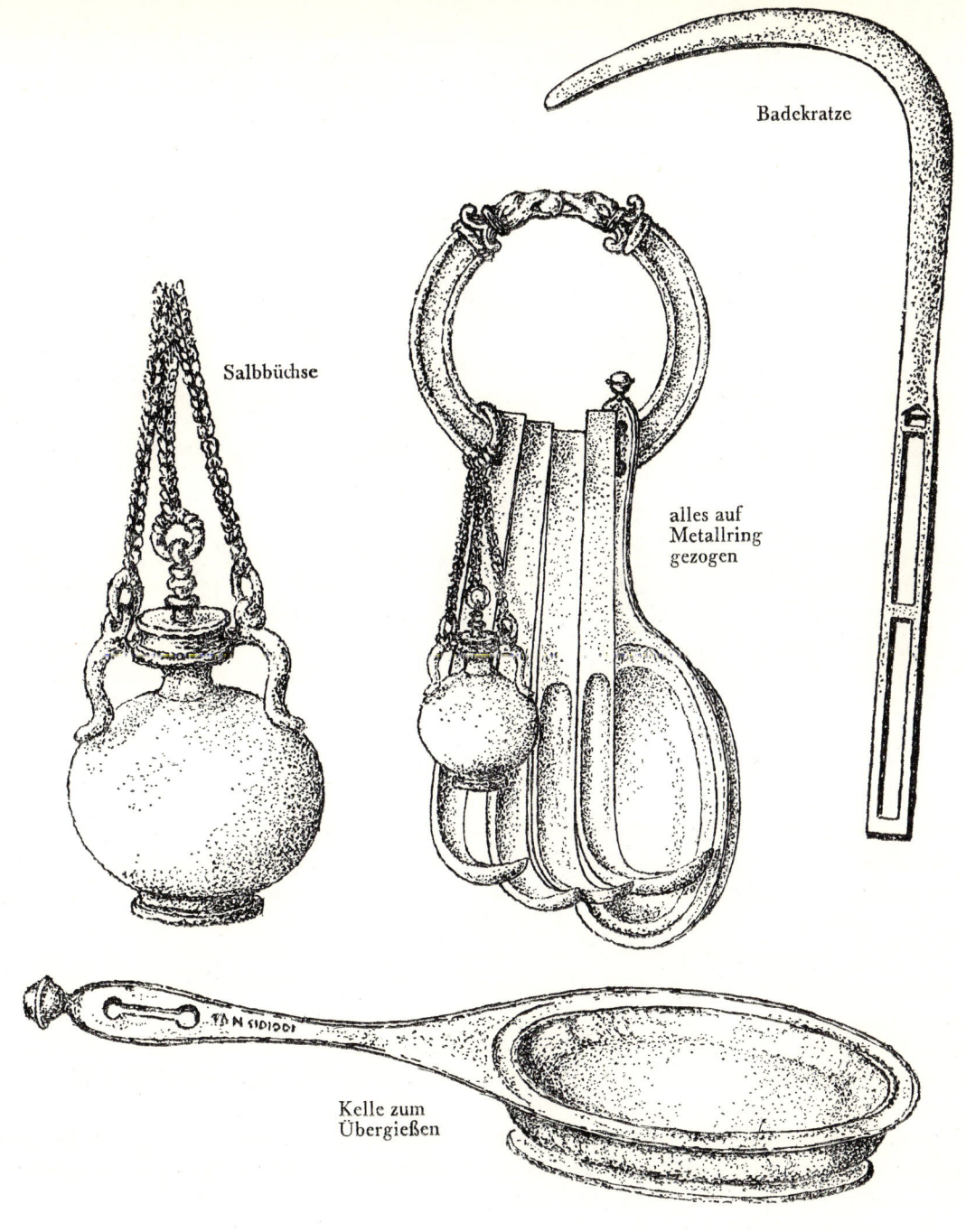

Badekratze

Salbbüchse

alles auf
Metallring
gezogen

Kelle zum
Übergießen

Badegerätschaften aus Pompeji

Darstellung der Heilquelle von
Umeri in Spanien auf
einer Silberschale

mit der Umschrift «Salus
Umeritana»

Zu erkennen
ist die Beladung
eines Wagens mit Quellwasser,
rechts erhält ein Greis einen Becher Quellwasser kredenzt, an den Altären bringen Genesene Opfer dar.

Thermen und Volksbäder, doch auch viele Villen reicher Römer, viele Gutshöfe verfügten über aus mehreren Räumen bestehende Badeeinrichtungen. Angemerkt sei hier, daß es trotz kaiserlicher Verbote immer wieder zum gemeinsamen Baden von Männern und Frauen kam – was nach der Gesetzessammlung des Justinian sogar ein Scheidungsgrund war.

Ohne Zweifel standen die Freude am Baden und der damit verbundenen Unterhaltung im Mittelpunkt des römischen Badelebens der Kaiserzeit, und es ist wohl kaum übertrieben, von einer regelrechten Badesucht zu sprechen. Daneben aber gab es vielseitige Bemühungen der Ärzte, die Badeeinrichtungen für medizinische Zwecke zu nutzen. Vor allem waren es Griechen, vielfach Kriegsgefangene oder Sklaven, die die Heilkunst des Hippokrates verbreiteten. An erster Stelle muß hier Asklepiades aus Prusa in Bithynien genannt werden, der als Lehrer der Beredsamkeit in Rom zu wenig verdiente und trotz fehlender medizinischer Vorbildung beschloß, Arzt zu werden.

Der im 1. Jahrhundert v. Chr. lebende Asklepiades entlehnte seine Kuren älteren Arztschriften, vor allem denen des Hippokrates. Ihm wird die Einführung der warmen Bäder in die Medizin zugeschrieben. Er wandte aber auch kalte Güsse an. So gossen Sklaven und Badewärter aus großen Muscheln oder Krügen Wasser über die Kranken. An den Wänden der Baderäume ließ er hochgelegene Rohre anbringen, aus welchen die Badenden den kalten Wasserstrahl über sich ergehen ließen. Zum therapeutischen Arsenal der in Rom wirkenden Ärzte gehörten auch Dampf- und Heißluftbäder, Sand- und Schlammbäder, Kuren mit Wein und nicht zuletzt das orthopädische Schwimmen. So wollte der Numidier Caelius Aurelianus Lahme schwimmen lehren; um das Schwimmen zu erleichtern, sollten Blasen an die kranken Glieder gebunden werden. Aber dem Schwimmen wurde auch Heilkraft bei Gelenkentzündungen, ja sogar bei Schlaflosigkeit, Kopfschmerzen und Stockschnupfen zugesprochen. Der berühmte römische Enzyklopädist Aurelius Cornelius Celsus empfahl es um 30 n. Chr. auch bei Epilepsie, bei Krankheiten der Leber und der Milz.

Ein Schüler des Asklepiades, der Freigelassene Antonius Musa, schuf sich in Rom eine einträgliche Praxis als Kaltwasserarzt. Kaiser Augustus, der sich auf einem seiner Feldzüge ein Leberleiden zugezogen hatte, konnte bei keinem Arzt Heilung finden. Er war bereits so verweichlicht, daß er sich vor jedem Luftzug fürchtete und nur noch in einem mit Pelzen tapezierten Raum lebte. Er erfuhr von Antonius Musa, der mit großem Erfolg eine eigentümliche Heilmethode mit kaltem Wasser und Kräutern praktizierte. Es gelang ihm, Kaiser Augustus zu heilen. Nun wurde es in Rom modern, sich mit kaltem Wasser behandeln zu lassen.

«Herberge des Lasters» ■ Von großer Bedeutung waren seit altersher, zum Teil schon aus der etruskischen Zeit, die vielen Quellenbäder an der italienischen Küste. In besonderem Ansehen standen Orte mit warmen Quellen (Aquae), aber auch einfache kalte Quellen wurden von römischen Sommerfrischlern als Stätten der Genesung von den Übeln des Stadtlebens gern besucht. Unter den mehr als 80 großen Heilbädern, die sich im Römischen Reich befanden – vom englischen Bath (Aquae Sulis) bis zum libanesischen Baalbek (Heliopolis), von den nordafrikanischen Bädern bis nach Bagnoles bei Vichy (Aquae calidae), von den Aquae Flaviae in Chaves (Portugal) bis zu den Thermen von Tbilissi – stand ohne Zweifel das am Golf von Neapel gelegene Baiae an erster Stelle. Erstmals wird das spätere Baiae als Aquae Cumanae 176 v. Chr. erwähnt; schon zu jener Zeit war es wegen seines milden Klimas und seiner heißen Schwefelquellen berühmt. Man glaubte, die Quellen stammten von dem Unterweltsflusse Pyriphlegeton, und nutzte vor allem die heißen Schwefeldämpfe zu Schwitzbädern. Aber erst unter dem Namen Baiae wurde der Ort zum glanzvollsten Luxusbad der Antike.

Besonders unter Kaiser Augustus gewann Baiae schnell an Bedeutung. Palast auf Palast entstand in der Ebene, am Hafen und auf dem Baiae umgebenden Hügelkranz. Tempel und Villen erstrahlten im Glanz des Marmors. Prachtvolle Gärten luden zu Spaziergängen ein. Auf dem Golf von Neapel schaukelten Barken und Gondeln, es gab Lust- und Wettfahrten, rauschende Musikfeste – und ein immerwährendes Kommen und Gehen reicher, mehr Unterhaltung als Erholung suchender Gäste.

Kaiser wie Caligula, Claudius und Nero wählten Baiae zu ihrem Lieblingsaufenthalt. Nero ließ dort prunkvolle Thermen erbauen; Kaiser Hadrian besaß in Baiae eine Villa, in der er im Jahre 138 n. Chr. starb.

Zwei Beinamen geben den doppelten Charakter dieses Weltbades wieder: «Herberge der Welt» und «Herberge des Lasters», Baiae war alles andere als ein beschaulicher Badeort. In der Stadt herrschten ständig Lärm und Gewühl. Die Besitzer der Garküchen lockten Gäste an, Wursthändler und Zuckerbäcker priesen lautstark ihre Waren, Tänzerinnen traten auf, Flötenspielerinnen musizierten. Die Besucher des Bades vergnügten sich mit Ballspielen, Gymnastik und Ausflügen in die Umgebung. Sie frönten dem Glücksspiel, begeisterten sich an den fast täglich stattfindenden Rennen und Gladiatorenkämpfen, trafen sich zu ausschweifenden Schlemmereien und huldigten Gott Bacchus.

Bei aller Unterhaltung, allem Vergnügen wurde in Baiae jedoch auch ernsthafte medizinische Arbeit geleistet. Reich war das Instrumentarium der Badeärzte. Neben Bädern im offenen Meer und warmen Seewasserbädern standen Bade- und Schwitzkuren bei den Schwefelquellen, aber auch Sonnenbäder, Gymnastik, Massage und Diät. Es darf aber bezweifelt werden, daß sich die illustren Gäste Baiaes an Diätvorschriften hielten.

Mindestens fünf Jahrhunderte stand Baiae an der Spitze aller Bäder. Mit dem Niedergang des weströmischen Reiches im 5. Jahrhundert verlor es zwar an Bedeutung, aber im ganzen Mittelalter zog es Besucher in den einst so berühmten Badeort. Noch Boccaccio erwähnt das dortige lebhafte, aber für die Tugend der Frauen gefährliche Badeleben. Selbst nach der Zerstörung Baiaes durch

einen Brand im Jahre 1538 fanden sich noch vereinzelt Gäste ein – eineinhalb Jahrtausende nach der Glanzzeit des Ortes.

Bis nach Britannien ■ Der direkte Einfluß des römischen Badewesens auf große Teile Europas, Kleinasiens und Nordafrikas kann kaum überwertet werden. Wohin die römischen Legionen auch vorstießen, überall erbauten sie Festungen und Bäder – von einfachen Badeanstalten bis zu prächtigen Thermen.

Nun wäre es falsch anzunehmen, bei Kelten, Germanen und Slawen hätte es vor dem Eindringen der Römer keine Bäder gegeben. Sicher, es dominierte das Bad im Fluß, aber bekannt waren auch das warme Bad in Wannen und Kufen (deren kreisrunde Form sich übrigens noch lange im mittelalterlichen Taufstein erhielt), das Dampfbad und die heilende Wirkung der Quellen. Bessere germanische Hofhaltungen verfügten über Räume für Dampfbäder, und auch bei den Hunnen sind reichgeschmückte Bäder nachzuweisen. Die Quellen später berühmter Badeorte wie Wiesbaden, Baden-Baden, Pyrmont, Spa und St. Moritz, um nur einige zu nennen, galten schon in vorrömischer Zeit als heilige Stätten.

In den jahrhundertelangen kriegerischen Auseinandersetzungen, die ja immer wieder von friedlichen Epochen abgelöst wurden, wuchsen Macht und Einfluß der Römer, breitete sich auch das römische Badewesen nach Norden aus. Überall nutzten die Römer die Heilkraft der Quellen für Militär und Zivilbevölkerung. Römische Thermen finden sich bis hin nach Britannien. Die größeren Bäder besaßen auch Gartenanlagen und Wandelhallen. So konnten sich die um 300 n. Chr. erbauten Kaiserthermen in Trier mit ihren beiden Schwimmbecken von 20 Meter Länge und 12 Meter Breite durchaus mit denen Roms messen. Eine ausgedehnte Anlage entstand während der Römerzeit in Aachen (Aquae Granni, so benannt nach der

Tafel
5

keltischen Gottheit Grannus); das dort im 1. Jahrhundert errichtete Militärbad wurde auch in frühmittelalterlicher Zeit weiter benutzt. Es sei noch auf die Thermen von Badenweiler verwiesen, die in einem Rechteck von 94 mal 34 Metern über eine völlig symmetrische Doppelanlage für Männer und Frauen mit Schwimmbecken, Schwitzbädern sowie den dazugehörigen Gemeinschaftsräumen und Einzelzellen verfügten.

Der Niedergang Westroms, das unter dem Ansturm germanischer Völker ebenso wie infolge tiefer innerer Konflikte zerbrach, führte zwar zum Zerfall des römischen Badewesens in den einstigen europäischen Provinzen, im arabisch-türkischen Raum aber wurden seine Traditionen bewahrt. Das gilt zum Beispiel für das römische Heißluftbad, das als arabisches oder türkisches Bad (hammam) weiterlebte und nicht nur im Zeitalter der Kreuzzüge, sondern auch in der Mitte des 19. Jahrhunderts auf das europäische Badewesen wirkte.

Kapitel II

Die mittelalterliche Badestube

Die Bäder der Slawen ■ Jahrhundertelang gab es im europäischen Badewesen keine entscheidenden Veränderungen. Noch die Badeeinrichtungen des 9. bis 11. Jahrhunderts ähnelten denen der Karolingerzeit. Es waren meist einfache Wannen- oder Schwitzbäder, über die Klöster, Burgen, auch wohl reichere Hofhaltungen verfügten. Benutzt wurden sie nur selten, oft nur vor großen Kirchenfesten oder wenn Freunde nach langer, ermüdender Reise zu Besuch kamen. Dabei fand sich durchaus nicht in allen Klöstern eine Bademöglichkeit. Bekannt ist das Heißluftbad im Schweizer Kloster Sankt Gallen; das Badehaus dürfte etwa um 820 erbaut worden sein. Andere Klöster erhielten erst wesentlich später Badestuben: In dem auf der Bodensee-Insel Reichenau gelegenen Kloster ist erst im 14. Jahrhundert ein Badehaus nachzuweisen, im Kloster Einsiedeln um 1330, und im Kloster Engelberg ließ 1366 der Bischof von Konstanz eine Badestube erbauen. Kaum verbreiteter dürfte das Baden in den Burgen gewesen sein.

Ganz anders dagegen sah es in den von slawischen Völkern besiedelten Gebieten aus. Im Jahr 965 weilte der jüdische Kaufmann Ibrahim ibn Jakub mit einer Gesandtschaft des Kalifen von Cordoba bei Kaiser Otto I. in Merseburg; er besuchte auch die slawischen Länder Mecklenburg und Böhmen und beschrieb ausführlich das slawische Dampfbad:

«Bäder haben die Slawen nicht, aber sie machen ein Gemach von Holz, dessen Ritzen sie zustopfen mit etwas, das auf ihren Bäumen wächst und wie Wassermoos aussieht und sie ‹moch› nennen. Sie gebrauchen das auch zu ihren Schiffen statt Pech. In einem Winkel dieses Gemachs bauen sie einen Feuerherd von Steinen und lassen darüber eine Öffnung, um den Rauch hinauszulassen. Wenn nun der Herd erhitzt ist, so verstopfen sie das Luftloch und verschließen die Tür. In dem Gemache sind Gefäße mit Wasser, woraus sie nun Wasser auf den glühenden Herd gießen, so daß der Dampf aufsteigt. Jeder hat ein Bündel Heu in der Hand, womit er die Luft bewegt und an seinen Leib treibt. Dann öffnen sich die Poren und das Überflüssige vom Körper kommt heraus und läuft in Strömen von ihnen ab, so daß an keinem von ihnen mehr eine Spur von Ausschlag oder Geschwulst zu sehen ist. Sie nennen einen solchen Verschlag itba.»

Ein weiteres Beispiel für das Baden der Slawen bietet die berühmte Nestor-Chronik, so genannt nach einem ihrer Verfasser, dem Mönch des Kiewer Höhlenklosters Nestor. In dieser zum großen Teil aus dem 11. Jahrhundert stammenden Chronik findet sich die Legende vom Besuch des Apostels Andreas auf den Kiewer Bergen und in Nowgorod. Angeblich berichtete er über seine Reise in Rom:

«Etwas ganz Merkwürdiges habe ich auf meiner Reise im Lande der Slawen gesehen. Ich sah dort hölzerne Badehäuser, die man bis zur Glut heizt. Dann ziehen sich die Menschen darin nackt aus und übergießen sich mit heißer Gerberlohe. Darauf nehmen sie junge Zweige und schlagen sich damit und schlagen sich solange, bis sie kaum mehr kriechen können und halb tot sind. Schließlich begießen sie sich mit kaltem Wasser und werden wieder lebendig. Und das tun sie jeden Tag, ohne daß jemand sie dazu nötigt, sie tun das vielmehr aus freien Stücken, sie tun das nämlich zu ihrer Reinigung, nicht zu ihrer Peinigung.»

Verschiedene Formen von Schwitzbädern waren auch in Finnland, England, Island und mindestens seit dem 13. Jahrhundert in Schweden in Gebrauch. Die Badestube des norwegischen Königs Hákon Hákonsson (um 1250) soll so groß gewesen sein, daß sie 50 Personen gleichzeitig Platz bot.

Eine Sonderstellung nahm das spanische Badewesen ein. Nach der Eroberung weiter Teile der iberischen Halbinsel durch die Araber im 8. Jahrhundert bürgerte sich dort der orientalische Badegebrauch ein. Als besonders prächtiges Bauwerk galten die 1231 errichteten Kalt- und Schwitzbäder der maurischen Alhambra in Granada.

Völlig verlorengegangen war die Freude am Baden natürlich auch in Deutschland nicht. Bekannt ist, daß Karl der Große häufig im Wasser der warmen Schwefelquellen Aachens badete. Er ließ sich 778 in Aachen einen Palast erbauen, den er bis zu seinem Tode im Jahre 814 bewohnte. Zum Baden lud er nicht nur seine Söhne, sondern auch die Großen des Reiches, fremde Gesandte, sogar

Hofleute und Diener ein, so daß manchmal mehr als 100 Personen mit ihm gemeinsam badeten. Von Karl dem Großen wissen wir auch, daß er ein hervorragender Schwimmer war. Auch andere deutsche Kaiser beherrschten die Schwimmkunst, so Otto II. und Friedrich I. (Barbarossa), der 1190 beim Baden im Flusse Kalykadnos (Gök-su) in Kleinasien ertrank. Das Schwimmen gehörte im Mittelalter zu den sieben ritterlichen Tugenden, und noch im Ritterspiegel des 15. Jahrhunderts lesen wir:

«Di ander daß her kan geswumme
und in dem wazzir getuche,
sich gewende und gekrumme
uf dem rucke und uf dem buche.»

Vor Weihnachten und Ostern ■ Von großer Bedeutung für die Entwicklung des Badewesens war die Haltung der Kirche. Hatten die ersten Christen durchaus den Badegebrauch der griechisch-römischen Kultur beibehalten, so bestimmten in der Folgezeit doch sehr stark asketische Auffassungen die Einstellung zum Baden. Das ausschweifende Leben der Gäste in den römischen Luxusbädern, in denen Unterhaltung und Vergnügen dominierten, wurde von der christlichen Kirche bekämpft. Von Augustinus, dem um 400 lebenden größten Theologen und Philosophen des christlichen Altertums, soll der Satz stammen: «Ein Bad im Monat ist gerade noch mit dem christlichen Glauben zu vereinen.» Augustinus schuf grundlegende Normen für das klösterliche Leben. Die Augustinusregel, auch bekannt als Aachener Regel, stellte den Badegebrauch der Mönche ins Ermessen des Priors. Nur zweimal durften die Mönche ohne Genehmigung des Priors baden – vor Weihnachten und vor Ostern.

Ähnliche Anschauungen vertrat Benedikt aus

I

Her Jacob von Warte.
Miniatur aus der Manesse'schen Liederhandschrift, um 1300

28

dit que auant quil se departist dilec · tandis que les ouuriers
faisoient ladicte tour Il fist cherchier par ses desers en plus
lieux pour sauoir se aultrement ilz pourroient trou
uer les aultres fontaines dont ces vieillars deslus auoient
dit au Roy · se dit en telle maniere quil y ot vnes des Ilz
qui en trouua vne et estoit celle qui ne sapperoit en lan
que vne fois · mais onques puis ne cestir ny sceust sasseur
dont le Roy alixandre fut se doulent quil fist enuoyer
ce cestir en vne tour pource que aultrement ne le pouoit
faire mourir · sil est vray vray soit · mais lessont vincent
ne guillaume nen parlent pas · Non obstant quilz dict
que toutes les merueilles que alixandre trouua et vist
en ynde Ilz nont point escriptes · Je remetz la matiere
en la discretion de lisant ·

Nursia, der um 530 in Monte Cassino seine Klosterregel niederschrieb. Diese Regel war im 9. und 10. Jahrhundert in allen Klöstern des westlichen Europas gültig, auch im schon erwähnten Sankt Gallen. Sie gestattete einen mäßigen Gebrauch des Badens, wertete aber den Verzicht auf das Baden als ebenso asketische Leistung wie das Fasten. Allgemein ist zur Haltung der Kirche im frühen Mittelalter festzustellen, daß sie sich zwar gegen das Baden als Vergnügen wandte, nicht aber seine gesundheitsfördernde Wirkung bestritt.

Vor allem um der traditionellen Quellenverehrung der germanischen Stämme entgegenzuwirken, traten im 9. und 10. Jahrhundert Geistliche als angebliche Quellenfinder und -schöpfer auf, so die Bischöfe Ulrich und Wolfgang. Bekannt sind die Ulrichsbrünnlein, die gegen Augenkrankheiten helfen sollten.

Einfluß der Kreuzzüge ■ Eine stärkere Entwicklung des Badewesens bahnte sich erst an mit dem Entstehen der Städte und dem immer engeren Nebeneinander der Einwohner. Waschen und Baden wurden bei der Primitivität der sanitären Anlagen, dem niedrigen Stand der mittelalterlichen Medizin und der sich daraus ergebenden Ausbreitung gefährlicher Epidemien zu einer dringenden Forderung. Nun erst entwickelte sich der Beruf des Baders, entstanden öffentliche Badestuben, zuerst in Frankreich und Italien, seit der Mitte des 12. Jahrhunderts in Österreich, im westlichen und südlichen Deutschland. So gab es zum Beispiel in Fulda und Köln schon um 1150 gewerbsmäßig betriebene öffentliche Badestuben, die in den Urkunden als «balnea» oder «stupa balnei» bezeichnet wurden. Welch großen Wert man der Einrichtung von Bädern zumaß, geht aus der Tatsache hervor, daß schon in den ersten Jahrzehnten der

II
Badende. Miniatur aus Jean Wauquelin,
Histoire d'Alexandre, zweite Hälfte des 15. Jahrhunderts

Entwicklung nord- und ostdeutscher Städte ebenfalls Badestuben entstanden, so vor 1240 in Hamburg und Lübeck und vor 1260 in Rostock.

Es kann festgestellt werden, daß es im ausgehenden 13. Jahrhundert nicht nur in Italien und Frankreich, sondern auch in Spanien, der Schweiz, in Österreich, Böhmen, Ungarn, Polen, in den baltischen Gebieten, ja rings um die Ostsee städtische Badestuben gab, neben einer Vielzahl traditioneller, privater Badeeinrichtungen auf dem Lande – vor allem in Rußland und Skandinavien.

Nicht übersehen werden soll der Einfluß der Kreuzzüge (1096 bis 1270) auf das europäische Badewesen. Die Heere der Kreuzfahrer, der ja nicht nur Vertreter des europäischen Adels, sondern vor allem Bauern angehörten, hatten im Morgenland eine hochentwickelte Badekultur, reichgeschmückte, für ihre Begriffe unvorstellbar große Bäder und raffinierte Badeprozeduren kennengelernt. Und nicht nur das – sie hatten auch den Wert des Badens in den von Lepra verseuchten heißen Gebieten gespürt; ihrer Badegewohnheit wollten sie auch zu Hause treubleiben. Wie stark mußte auf den Kreuzfahrer oder Pilger, der nur die dunkle Badekammer in der Burg oder den hölzernen Zuber auf dem Hof seiner Bauernwirtschaft kannte, der Besuch in einem der öffentlichen Bäder Konstantinopels wirken?

Die Kreuzfahrer hatten sich aber nicht nur an das tägliche Bad gewöhnt, sondern brachten auch die Lepra mit in ihre Heimat. Zwar gab es diese furchtbare ansteckende Aussatzkrankheit schon früher in Europa, doch erst jetzt begann sie sich epidemiehaft auszubreiten. Schwitzbäder galten seit altersher als wirksames Mittel, die Abwehrkräfte des Körpers zu stärken, und damit als vorbeugende Maßnahme gegen Ansteckung – ein Grund mehr, oft zu baden. So kam es, ausgehend von Frankreich (Paris verfügte zum Beispiel um 1290 über 26 öffentliche Badestuben), im 12. und 13. Jahrhundert zu einem Aufblühen des Badewesens, das zunächst von hygienischen Überlegungen bestimmt war, mehr und mehr aber zum Badevergnügen, zum wichtigen Bestandteil des mittelalterlichen Alltags wurde.

Mit heißem Wasserdampf ■ So unterschiedlich wie die öffentlichen Badestuben nach Größe und Ausstattung waren, so vielfältig war auch die Art und Weise des Badens. Reste des altrömischen Badewesens, seit Jahrhunderten überlieferte und vor allem auf dem flachen Lande erhaltene Badegewohnheiten, das traditionelle Badewesen der russischen und finnischen Bauern – alles gab Anregungen für die immer zahlreicher werdenden Badestuben. So wie in den romanischen Ländern vielfach die Einrichtung der römischen Caldarien beibehalten wurde, so dürfte auch in Deutschland etwa bis zur Mitte des 12. Jahrhunderts zum Schwitzen vorwiegend das Heißluftbad benutzt worden sein; daneben existierte das einfache Wannenbad.

Mit dem verstärkten Auftreten der Lepra verlor das Wasserbad an Bedeutung, galt es doch im Ge-

Mann und Frau im Zuber, 1481

gensatz zum Schwitzbad als schädlich. Dazu kam, daß ersteres für den armen Mann fast unerschwinglich war. So lag zum Beispiel um 1480 in Bamberg der Preis für ein einfaches Wasserbad um das zwölffache höher als der für ein Schwitzbad.

Kaufleute waren es, die von ihren Reisen nach Rußland und in die baltischen Gebiete das dort beliebte Dampfbad mit nach Deutschland brachten. Vor allem in Norddeutschland, in den Hansestädten, gewann das Dampfbad schnell an Boden. Hatte man sich früher durch die in geschlossenen Räumen stark erhitzte Luft zum Schwitzen gebracht, so bevorzugte man nun Bäder mit heißem Wasserdampf, der durch das Übergießen erhitzter Kieselsteine mit Wasser erzeugt wurde. Diese aus Nord- und Osteuropa stammende Badeweise setzte sich schließlich in ganz Deutschland durch, erreichte Österreich, wohin sie vermutlich durch Regensburger Kaufleute gebracht wurde, und fand auch in Flandern, in der Schweiz und in Italien ihre Anhänger.

Es wäre müßig, ganz klare Unterschiede zwischen Heißluftbad, Dampfbad und Sauna im Mittelalter darstellen zu wollen. Der gewünschte Effekt, das Schwitzen, wurde auf verschiedene Weise erreicht, wobei sich auch die einzelnen Badearten vermischten, die Temperaturen unterschiedlich hoch lagen und mehr oder weniger Dampf erzeugt wurde. Entscheidend ist die Vorherrschaft des Schwitzbades in allen Teilen Europas, wenn auch in den meisten Badestuben Voraussetzungen für Wasserbäder – nicht zuletzt für medizinische Zwecke – gegeben waren.

Allmählich bis zur Oberbank ■ Einrichtung und Größe der öffentlichen Badestuben haben sich im Laufe der Jahrhunderte gewandelt, unterschieden sich nach der Art des Bades, waren sicher auch abhängig von der sozialen Stellung des Besitzers und seiner Kunden – und doch gibt es Gemeinsames.

Das Bild des eigentlichen Schwitz- oder Baderaumes wurde beherrscht von einem mächtigen Kachelofen; seltener waren eiserne oder kupferne Öfen. Die mit Holz geheizten Öfen dienten nicht nur der starken Erhitzung des Raumes, sondern mußten auch ständig Nachschub an heißem Wasser liefern, sofern es nicht in einem Nebenraum einen weiteren Herd gab. Das in kupfernen Kesseln erwärmte Wasser wurde dem zum Baden oder Übergießen bestimmten Wasser zugeschüttet. Diese umständlich wirkende Methode war nötig, weil es in den Badestuben keine Rohrleitung gab. Auf dem Badeofen befanden sich meist Kieselsteine, die, wenn sie erhitzt waren, mit Wasser übergossen wurden. Der von den Kieselsteinen und aus den Kesseln aufsteigende Dampf verdunkelte den Baderaum so sehr, daß durch die kleinen Fenster kaum noch Licht hineindringen konnte. Zum Inventar gehörten auch Wannen aus Kupfer oder Messing und kreisförmige hölzerne Badezuber, auch Bütt oder Kufe genannt. Für das Schwitzen spielte natürlich die Schwitzbank eine besondere Rolle; in den meisten Badestuben waren die Bänke terrassenförmig aufgestellt, so daß man allmählich bis zur Oberbank gelangte.

Größere Badestuben, die man durchaus als Badeanstalten bezeichnen kann, verfügten über einen Auskleideraum, eine Vorstube, in der sich eine Bank befand, auf die man sich zum Haarschneiden, Rasieren oder zu Übergießungen niederlassen konnte, und ein Ruhezimmer mit Betten, die von vornehmen Gästen benutzt wurden, empfahlen doch die Ärzte nach dem anstrengenden stundenlangen Bad eine Zeit der Erholung. Sicher kamen noch Räumlichkeiten für die Knechte und Mägde, ganz abgesehen von der Wohnung des Baders, hinzu. Auch eine Küche durfte nicht fehlen, mußte doch vielfach für Speis und Trank gesorgt werden. Außerdem sind noch Räume zur Lagerung von Inventar und zu Reparaturarbeiten zu erwähnen. Keinesfalls sollte der Begriff Badestube dazu verführen, die mittelalterlichen Badeeinrichtungen als klein anzusehen. Es waren, wie schon gesagt, Badeanstalten, die in vielen Städten nebeneinander in bestimmten Straßen lagen, die sich in der Nähe eines Flusses oder Sees befanden.

Badehr und Vortüchel ■ Bevor das Baden begann, trommelte der Bader buchstäblich seine Gäste zusammen. Da zogen Jungen durch die Gassen, trommelnd oder mit Klöppeln auf Messingbecken schlagend. Auch der zum Bade blasende Bader war keine Seltenheit, so wird zum Beispiel in Thomas Murners «Badenfart» (Straßburg, 1514) Christus mit der Posaune aus dem Fenster einer Badestube blasend dargestellt. Ja, es gab in Paris sogar eigens bezahlte Ausrufer, die einen höllischen Spektakel gemacht haben müssen, denn schon im 13. Jahrhundert mußten sich die Pariser Bader verpflichten, das Bad nicht vor Tagesanbruch auszurufen. Welch große Rolle das Baden im späten Mittelalter spielte, zeigt auch ein aus Zürich überlieferter Brauch – dort wurde das Bad nach dem Gottesdienst in der Kirche angekündigt.

Die ins Bad eilenden Gäste waren nicht nur je nach der Jahreszeit, sondern auch nach ihrer sozialen Stellung unterschiedlich bekleidet. Gesellen, Lehrlinge, Tagelöhner, eben die Masse der Stadtbewohner, ging im Sommer fast unbekleidet ins Bad, nicht zuletzt aus Angst vor den langen Fingern der Badediebe. Vornehme Leute kamen in vollem Staat und ließen sich durch ihre Diener die

benötigte Badewäsche (Badelaken und -mantel) hinterhertragen. War ein Auskleideraum vorhanden, führte eine Gewandhüterin über die abgelegte Garderobe die Aufsicht.

Im Bad selbst trugen reichere Frauen ein weitausgeschnittenes Badehemd, allgemein war ein Schurz, «Badehr» genannt, im Gebrauch, während vielfach, auch bei männlicher Bedienung, nackt gebadet wurde. Als Kopfbedeckungen kannte man übrigens Hüte aus Roggenstroh und leinene Badehauben. Die Männer waren mit einer Badehose oder einem Schurz bekleidet. Um

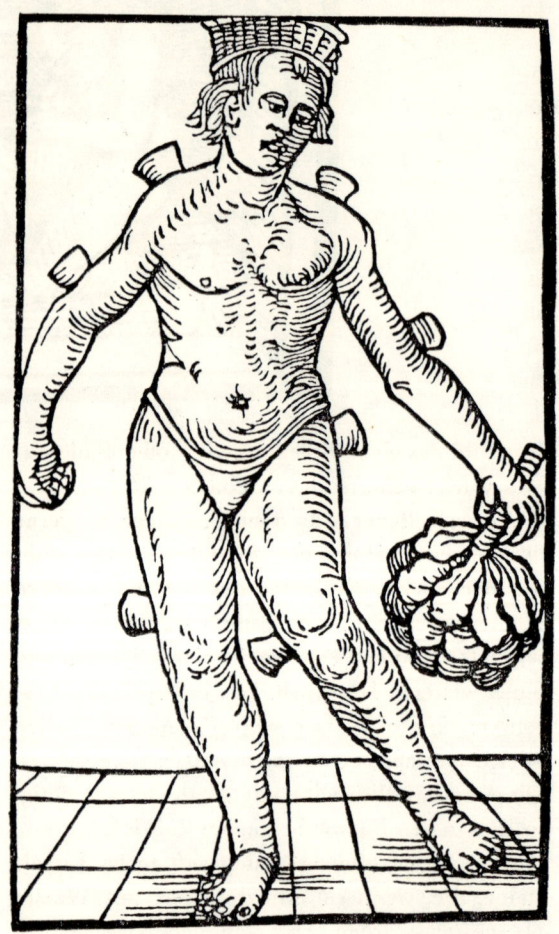

Schröpfmann mit Badehut und Badewedel, 1555

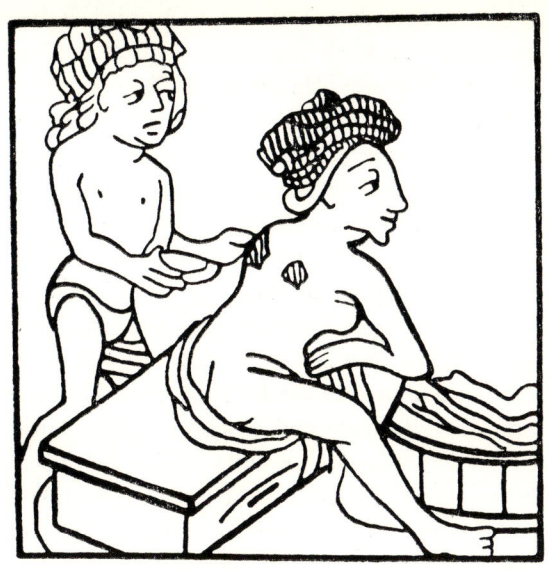

Schröpfen im Bad, 1481

bevorzugt wurde Reben- oder Weidenasche. Der Krug mit Lauge gehörte schon in frühester Zeit zur Badestube, während die teure Seife erst später benutzt wurde. Als besonders gut galt italienische Seife, vor allem die aus Venedig.

Nach Abschluß der manchmal auch mit einer Massage verbundenen Reinigung begann das Schwitzen, der wichtigste Bestandteil des Bades. Während man mehr und mehr in Schweiß geriet, durch Hitze, heiße Dämpfe und das sanfte Peitschen mit dem Wedel, stieg man bis zur Oberbank hinauf. Meinte man, genug geschwitzt zu haben, folgten entweder eine Übergießung mit lauem Wasser oder all die anderen Tätigkeiten, derentwegen man die Badestube aufgesucht hatte: das Schröpfen, beziehungsweise Aderlassen, das Haareschneiden und Rasieren, die verschiedensten medizinischen Behandlungen und natürlich allerlei Unterhaltung und Kurzweil.

bei der Bekleidung zu bleiben: Die Bader selbst trugen eine Badehose oder den «Vortüchel» genannten Schurz; so gingen sie sogar trotz aller Verbote über die Straße. Die Baderin besaß ein kurzes, hemdartiges, meist durchsichtiges Gewand oder war nackt.

Hatten sich die Gäste entkleidet, wählten sie einen Badewedel, auch als Quaste oder Quast bezeichnet, ein Büschel von belaubten Birken- oder Eichenzweigen. Mit ihm schlug man sich, was man streichen oder lecken nannte, um die Schweißabsonderung zu erhöhen. Er diente aber auch dazu, sich mit Wasser zu besprengen, sich Dampf zuzufächeln oder als Feigenblatt zur Bedeckung der Scham.

Die eigentliche Badeprozedur begann mit der Reinigung. Ärmere Leute gossen sich mit Wasser ab, während sich wohlhabende Gäste vom Bader unter Benutzung von Lauge abwaschen ließen. Anderswo bestrich die Bademagd die Kunden mit dem immer wieder in warmes Wasser getauchten Wedel. Die der Reinigung dienende Lauge gewann man, indem man Wasser über Asche goß;

Im Übermaß geschröpft ■ Daß die Badestube jahrhundertelang auch als Frisiersalon diente, ist nicht verwunderlich. Das nach dem Schwitzbad weiche Haar ließ sich leichter schneiden, ganz zu schweigen von der Prozedur des Rasierens. Die meist in einem Vorraum ihre Kunst ausübenden Scherer besaßen zwar ein umfangreiches Arsenal an Bürsten, Kämmen, Scheren und Messern, doch gab es weder Rasierseife noch «hautfreundliche» Rasierapparate. Zum Rasieren benutzte man bis ins 16. Jahrhundert Messer, deren Klinge unbeweglich mit dem Griff verbunden war – erst dann wurde der Gebrauch zusammenklappbarer Rasiermesser üblich.

Entstanden war das Handwerk der Scherer in den Klöstern; hier waren Tonsur und glattgeschorenes Kinn üblich, hier spielte das Rasiermesser schon frühzeitig eine wichtige Rolle. Kaufleute und Handwerker dagegen trugen noch lange den Bart, der in der Badestube nur gestutzt werden mußte. Die Bedeutung der Scherer wuchs, als im ausgehenden 13. Jahrhundert, zunächst in Frankreich, Bartlosigkeit Mode wurde. So ist es kein Zufall, daß es dort die erste zunftmäßige Vereinigung von Scherern oder – wie sie sich nun auch nannten – Barbieren gab.

Zur Schönheitspflege in den Badestuben gehörte übrigens auch die Fußpflege; so war es üblich, die Sohlen der Füße mit einem Messer oder rauhen Stein zu schaben. Dazu kamen Massage und das Verabreichen von Bädern gegen Geschwüre und Hautleiden.

Um die Bedeutung der Badestuben, die zu Kurplätzen des einfachen Volkes wurden, richtig einzuschätzen, muß man beachten, daß im Gegensatz zur inneren Medizin die Chirurgie im Mittelalter als Handwerk galt, das von Badern und Scherern ausgeübt wurde. Der Umfang chirurgischer Behandlungen stieg in dem Maße, in dem Scherer in den Besitz von Badestuben gelangten und Scherknechte ausbildeten, die schließlich über spezielle operative Kenntnisse verfügten – Kenntnisse, die dem frühmittelalterlichen Bader fremd waren. Die Scherer zogen Zähne, verbanden Verwundete, versuchten, Verrenkungen und Knochenbrüche zu heilen, und führten die verschiedensten Operationen aus, darunter sogar Amputationen.

Das im Zeitalter der Renaissance neu erwachte Interesse an der Anatomie führte zu einem spürbaren Aufschwung der Chirurgie. Ausgehend von Italien und Frankreich, begann sie seit dem Ende des 15. Jahrhunderts wieder zu einem Zweig der wissenschaftlichen Medizin zu werden. Die im 16. Jahrhundert auch in Deutschland entstehende selbständige chirurgische Literatur ermöglichte es den Scherern, genauere anatomische Kenntnisse zu erwerben und neue Operationsmethoden kennenzulernen. Immer mehr widmeten sie sich auch außerhalb der Badestuben der Heilkunst, so daß sie schließlich als Wundärzte oder Chirurgen bezeichnet wurden.

Ein wesentlicher Teil der medizinischen Behandlung aber blieb immer eine Domäne der Bader: das Schröpfen. Da sich durch die Wärme die Hautgefäße erweiterten, war die Blutentnahme besonders ergiebig. Der Bader machte mit einem kleinen Messer, später mit dem sogenannten Schnepper, Einschnitte in die Haut und setzte zum Aussaugen des hervorquellenden Blutes kleine Kapseln aus Horn oder Glas über die Wunde.

Das schon in die Antike bekannte Schröpfen war in Italien neu in Mode gekommen und setzte sich seit der zweiten Hälfte des 15. Jahrhunderts auch in Deutschland und anderen Ländern durch. Neben dem Schröpfen wandte man in den Badestuben den Aderlaß an. Er galt ebenfalls als krankheitsvorbeugend, war aber weniger beliebt. Das Schröpfen spielte von Jahrzehnt zu Jahrzehnt eine immer größere Rolle und wurde schließlich zur wichtigsten Einnahmequelle der Bader. Da die Bezahlung nach der Anzahl der Schröpfköpfe erfolgte, wurde es von den Badern im Übermaß angewendet, so daß sich bald warnende Stimmen gegen allzu häufiges Schröpfen erhoben.

Selbstverständlich benutzte man auch Wasser- und Dampfbäder zu medizinischen Zwecken. Schwitzbäder galten allgemein als vorzügliches therapeutisches Mittel. Bei einigen Krankheiten verwendete man Kräuterabkochungen statt des klaren Wassers zur Dampferzeugung. Zu solchen Behandlungen dienten meist kleinere Schwitzbäder, in denen der Kranke wie in einem Schrank saß, aus dem nur noch der Kopf herausragte. Wie verbreitet Kräuterbäder waren, die man auch als Wasserbäder kannte, beweist die Tatsache, daß es als lohnende Beschäftigung galt, Badekräuter zu sammeln und zu verkaufen. Einfache und medikamentöse Wasserbäder gehörten ebenfalls zu den Heilmitteln der Bader. So empfahl Arnald de Villanova in der Mitte des 14. Jahrhunderts alten Menschen, viermal im Monat Kräuterbäder zu nehmen, sprach man ihnen doch eine günstige

Das Kräuterbad, 1514

Wirkung bei Lähmungserscheinungen zu. Bernard de Gordon wandte um 1305 Wasserbäder bei Fieber an, hielt sie aber auch bei Koliken, Nierenleiden, Epilepsie und sogar bei allzu heftiger Liebesglut für nützlich. Der Greifswalder Arzt Franz Joel empfahl um die Mitte des 16. Jahrhunderts derartige Bäder gegen Melancholie und Katzenjammer. Diese Hinweise wurden durchaus in den Badestuben beachtet. Weniger hörte man schon auf die Kritik der Ärzte an der unsinnig ausgedehnten Badeprozedur, die oft bis zu sechs Stunden dauerte.

Geschwitzt am Polterabend ■ Die Bäder waren aber auch – und wurden es im Laufe der Zeit immer mehr – Orte der Unterhaltung. Man besuchte sie, wie man heute in Gaststätten oder zum Tanz geht. Der Bader hatte für Essen und Trinken, für Musik, für Brettspiele und Würfel zu sorgen. Schmausereien und Trinkgelage, das Zusammensitzen beim Würfelspiel und das Tanzen gehörten zur mittelalterlichen Badestube. So geriet sie häufig in den Geruch einer Spielhölle oder gar eines Bordells. Mancherorts gab es Streit mit den Gastwirten, da nur sie das Recht hatten, aufzutafeln und auszuschenken. So mußte der Bader Speis und Trank von einem Wirt beziehen.

Bekannt ist aber auch, zum Beispiel aus der Schweiz, daß Gastwirte auf dem Lande das Recht erwarben, eine Badestube zu betreiben, so daß der Gast bestens versorgt werden konnte. Immer wieder erließ man Verordnungen gegen die Schattenseiten der Badestube. So verbot die Zunftrolle der Lübecker Bader aus der Mitte des 14. Jahrhunderts hohe Wetten und wies die Knechte an, nicht miteinander zu würfeln, während die Leute badeten.

Besonders viele Verordnungen gab es gegen das gemeinsame Baden von Männern und Frauen. Im frühen Mittelalter war dies streng verpönt. Schon eine unter Bonifatius im Jahre 745 abgehaltene Synode hatte es verboten. Vor allem aber nach den Kreuzzügen setzte sich die Sitte des gemeinsamen Badens gegen alle Edikte durch.

Die Hamburger Badersatzung von 1375 drohte den «Frevlern» mit Geldstrafen. Als Ausweg legte man getrennte Badezeiten fest, wobei den Frauen die Zeit bis zum frühen Nachmittag gehörte. In anderen Orten führte man getrennte Baderäume für Männer und Frauen ein, so im 14. Jahrhundert in Freiberg/Sachsen und 1431 in Basel. Aber auch in späterer Zeit badeten Männer und Frauen immer wieder zusammen, im Schwitzbad oder sogar einander gegenübersitzend

im Zuber. Das änderte sich auch nicht im 16. Jahrhundert, als sich die Syphilis bereits sehr negativ auf den Besuch der Badestuben ausgewirkt hatte.

Seite 48

Auf jeden Fall gehörte der Aufenthalt in einer Badestube trotz aller Einwände zu den schönen, fröhlichen Stunden – und zwar in allen Ständen. So gab es um 1500 in Frankfurt am Main den Spruch:

«Willst du einen Tag fröhlich sein? Gehe ins
Bad.
Willst du eine Woche fröhlich sein? Laß zur
Ader.
Willst du einen Monat fröhlich sein? Schlacht
ein Schwein.
Willst du ein Jahr fröhlich sein? Nimm ein
junges Weib.»

Die Badestube gehörte nicht nur zum Leben der Tagelöhner, Handwerker und Kaufleute, der Bauern und Knechte auf dem Lande, der Männer, Frauen und Kinder, sondern sie war durchaus eine öffentliche, eine das Leben der Gemeinschaft, der Zunft, des Standes bestimmende Angelegenheit. So trafen sich die Handwerker zu Badstubengelagen, zum Beispiel in Lübeck die Drechsler und in Wismar die Zimmerleute und Maurer. Die Tagelöhner erhielten ihr Badgeld, wie heute Trinkgeld gegeben wird. Es war üblich, den Bauleuten nach Fertigstellung einer größeren Arbeit ein besonderes Geldgeschenk zu machen, das dazu diente, in der Badestube das Richtfest zu feiern. Verbreitet war auch der Brauch, am Sonnabend eine Stunde früher mit der Arbeit aufzuhören und gemeinsam ins Bad (zur Badschicht) zu gehen, wozu der Meister oder die Stadt das Geld spendieren mußte. Zwar sind die Angaben über die Trennung der Stände in den Badestuben spärlich, doch kann angenommen werden, daß bei dem starken Wirken des ständischen Prinzips in der mit-

7

Die Badstube. Holzschnitt von Albrecht Dürer, 1496

8

Kinderwäsche in der Hausbadestube. Kupferstich von Israhel van Meckenem, zweite Hälfte des 15. Jahrhunderts

Das Frauenbad. Holzschnitt von Sebald Beham, um 1540

Der Bader.

Wolher ins Bad Reich vnde Arm/
Das ist jetzund geheitzet warm/
Mit wolschmacker Laug mã euch wescht/
Denn auff die Oberbanck euch setzt/
Erschwitzt/ deñ werdt jr zwagn vnd gribn/
Mit Lassn das vbrig Blut außtriebn/
Denn mit dem Wannenbad erfreuwt/
Darnach geschorn vnd abgesteht.

10
Der Bader. Holzschnitt von Jost Amman,
1568

11
Der Bader. Kupferstich, 1698

Was ist die Welt? ein heisses Bad
in welches wir zum Schwitzen komme.
Sie schrepfft u: machet bang den Fromen,
doch dieses nützt und ist kein Schad,
indem mit Trost deß Höchsten Huld,
kühlt die geängstete Gedult.

12
Büstenkonsole von Charles Dubut im Baderaum
der im Jahre 1717 erbauten Badenburg im Park von Schloß Nymphenburg

13
Baderaum der Badenburg
im Park von Schloß Nymphenburg

14
Reinigung der Weiber im Bad. Darstellung eines jüdischen Bades, Kupferstich, 1726

telalterlichen Stadt die einzelnen Stände für sich baden gingen. Reiche Geschlechter besaßen durchaus auch eigene Badestuben, wie zum Beispiel in Ulm.

In die Badestube luden nicht nur Ämter und Räte ihre von auswärts kommenden Gäste ein, sondern auch Brautpaare feierten dort mit Verwandten und Freunden am Tag vor der Hochzeit – eine Art mittelalterlicher Polterabend. Bei diesem Hochzeitsbad schenkte die Braut dem Bräutigam Badewäsche, und auch die Hochzeitsgäste erhielten Geschenke. Da die Gaben immer reicher wurden, beschränkte man ihren Umfang im 16. Jahrhundert vielfach durch sogenannte Kleider- und Hochzeitsordnungen.

Vorschriften, Verordnungen, Verbote ... Es gab die verschiedensten Einschränkungen, an die man sich zu halten hatte. Fast überall durfte an Freitagen, an Sonn- und Feiertagen, während der Fastenzeit und in der Karwoche nicht gebadet werden. Trauer und Buße sollten nicht durch fröhliches Miteinander in der Badestube gestört werden. Überhaupt war der Einfluß der Kirche nicht zu übersehen. Zwar blieb der schon aus Urzeiten stammende Gedanke erhalten, das Wasser diene neben der körperlichen auch der seelischen Reinigung, doch Askese ließ sich mit geselligem Badeleben nicht vereinbaren. Nichtbaden galt als eine Art kirchlicher Strafe. Den Geistlichen war der Besuch der öffentlichen Badestuben verboten – der Grund dafür lag natürlich in dem schlechten Ruf, in dem die Badestuben standen.

In zahlreichen Ländern verboten kirchliche oder weltliche Verordnungen das gemeinsame Baden mit nichtchristlichen Personen; vor allem bezogen sich diese Verbote auf die jüdische Minderheit. Derartige Bestimmungen gab es bereits 1267 in Wien, und in Marseille durften die Juden nur freitags die öffentlichen Badestuben besuchen, war doch an diesem Tag Christen das Baden untersagt. Über das sich hieraus ergebende eigene jüdische Badewesen soll an anderer Stelle noch geschrieben werden.

Kirchlichen Ursprungs sind auch die sogenannten Seelbäder. Reiche Bürger stifteten Geld oder andere Besitztümer; dafür sollte armen Leuten nach dem Tode des Stifters oder jährlich an seinem Sterbetag ein Bad bereitet werden. Die Stiftung von Seelbädern galt als gute Tat; meist war damit das Beten für das Seelenheil des Verstorbenen verbunden. Derartige Seelbäder, deren Zahl nach der Reformation auch in den katholischen Gebieten merklich sank, sind unter anderem in Wien (1307) und Würzburg (1342) nachzuweisen. Übrigens benutzte man hierzu nur in wenigen Fällen die öffentlichen Badestuben, sondern meist Badeeinrichtungen in Klöstern. Neben den Seelbädern kannte man Armenbäder; auch sie beruhten auf barmherzigen Stiftungen und waren Teil des mittelalterlichen Armenwesens.

Eine besondere Rolle spielten auch medizinische, meist auf Erfahrung, aber auch auf Aberglauben und Astrologie beruhende Einschränkungen. So empfahlen die Kalendermacher bestimmte Monate für Schwitzbäder, sich dabei auf den Stand des Mondes berufend. Die Kalenderreime gingen zurück auf die Salernitanische Gesundheitsregel (Regimen Sanitatis) aus dem 12. Jahrhundert. Aber noch 1557 schrieb der Marburger Arzt Johann Dryander in seinem «Artzenei Spiegel»:

«Wenn man baden und schröpfen will, soll der Mond im Abnehmen sein und im Widder, Schützen, Krebs, Waage, Skorpion oder Fisch.»

Doch diesem, den Kalendersprüchen verhafteten Ratschlag folgten ernsthafte Hinweise:

«Du sollst die Beine oft waschen in warmem Wasser, das macht mäßige Wärme, tut Augen und Haupt wohl. Man soll den Kopf allwegs nüchtern waschen oder lange nach dem Essen, und das in fünfundzwanzig Tagen einmal oder das über fünfundzwanzig Tage nicht sparen. Nicht trinke im Bad, es schadet der Leber heftig. Iß oder trink

Schmausen und Zechen von Mann und Frau
im Wasserbad, 1481

berg den Badern, Personen mit der «neuen Krankheit mala franzosz» baden zu lassen. Die Bader sollten ihre Schnepper und Messer, welche sie bei solchen Kranken benutzt hatten, nicht in der Badestube verwenden. Ein gleiches Verbot erließ 1497 der Rat der Stadt Frankfurt am Main; Bader, die gegen dieses Verbot handelten, sollten mit Schließung ihrer Stube bestraft werden. Aus Zürich ist eine Verordnung von 1564 bekannt: Wer von der Pest genesen war oder wer in einem infizierten Haus lebte, durfte unter Androhung von Geldstrafen erst einen Monat nach Ende der Krankheit die Badestube betreten. Auch diese Verbote beweisen, welche Bedeutung die mittelalterlichen Badestuben besaßen, wie sehr sie zum allgemeinen Leben in Städten und Dörfern gehörten.

nicht bald aufs Bad. Sollst nicht zu heiß, nicht zu kalt baden. Laß dich nicht erkalten nach dem Bad, es schadet dem Hirn, Haupt, Beinen, Mark, Rükken, macht Krampf und Fieber. Nüchtern baden macht mager, gehöret feisten Leuten zu. Magere Leute sollen baden so die Speis' halb verdauet ist, es macht sie zunehmen. Zuviel baden bekommt niemand wohl. Welche den Fluß haben oder Haupt-, Augen- oder Zahnweh oder neue Wunden, fest in Hitze oder Kälte gewandert, sehr gegessen oder fiebrige Hitze haben, sollen nicht ins Bad gehen, sie fallen somit in Krankheit. Gehe zu Stuhl und spazier vorm Baden, und sollst im Bad nicht kalt trinken.»

Wichtig für die Städte war es, den Besuch der Badestube während gefährlicher Epidemien zu regeln; das galt vor allem für Lepra, Pest und seit dem ausgehenden 15. Jahrhundert für die Syphilis, die man als «Wilde Warzen», «Böse Blattern» oder «Franzosenkrankheit» bezeichnete. So verbot am 16. November 1496 der Rat zu Nürn-

«... und trinket als ein Bader» ■ Allgemeingültiges läßt sich über die soziale Stellung der Bader kaum sagen; sie war von Ort zu Ort, auch in den einzelnen Jahrhunderten verschieden. Keinesfalls aber waren die Bader unbemittelt, mußten sie doch die Badestubeneinrichtung kaufen, Pacht zahlen und vor allem über das nötige Geld zum Kauf des sich im Laufe der Zeit immer mehr verteuernden Brennholzes verfügen. Auch konnte nicht jeder, der es gern wollte, eine Badestube eröffnen. Ganz abgesehen von den Zunftbestimmungen, die die Zahl der Badestuben begrenzten, mußte der angehende Bader über Zeugnisse verfügen, daß er als Badeknecht gut gearbeitet hatte.

Obwohl Bader ein Lernberuf war, vielfach Zünfte der Bader existierten und die Besitzer der Badestuben nicht gerade zu den Ärmsten der Stadt gehörten, genossen sie in der Meinung des Volkes keinen guten Ruf. Das mittelalterliche Sprichwort «Er isset als ein Mahder und trinket als ein Bader» läßt die Bader als Trunkenbolde erscheinen. Bader galten weithin als «unehrlich», als außer-

Badegeräte des 16. Jahrhunderts

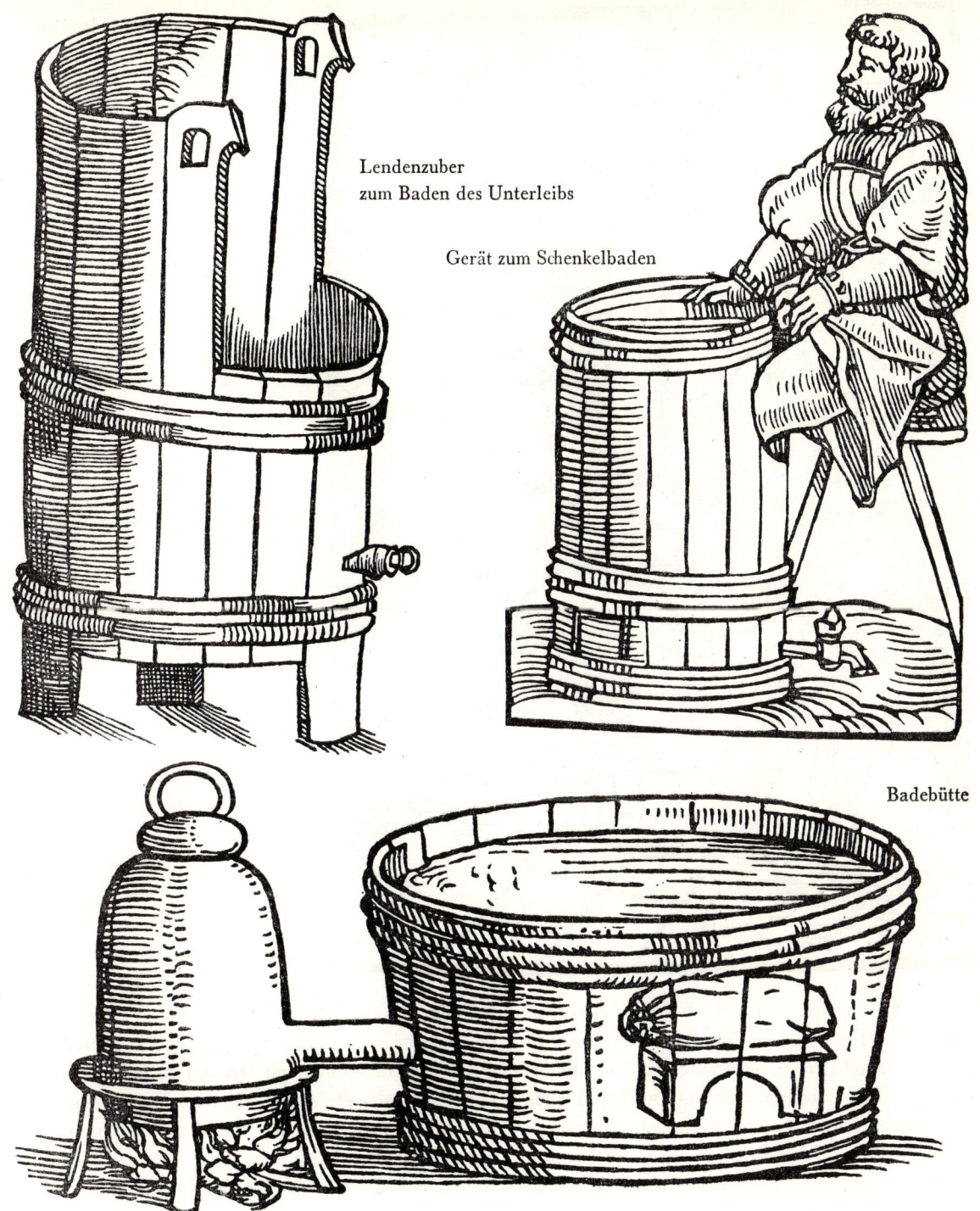

Lendenzuber
zum Baden des Unterleibs

Gerät zum Schenkelbaden

Badebütte

49

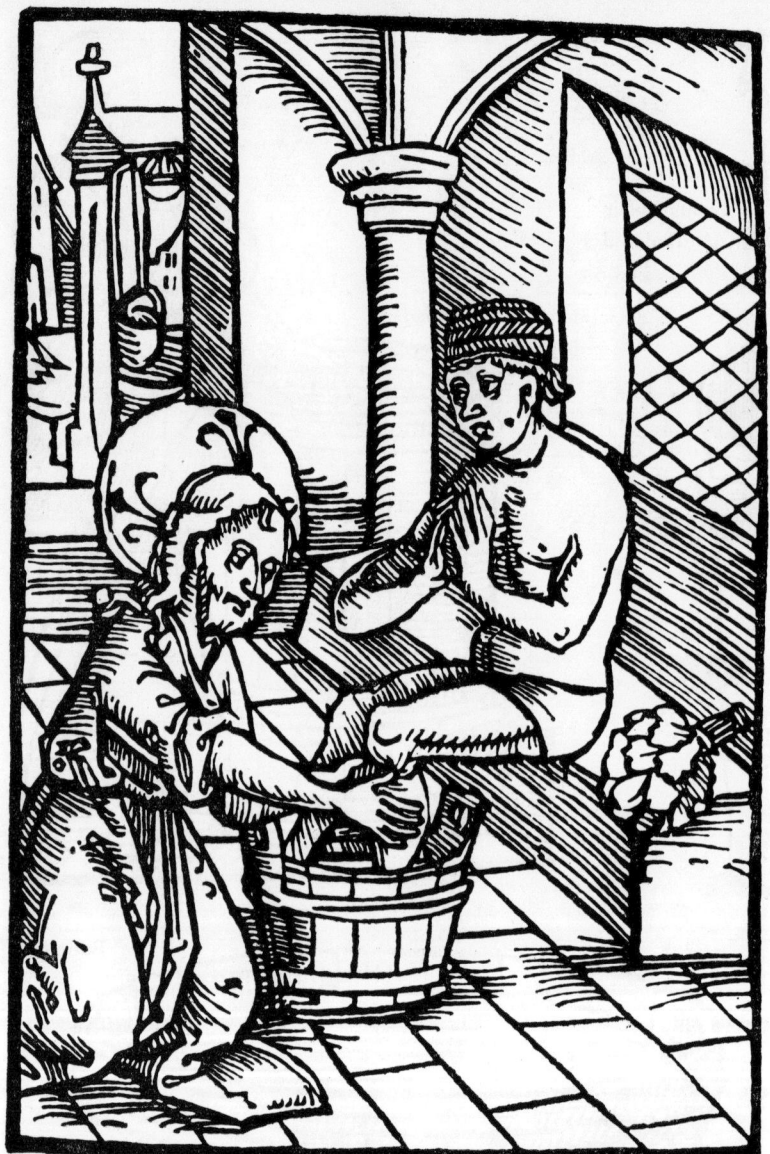

halb der anständigen, ständisch geordneten Gesellschaft stehend. Dieses Vorurteil stellte sie in
eine Reihe mit Hirten, Spielleuten, Totengräbern,
Schergen, Scharfrichtern und Nachtwächtern, aber
auch mit Müllern, Leinewebern und Barbieren.
Der schlechte Ruf, den die Bader genossen, beruhte
sicher zu einem Teil auf dem oft anstößigen, ja

lasterhaften Treiben in den Badestuben – das jeder kannte und meist mitmachte. Ein tieferer
Grund ist im ständischen Denken zu finden. Die
Badestube gehörte einst wie Schenke, Schmiede
und Mühle zum Kreis der Regalien der Landes-
herrlichkeit. Das heißt, nur Fürsten oder Klöster,
später auch Städte konnten das Recht verleihen,

Seite 48

eine Badestube zu errichten und zu betreiben. Vielfach verlieh man dieses Recht als Erblehen, seltener auf Lebenszeit. Da anfangs die Bader oft Hörige waren, galten sie als unehrlich, unfrei, an manchen Orten nicht zunftfähig, durften keine Waffen tragen, und ihre Kinder konnten, auch wenn sie noch soviel Lehrgeld boten, nicht in eine Zunft aufgenommen werden. Nun war das zwar landschaftlich unterschiedlich, gab es doch auch Baderzünfte, die durchaus nicht einflußlos waren, aber das Vorurteil, dessen Herkunft wohl in Vergessenheit geraten war, blieb und wurde durch den tatsächlich oder nur angeblich schlechten Lebenswandel der Bader immer wieder genährt, wobei besonders die konkurrierenden Barbiere gegen die «Badkappen» hetzten.

Der Zusammenschluß der Bader zu Zünften geschah zunächst dort, wo ihr Handwerk als ehrlich galt, wo die Bader freie Bürger waren. Läßt sich in Paris bereits im 13. Jahrhundert eine Baderzunft nachweisen, so wurden in Deutschland die meisten derartigen Vereinigungen im 14. und 15. Jahrhundert gegründet. Ämter (wie man im Niederdeutschen die Zünfte nannte) der Bader gab es zum Beispiel in Lübeck, Hamburg und Lüneburg. In Basel (1361) waren die Bader mit anderen Gewerken in einer Zunft vereinigt.

Die Zünfte, denen die Meister, als Schutzgenossen aber auch deren Familie, die Gesellen, Lehrlinge, Knechte und Mägde angehörten, regelten die Zahl der Badestuben und schützten so ihre Mitglieder vor der Konkurrenz. Sie verpflichteten die Bader, die Stube an bestimmten Tagen zu heizen, eine festgelegte Anzahl Personal zu halten, das nötige Inventar anzuschaffen und die vorgeschriebenen Preise einzuhalten.

Bäder bei den Synagogen ■ Betrachtet werden sollen auch die sogenannten Judenbäder, die im Mittelalter in vielen Ländern bestanden. Durch immer wieder erneuerte Verbote war die jüdische Minderheit vom Besuch der öffentlichen Badestuben ausgeschlossen. Zwar wurden diese diskriminierenden Bestimmungen nicht überall eingehalten – in Frankfurt am Main badeten Juden und Christen noch um 1450 gemeinsam – aber Unwissenheit und Fanatismus führten zu tätlichen Auseinandersetzungen, und schließlich erreichten Vorurteile, was Verbote nicht geschafft hatten.

Eine andere Ursache für die Schaffung eigener jüdischer Bäder war das Bestreben der jüdischen Mitbürger, ihrem Ritual, ihren religiösen Vorschriften entsprechende Bäder zu besitzen. Uralte Gesetze verlangen, daß die Frau den Zustand der Unreinheit allmonatlich durch ein Bad beseitigt;

hierzu muß der ganze Körper eingetaucht werden. Es ist verständlich, daß ein Schwitzbad oder das Sitzen im Zuber nicht ausreichten; die Anlage eines Bassins machte sich erforderlich. So errichteten die jüdischen Gemeinden fast überall Bassins, deren Inhalt durch Zuschütten von heißem Wasser erwärmt wurde. Diese jüdischen Bäder befanden sich bei den Synagogen, was ihre rituelle Bedeutung unterstrich. Daneben gab es aber auch jüdische Bäder, deren Einrichtung und Funktionsweise der der öffentlichen Badestuben entsprach. *Tafel 14*

Rendezvous im Hausbad ■ Bei dem Blick auf die mittelalterlichen Badestuben vergessen wir oft, daß neben den öffentlichen Einrichtungen eine für die damalige Zeit sehr große Anzahl privater Badestübchen bestand – nicht etwa nur in Klöstern und Ritterburgen, sondern auch in reichen Bürgerhäusern, in den Wohnungen wohlhabender Handwerker und sogar auf dem Lande. In Rußland und den baltischen Gebieten, in Finnland und Teilen Schwedens war die zum Haus gehörende Badestube eine Selbstverständlichkeit. Aber auch zwischen Ostsee und Alpen gab es, besonders in waldreichen Gebieten, bäuerliche Badestuben, meist kleine, hölzerne, leichtgebaute Räume, oft in Verbindung mit der Waschküche. Diese privaten Bäder sah man aber nicht überall gern. Zum einen machten sie der dörflichen Badestube Konkurrenz, zum anderen erhöhten sie die ohnehin große Feuergefahr und vergrößerten den in vielen Gegenden akuten Holzmangel.

In den Städten aber ließen es sich vor allem die reichen Patrizier nicht nehmen, große Badezimmer zu errichten. Zwar waren sie nicht alle so luxuriös wie die beiden im Renaissancestil von 1571 bis 1581 erbauten Bäder im Fuggerpalast zu Augsburg, aber wer über genügend Geld und Einfluß verfügte, konnte es sich im eigenen Bad schon wohl sein lassen.

Noch glänzender entfaltete sich die Kunst der

Baumeister und Handwerker in den Privatbädern der Fürsten, wie sie nach französischem Vorbild in der Blütezeit des Rokoko auch in Deutschland entstanden. Als Musterbeispiel dieser Bäder gilt *Tafel 12, 13* die im Jahre 1717 erbaute «Badenburg» im Schloßpark von Nymphenburg bei München.

Die Hausbadestube war mehr als ein Bad. Sie diente fast als eine Art Salon. Man badete dort mit der ganzen Familie, lud auch Freunde ein, aß und trank in Gesellschaft, ja, dort empfing sogar die ungetreue Ehefrau ihren Liebhaber. Im allgemeinen konnte man auch den Barbier zum Haareschneiden und Rasieren oder den Bader zum Setzen der Schröpfköpfe nach Hause kommen lassen. Eines aber war streng verboten: die Privatbadestube zu vermieten. Hier wird wieder die durchaus berechtigte Angst der Bader vor unlauterer Konkurrenz deutlich.

Sicher entzogen die privaten Einrichtungen den Bädern manche zahlungskräftigen Kunden, war doch die Zahl der Badestübchen groß. In Ulm gab es zum Beispiel im Jahre 1489 neben den öffentlichen 168 private Badestuben. Andererseits war der Wunsch nach Geselligkeit so ausgeprägt, daß die eigene Badegelegenheit nur in den seltensten Fällen ausgereicht haben dürfte.

Ein Besuch in Astrachan ◼ Der Niedergang der mittelalterlichen Badestuben geschah nicht plötzlich und nicht überall gleichzeitig, sondern läßt sich über einen langen Zeitraum verfolgen. Die Seuchen des 15. und 16. Jahrhunderts, die Pest und besonders die Syphilis, waren dem Wohlstand der Bader sehr abträglich, mußten doch die Badestuben zeitweise geschlossen werden, da sie als Herd der Ansteckung galten. Vor allem aber entzogen die Epidemien den Badestuben die wohlhabenden Besucher. Sie vergnügten sich seit dem Beginn des 16. Jahrhunderts immer häufiger in den Mineralbädern. Dazu kam das schon im 15. Jahrhundert beginnende Steigen der Holzpreise. Immerhin war

Holz der wichtigste Baustoff, und selbst in Gebieten mit reichlichem Waldbestand wurde es von Jahr zu Jahr knapper. So heizte man zum Beispiel schon 1465 die Küchenherde in den Niederlanden und Brabant mit Kuhmist und Torf. Steigende Holzpreise aber verteuerten den Besuch der Badestube, so daß die Zahl der Besucher sank. Die Bader, die an feste Zeiten zum Heizen der Stube gebunden waren, nahmen zu wenig ein, verarmten oder setzten es durch, die Badestube seltener zu öffnen und fast ausschließlich zu schröpfen. Bedenkt man schließlich noch die Verwüstung weiter Teile Mitteleuropas durch den Dreißigjährigen Krieg, so wird der Niedergang der öffentlichen Badestuben und des Baderhandwerks verständlich.

Doch diese negative Entwicklung läßt sich nicht überall in Europa feststellen. Erhalten blieben neben den Saunen der Finnen und ihnen ähnlichen Bädern in Schweden und Norwegen viele dörfliche Badestuben in der Schweiz. Geradezu einen Aufschwung nahm das Badewesen in Ungarn. Dem unter der Herrschaft von Matthias I. Corvinus 1451 in Ofen (Buda) erbauten Raitzenbad folgten in der Zeit der Türkenherrschaft (1526 bis 1686) weitere prachtvolle Bäder. Vor allem aber genoß man das Baden wie eh und je in Rußland, Polen und den baltischen Gebieten. Anschaulich berichtete Adam Olearius in der «Curieusen Beschreibung seiner gethanen Reise aus Hollstein nach Mußcau und Persien» über den Besuch einer Badestube in Astrachan im Jahre 1635:

«... die Russen halten sehr viel auf das Baden, sonderlich auf ihren Hochzeiten nach dem Beischlaf, für ein notwendig Ding. Daher haben sie auch in allen Städten und Dörfern viel öffentliche und geheime (private, d.Verf.) Badestuben, in welchen sie sich sehr oft finden lassen.

Ich bin zu Astrachan, um ihre Art zu baden in Augenschein zu nehmen, unbekannter Weise mit ins Bad gegangen. Es war zwar die Badestube mit Brettern unterschieden, daß Männer und Weiber absonderlich sitzen konnten. Sie gingen aber zu einer Tür aus und ein, und zwar ohne Schürztücher, etliche hielten einen von Birkenlaub gemachten Busch vor, bis sie sich gesetzt, etliche auch nicht. Die Weiber kamen bisweilen bloß, ohne Scheu vor andere, mit ihren Männern zu reden.

Sie können große Hitze vertragen, liegen auf der Schwitzbank und lassen sich mit solchen Büschen oder Quästen die Hitze auf den Leib jagen und sich damit reiben (welches mir unerträglich war), und wenn sie also von der Hitze ganz rot und matt sind, daß sie in der Badestube nicht mehr dauern können, laufen die Weiber sowohl als die Männer bloß heraus, begießen sich mit kaltem Wasser, ja zur Winterszeit wälzen sie sich gar im Schnee herum und reiben die Haut damit, als man mit Seife zu tun pflegt, und dann wieder hinein ins warme Bad. Und weil die Badestube gemeiniglich an den Wassern und Bächen gelegen, begeben sie sich aus dem warmen ins kalte Bad.«

Soweit dieser Bericht vom Baden zu einer Zeit, da in Mitteleuropa die meisten Bader ihre Stuben schließen mußten. Als im Zeitalter der Aufklärung Ärzte nachdrücklich den Bau neuer Bäder forderten, konnten sie nicht nur auf die mittelalterlichen Badestuben, auf manchen im Volke erhalten gebliebenen alten Badebrauch, sondern auch auf das nord- und osteuropäische Badewesen hinweisen.

Kapitel III # Jungbrunnen werden Badeorte

Oft stand der Zufall Pate ■ Selbst für später weithin bekannte Mineralquellen lassen sich nur selten Angaben über ihre erstmalige Benutzung machen. Statt exakter Daten, statt der Namen von Ärzten oder berühmten Besuchern stehen an ihrem Anfang Sagen und Legenden. Meist ist in ihnen die Rede von Jägern und Viehhirten, die in undurchdringlichen Wäldern oder schwer zugänglichen Gebirgsgegenden zufällig auf das aus der Erde sprudelnde Wasser stießen. Das gilt zum Beispiel für Leuk im Schweizer Kanton Wallis, für das böhmische Karlsbad (Karlovy Vary) und für das schon im Mittelalter hochberühmte Gasteiner Wildbad.

Ein Zufall scheint auch bei der Entdeckung der Thermen von Poretta in Italien Pate gestanden zu haben; sie verdanken angeblich ihren späteren Ruf einem Bauern, der einen kranken Ochsen besaß, sich um ihn nicht mehr kümmerte und plötzlich feststellte, daß das von ihm bereits aufgegebene Tier wieder gesund war. Der Bauer bemerkte, daß der Ochse das Wasser eines Bächleins trank, das unter einem Felsen hervorkam. Neugierig geworden, probierte der Bauer das Wasser, empfand es als salzig und erzählte im nahen Bologna von der wunderbaren Heilung. Da Italien zu jener Zeit – im ausgehenden 14. Jahrhundert – über eine große Zahl als heilkräftig angesehener Quellen verfügte, untersuchten die Ärzte das Wasser, gaben es ihren Kranken zu trinken und machten den neuen Gesundquell schnell bekannt.

Oft ist es schwer, zwischen Legende und Wirklichkeit zu unterscheiden. So sollen im Jahre 762 die Schweineherden des Ritters Kolostuj beim Wühlen auf die heiße Quelle von Teplitz (Teplice) gestoßen sein. Doch diese Geschichte erweist sich bei näherer Betrachtung als eine erst im 16. Jahrhundert entstandene Sage. Zum einen läßt sich der Name Kolostuj in Böhmen nicht nachweisen, zum anderen bewiesen Münzfunde, daß die Teplitzer Thermen bereits zur Römerzeit benutzt wurden.

Alle diese Geschichten (und es gibt von ihnen

eine Unzahl) lassen aber erkennen, daß viele Mineralquellen schon lange vor ihrer ersten schriftlichen Erwähnung, vor dem Bau von Logierhäusern und der Anstellung von Ärzten den Bewohnern umliegender Dörfer bekannt waren, auch daß manche uralten Erfahrungen der Volksmedizin immer lebendig blieben – so das Trinken von Quellwasser gegen Fieber.

Nur selten überdauerten die einst in weiten Teilen Europas vorhandenen Bäder der Römer die Wirren der Völkerwanderung, die Jahrhunderte ständiger kriegerischer Auseinandersetzungen. Römische Traditionen, aus der Zeit der Urgemeinschaft stammende Badebräuche, heidnische und christliche Anschauungen mischten sich. Manches Bad geriet für lange Zeit in Vergessenheit, und doch blieb das Wissen vom Wert des Badens, auch des Trinkens von Mineralwasser, erhalten.

Reise zum Jungbrunnen ■ Im 12. und 13. Jahrhundert finden sich noch verhältnismäßig wenig Beispiele für die Benutzung von Quellen zu Heilzwecken. Zu den ältesten deutschen Bädern gehören das Wildbad Haßfurt in Unterfranken, das bayrische Heilbrunn bei München, das Wildbad im Schwarzwald und Burgbernheim in Bayern. Das Wasser der letztgenannten Quelle soll zu Beginn des 12. Jahrhunderts Kaiser Lothar III. gegen Steinbeschwerden getrunken haben. Ende des 13. Jahrhunderts ließ Gottfried III., der spätere Bischof von Würzburg, die Quelle einfassen. Benutzt wurden auch das Wildbad zu Kreuth, das zwischen Cannstadt und Stuttgart gelegene Hirschbad, die seit dem 13. Jahrhundert unter dem Namen «Warmbad zu unser Lieben Frauen auf dem Sande» bekannt gewordene Quelle bei Wolkenstein in Sachsen und vereinzelt die Aachener Schwefelthermen. In Österreich kam Baden bei Wien in Ruf, in der Schweiz Pfäfers, im Riesengebirge Warmbrunn (Cieplice Slaskie Zdrój) bei Hirschberg (Jelenia Góra) und das zeitweise viel

besuchte, dann für Jahrzehnte wieder vergessene Landeck (Ladek Zdrój). Zu den frühzeitig von Fremden besuchten italienischen Kurorten gehören Caldiero bei Verona und die seit 1161 berühmten, aber in den nachfolgenden Bürgerkriegen verwüsteten Pisanischen Bäder und Montacetto bei Siena. Ferner seien noch die französischen Bäder Passy bei Paris, das lothringische Plombières und das *Seite 57* später von Ludwig XIV. gern aufgesuchte Pouges-les-Eaux genannt. Die Aufzählung kann nur unvollkommen sein; sichtbar aber wird, daß es bereits vor mehr als 800 Jahren Badeorte gab, die nicht nur in der näheren Umgebung bekannt waren, sondern deren Besucher aus entfernten Gegenden mit Pferd und Wagen anreisten, um Linderung oder gar Heilung zu finden.

Von Italien aus, das zu Recht als Vaterland der Mineralquellen gilt, setzte sich im 14. und 15. Jahrhundert der stärkere Gebrauch der Quellen in ganz Mitteleuropa durch. In Österreich gelangten Bäder wie Einöd, Grins, Hall, Längenfeld und Villach zu hohem Ansehen. Petrarca verglich 1333 die Wirkung des Aachener Schwefelwassers mit der Baiaes. Der Wildunger Sauerbrunnen bei Kassel, das Gasteiner Wildbad, Baden-Baden, Göppingen und Ems wurden mehr und mehr besucht. Zu hoher Blüte gelangte in der Schweiz neben dem Schinznacher Bad vor allem Baden mit dem St. Verena-Bad. Am beliebtesten waren die natürlichen warmen Quellen, die im allgemeinen Wildbad, in der Sage auch Jungbrunnen genannt wurden – zu ihnen unternahm man bereits im 14. Jahrhundert Reisen von beachtlicher Dauer. *Tafel 16*

Das Pyrmonter «Wundergeläuf» ■ Eine nicht zu unterschätzende Rolle spielten bei der Entwicklung der Bäder Aberglauben und Massensuggestion. Ein typisches Beispiel hierfür ist eine Episode aus der Geschichte Pyrmonts, bekannt unter der Bezeichnung «Wundergeläuf». Zwar hatte der Dominikanermönch Heinrich von Herford schon vor

1370 die Pyrmonter Heilquellen erwähnt, doch waren sie in der Folgezeit in Vergessenheit geraten. Im Jahre 1552 entsprang in der Nähe des Schlosses Pyrmont ein lange verschütteter Sauerbrunnen, dessen Ruf sich durch ganz Europa verbreitete. Unter den verschiedensten Namen – Neubrunnen, Heilbrunnen, heiliger Brunnen oder Spiegelberger Brunnen – wurde er so bekannt, daß im Jahre 1556 innerhalb von vier Wochen mehr als 10 000 Gesunde und Kranke nach Pyrmont kamen. Über dieses sogenannte «Wundergeläuf» schrieb der berühmte Arzt Tabernaemontanus in seinem 1581 erschienenen und später häufig aufgelegten «Neuw Wasserschatz»:

«Es war vor 20 Jahren dieser Sauerbrunnen in einem solchen Ruf und Geschrei, daß auch aus fremden Nationen, als Frankreich, Italien und Sizilien, Leute herausgezogen, diesen Brunnen zu besuchen, dann ein solch Geläuf zu diesem Wunderbrunnen war, wie vor Zeiten das wütende und rasende Wallen zu der schönen Maria und Nothelferin zu Regensburg, denn es war schier kein Blinder, Tauber, Stummer oder von Mutterleib Lahmer, wie auch die Sondersiechen oder Aussätzigen, die nicht verhofften, durch diesen Brunnen ihre Gesundheit zu erlangen.»

Daß der Brunnen auch schon in den Jahren nach 1552 immer stärker besucht wurde, läßt sich aus dem Erscheinen mehrerer Brunnenschriften bereits im Jahre 1556 schließen. So las man in der kleinen Lobpreisung des Brunnens «Gründlicher, warhafftiger Bericht von dem new gefundenen wunder Brunnen, inn der Graffschafft Spiegelberg, zwo meyl weges gelegen von Hamelen an der Weser»:

«Es hat, Gott lob, dieser Brunnen vielen Leuten geholfen, die etliche Jahr taub und blind gewesen sind. Desgleichen auch vielen Leuten, die den Krebs und Haarwurm gehabt, geholfen. Es ist auch ein Mensch zu diesem Brunnen gebracht worden, der mit dem bösen Geist besessen gewesen, welches wir in der Wahrheit gesehen. Demselbigen ist das Wasser mit Gewalt in den Mund gegossen worden, daß der böse Geist von ihm hat müssen weichen, und Gott hat seine Gnade darin gegeben, daß dieser Mensch vom Bösen erlöset ist worden und mit großer Danksagung zu Gott ohne allen Mangel und Fehl von diesem Ort gezogen.»

Im gleichen Jahr schrieb der Arzt Borchard Mithobius in seiner «Beschreibung des newen gefundenen Brunnens»:

«Und ist jetzt ein so großes Zulaufen dahin von allen Orten und Enden, von den armen Krüppeln, Lahmen, Tauben, Blinden und besessenen Menschen, ja auch was sie für Krankheiten haben, daß man nicht Herberg noch Behausung genug mag haben, sondern machen allda auf dem Feld Hütten gleich wie in einem Lager.»

Der Brunnen erlebte einen derartigen Aufschwung, daß man das Wasser in Tonnen füllen und auf Wagen verladen mußte, die kilometerweit zu den Heilungssuchenden fuhren. Obwohl Händler aus nah und fern nach Pyrmont kamen, wurden die Nahrungsmittel so knapp, daß die ärmere Bevölkerung bittere Not litt.

Im Grunde ist dieses Aufblühen eines gerade eben gefundenen Brunnens nur aus der geringen Kenntnis von der Wirkungsweise der Quellen und dem in allen Volksschichten verbreiteten Aberglauben zu erklären. Bemerkenswert ist die Haltung des protestantischen Theologen Hermann Huddaeus, der 1556 im Auftrag des Grafen Philipp von Spiegelberg die ersten Brunnengesetze in lateinischer Sprache verfaßte. Huddaeus wandte sich darin nachdrücklich gegen eine abergläubische Quellenverehrung. In der von ihm selbst geschaffenen deutschen Übersetzung heißt es:

«Zum ersten solln, so diesen Fontain
Besuchen, reich, arm, groß und klein,
Sich in alleweg tun befließen,
Daß sie nicht göttliche Ehr' erweisen,

Balneum Plummers (Plombières) im 16. Jahrhundert

Diesem Brunn, und machen ihn nicht
Zu einem Abgott, sondern schlicht
Zu Gottes Ehren sein genießen,
Von dem könnt diese Gnad' herfließen.»

Nun, Wunsch und Realität klafften doch allzuweit auseinander; zwar gab es viele Besucher, die Heilung oder Linderung fanden, andere aber fuhren ebenso krank, wie sie einst gekommen waren, wieder nach Hause, und manche starben im Bad. Schnell sank Pyrmont wieder zur Bedeutungslosigkeit herab – 1557 fanden sich noch einmal Tausende Gäste ein, aber dann ließ der Besuch von Sommer zu Sommer nach; bis zum Neubeginn in der Mitte des 17. Jahrhunderts sollten fast 100 Jahre vergehen.

Wie leicht sogar eine medizinisch völlig wertlose Quelle in Windeseile bekannt werden konnte, beweist die kurze Geschichte des Hornhauser Wassers, eines in der Nähe von Aschersleben gelegenen Gesundbrunnens. Und wieder war ein Hirt, diesmal ein Schäfer, im Spiel. Er wollte einen Steg ausbessern, den der vom Regen stark angeschwollene Dorfbach überschwemmt hatte. Durch einen Erdrutsch aber war ein Loch entstanden, angefüllt mit Wasser, und das obwohl der Platz vorher völlig trocken gewesen war. Der Schäfer eilte ins Dorf, Jung und Alt, auch Priester und Schulmeister liefen zusammen. Keiner aber wollte anfänglich das grünlich aussehende Wasser trinken. Als man das Loch ausgeschöpft hatte, fand sich auf dem Grund eine Quelle. Sollte sie ein Gesundbrunnen sein? Der Schäfer verlor vom Genuß des Wassers sein Fieber, eine alte Bauersfrau – bereits viele Jahre krank – wurde völlig geheilt, und schon erklang das Lied vom neuen «Hornhausischen Gnadenbrunnen» in allen Gegenden. Und viele, viele kamen, im Jahr 1647 immerhin 2000 Personen, selbst eine Königin von Schweden und der Kurfürst von Brandenburg fanden am Ende des Dreißigjährigen Krieges Geschmack an einer

Kur im einst so unbekannten Dorf. Aber Hornhausen teilte sein Schicksal mit vielen anderen Wunderbädern; es geriet bald in Vergessenheit, wurde ab und an neu entdeckt, um dann aber im 18. Jahrhundert endgültig seinen Ruf als Ort der Heilung zu verlieren.

Majestäten in Hornhausen – Kaiser, Könige und andere hohe Herren gehörten natürlich stets zu den am meisten beachteten Besuchern eines Bades. Sie lockten allein durch ihre Anwesenheit andere Gäste an, Neugierige, Schmeichler; sie konnten ihren Hofstaat mitbringen, ja auch einem Bad durch Geschenke oder Erteilung von Privilegien zu besonderem Ruf verhelfen. Schon von Karl dem Großen wird berichtet, daß er die Schwefelquellen in seiner Residenz Aachen benutzte. Die Kaiser Lothar III. und Karl IV. zog es nach Burgbernheim (1128 beziehungsweise 1347), und Kaiser Karl V. suchte Heilung im Wildbad im Schwarzwald. Es muß ihm so gut gefallen haben, daß er dem Bad einen Freibrief erteilte, wonach alle, «mit Ausnahme der Mörder und Straßenräuber, allhier Jahr und Tag Fried und Freiung haben sollen» – eine Parallele zu dem in mittelalterlichen Badestuben oft geübten Asylrecht. Als der lothringische Herzog Friedrich III. im Jahre 1292 oberhalb des Bades von Plombières eine Festung erbauen ließ, um das Tal der Augronne zu beherrschen, behauptete er, es ginge ihm um den Schutz der Badenden. Auch die böhmischen Bäder verwiesen schon früh auf kaiserlichen Besuch. Bekannt ist der Einfluß Kaiser Karls IV. auf die Entwicklung des nach ihm benannten Karlsbad. Es sei noch die Rolle französischer Könige beim Aufstieg von Vichy (Heinrich IV., 1609) und Fourges (Ludwig XIII. im 17. Jahrhundert) und der Aufenthalt der englischen Königin Anna in Bath (1703) erwähnt.

15
De thermis helveticis – Von den helvetischen Thermen, Pump- und Heizwerk des Schweizer Bades Fideris im 16. Jahrhundert. Holzschnitt, 1553

16
Der Jungbrunnen.
Ausschnitt aus einer vierteiligen Holzschnitt-
folge von Sebald Beham, um 1536

Eigentliche Entwerfung, des aus der Erden in die Höh steigelen der heisen Waser ü Uhrsprüng, inn dem Weitberühmbten Kayser Carlsbadt der Prudl genandt

17
Der Sprudel zu
Karlsbad
im 17. Jahrhundert.
Kupferstich
von G. Hupschmann

18
Der Cornelische Badwasser-Brunnen
in Aachen Mitte des 17. Jahrhunderts. Kupferstich, 1688
19
Ansicht des warmen Brunnens
auf dem Markt zu Aachen um 1730 (Ausschnitt). Kupferstich, 1736

Langen Schwalbach

1. Saurer Brunnen, diß orts der Wein Brunnen genandt.
2. Die beide Brüdelbrunnen, so geheitzet und zum baden gebraucht werden.
3. der Schweffel Keller.
4. Lindenbrunnen.
5. das Echo.
6. das Fürstliche hauß.
7. die Kirch.
8. Weg nach Wißbaden Franckfort, Wormß, und Speyer.
9. Weg nach St. Goar, Emis, vnd Coblentz. 10. weg nach Adolphseck. 11. weg nach Bleydenstatt und Weehr.
12. weg nach Idstein. 13. weg nach Born. 14. weg nach Hambach. 15. weg nach Ramschied. 16. weg ins Rheingaw. 17. der Alte Kirchweg.

Matth. Merian fecit 1631.

20
Der Sauerbrunnen zu Göppingen. Kupferstich von Matthäus Merian, um 1640
21
Das Badener Bad bei Wien. Kupferstich von Matthäus Merian, um 1640

22
Ansicht von Langen-Schwalbach
mit dem Weinbrunnen im Jahre 1631.
Kupferstich von Matthäus Merian

23

Das Emser Bad. Kupferstich von Matthäus Merian,
um 1640

24

Das Bad Pfäfers in der Mitte des 17. Jahrhunderts.
Kupferstich von Matthäus Merian

Embser Bad.

A. Das Ober Bad. B. Das Vnter Bad. C. das Arme Bad.
D. Ein warme Quelle in der Lohn. E. Die Lohn fluß.

Ansicht des Marktes zu Spa und des Brunnens Pouhon. Kupferstich, 1740

26

Südlicher Prospect des Brunnen- und Badhauses bei Hofgeismar.
Kupferstich von Wolfgang Christoph Mayr nach einer Zeichnung von Johann Heinrich Tischbein, 1772

27
Das im Jahre 1778 erbaute Badehaus in Zarskoje Selo

Anfang des 18. Jahrhunderts machte sich Zar Peter I. sehr verdient um die chemische Analyse und den Ausbau von Quellen. So ließ er 1716 eine in einem Bergwerk bei Olonez entdeckte Quelle chemisch untersuchen; sie wurde unter dem Namen St. Petersbrunnen (Marzialny Wody) zum ersten Kurort Rußlands. Übrigens war Peter I. selbst in mehreren berühmten Bädern zu Gast, so 1698 und 1708 in Baden bei Wien, 1711 und 1712 in Karlsbad und 1717 in Aachen und Spa.

Bis zum Dreißigjährigen Krieg, dessen Folgen für viele Bäder verheerend waren, ging es insgesamt mit dem europäischen Badewesen bergauf. In Deutschland gewannen Kissingen, Ems, Schwalbach und Wiesbaden im 16. Jahrhundert an Bedeutung, in Österreich neben Baden bei Wien auch Hall in der Steyermark und das Gasteiner Wildbad. Letzteres erlebte namentlich im Jahre 1591 einen glanzvollen Besuch, als Wolf Dietrich von Raittenau dort mit einem Gefolge von 240 Personen weilte. Genannt werden müssen auch Pfäfers, Leuk, Fideris und Schinznach in der Schweiz, Bourbon-Lancy in Frankreich und das heute belgische Spa. Es regte sich in der ersten Hälfte des 17. Jahrhunderts in Hotwell bei Bristol und im später berühmten Bath. Beachtung verdienen auch die böhmischen Bäder, doch auf sie soll an anderer Stelle noch gesondert eingegangen werden. Als Königin der mährischen Gesundbrunnen galt das 1580 erstmals beschriebene Ullersdorf bei Olmütz (Olomouc). Der ungarische Adel besuchte vor allem das westslowakische Trentschinteplitz (Trenčianské Teplice). Doch eine Aufzählung von Badeorten, die immer unvollständig bleiben wird, sagt wenig über neue Akzente des Bade- und Bäderwesens im 16. Jahrhundert.

Gebadet im Übermaß ■ Auffällig ist, daß mehr und mehr Badeorte beschrieben wurden, ja daß Ärzte Hinweise auf Indikationen und Verhaltensweisen gaben. So verfaßte schon 1534 Johann Dryander eine Schrift über Ems, damals ein unansehnlicher Flecken ohne Komfort für den Kurgast. Im Jahre 1572 veröffentlichte Thurneysser die erste Übersicht über die europäischen Heilquellen unter dem Titel «Pison, von kalten, warnen, mineralischen und metallischen Wassern, samt deren Vergleichung mit den Planti und Erdgewässern». Tabernaemontanus schrieb 1581 seinen «Neuw Wasserschatz». In seinem 1535 erschienenen «Büchlein von den Bädern» empfahl Paracelsus, während der «Badefahrt» nur an das Bad zu denken, sich warmzuhalten und vor dem kalten Wind zu hüten, vor allem aber nicht den Kurerfolg durch Völlerei und «Unkeuschheit» zunichte zu machen.

Ende des 16. Jahrhunderts wurden die ersten Versuche unternommen, die Zusammensetzung der Mineralwasser kennenzulernen, wie überhaupt der Einfluß der Ärzte zunahm, die sich gegen den übermäßigen und unkontrollierten Gebrauch der Quellen, gegen stundenlanges Baden und literweises Trinken von Brunnenwasser wandten. So schrieb 1571 Toxites als Herausgeber des erwähnten Werkes von Paracelsus:

«Es ist ein gemeiner Brauch bei den Ärzten, daß sie gern in die Bäder raten, was die Arznei nicht helfen will, daraus aber oft mehr Schaden, denn Nutzen und Wohlfahrt befunden wird. Zudem so begehrt auch der gemeine Haufen oft auch wider sich selbst nichts anderes denn zu baden, weiß nicht warum, hofft das Wasser soll ihn gesund machen, zieht dahin ohne Rat, vermeint die Sache wohl angestellt zu haben, wenn er bald in die Retz kommt, darin liegt er wie ein Schwein Tag und Nacht, ißt und trinkt dazu ohne alle Ordnung, als wenn er sich selbst wollte oder müßte zersieden. Von beiden Teilen folgt viele Unrat, schwere Krankheiten, oft der Tod, wie der Exempel jährlich viel in allen Bädern sich begeben.»

Und 1631 meinte dazu Johann Kolweck in seiner Schrift «Tractat von dess überauss Heylsamen, Weitberühmten selbst warmen, unser Lieben Frawen Pfefers Bad»:

«Daher gewöhnlich, daß ihrer viel unter Tag und Nacht niemals aus dem Bad treten, sondern daselbst bleiben; essen, trinken und schlafen; die Reichen zwar um Lust halber, welche sie unter dem Bad empfinden, die Armen aber um willen ermangelnder Herberge oder Proviant oder damit sie die Zeit ersparen und desto bälder fertig werden.»

Hier wird auch eine soziale Seite des übermäßigen Badens sichtbar. Meist aus der näheren Umgebung stammende ärmere Kranke bemühten sich, um den Brunnenaufenthalt so kurz wie möglich zu halten, die damals üblichen 100 Badestunden Tag und Nacht abzusitzen und Unmengen von Wasser in sich hineinzuschütten.

Die äußeren Bedingungen – Unterkunft, medizinische Einrichtungen – waren noch sehr primitiv, und Klagen über Mangel an Speis und Trank waren an der Tagesordnung. So lesen wir in der ersten zuverlässigen Nachricht über den Gesundbrunnen zu Kissingen, einer Verordnung des Würzburger Bischofs Konrad von Bibra aus dem Jahre 1544:

»Ist bisher von mehr denn einem Ort klagend vorgebracht worden, wie etliche Geistliche, Weltliche, des Adels und Bürgerpersonen, ihres Leibes Notdurft halber gern das Wildbad in der Stadt Kissingen gebraucht hätten, aber mangels guten und lustigen Getränks solches unterlassen haben müssen, dieweil dann seine Fürstlichen Gnaden bedenken, wo solcher Mangel der Notdurft nach geändert und gebessert, daß es den Leuten dahin in das Bad zu ziehen Ursache gegeben, auch dadurch gemeiner Stadt und derselben Einwohner Nutz und Gedeihen zum besten gefördert werde. Und ist demnach seiner Fürstlichen Gnaden Befehl, daß hinfüro Wirte und Gastgeber zu Kissingen sich für die ankommenden Gäste mit guter lustiger Speise und Getränk, Wein und Bier, je-

der Zeit gefaßt und geschickt machen, damit sie die gemeldeten ankommenden Gäste die Zeit, sie da sein werden, aber die Mahlzeit und sonst zwischen den Mahlen mit wohlbereiteter Kost und gutem frischem Getränk ihrer Gelegenheit notdürftig versehen werden mögen ...»

Uom Zuber zum Badehaus ■ Sehr unterschiedlich waren Art und Niveau der Bade- und Trinkeinrichtungen in den einzelnen Bädern. Schon frühzeitig sorgte man für das Einfassen der Quellen, so gegen Ende des 13. Jahrhunderts in Burgbernheim. Doch geschah es oft ohne die notwendige Sorgfalt. Zwar erhielt der Brunnen bei Eger (Cheb) schon um 1600 eine einfache Fassung (das Wasser floß aus einem rohgezimmerten hohlen Baumstamm), aber noch 200 Jahre später hieß es über ihn, der Brunnen stünde frei, ohne Dach, er sei voll alter Scherben und Töpfe, und schmutzige Leute besudelten ihn mit ihren Körpern, indem sie hineinstiegen und das Wasser in Krügen herausholten – kein Wunder, daß es kaum Brunnengäste gab, obwohl das Wasser nach ganz Deutschland versandt wurde.

Neben einfachen Badehütten (in Vichy bezeichnete man eine von ihnen um 1600 stolz als «Maison du Roi») entstanden schlichte Badeanstalten und prunkvolle Badehäuser.

Im Schweizer Leuk, in einer einsamen Gebirgsgegend gelegen, wurden 1482 eine Vielzahl von Badekästen errichtet, später baute man ein Herren-, ein Junker- und ein Armenbad. Jedes Bad enthielt vier Kästen, die so durch einen Kreuzgang voneinander getrennt waren, daß sie im Grunde zu einem Bad wurden, in dem mehr als 20 Personen baden konnten. Abends ließ man das Wasser aus den hölzernen Kästen, reinigte sie und füllte sie wieder. Wie ein Chronist berichtet, war das Wasser am nächsten Morgen zum Baden noch warm genug, da die ursprüngliche Temperatur so hoch war, daß man darin Eier kochen und Hühner brühen konnte. Übrigens galt es auch noch um 1700 in Karlsbad durchaus als normal, im Sprudel Schweine und Geflügel zu brühen; diese Unsitte wurde erst 1851 verboten.

Badekästen anstelle von Wannen oder Zubern gab es im 16. und 17. Jahrhundert in vielen Kurorten. So wurden zum Beispiel in einer Schrift über Baden-Baden aus dem Jahre 1608 die einzelnen Bäder und vor allem Herbergen mit Bademöglichkeiten aufgezählt. Auf dem Markt befanden sich zwei öffentliche Badehäuser, eins für Bürger und eins für Arme. Viel mehr Gäste aber nutzten die Einrichtungen in den Herbergen, deren

größte – die «Herberge zum Ungemach» – über 26 Stuben, einen Saal und 60 Badekästen verfügte. Insgesamt gab es zu jener Zeit in Baden-Baden neun große Herbergen mit mehr als 110 Stuben und über 300 Badekästen.

Diese Badeeinrichtungen waren lange in Gebrauch; noch um 1800 hieß es über das «Lammbädli» im Schweizer Kanton Bern, das Gebäude sei eine Staffel mit sechs bis acht Kästen; in jedem badeten zwei Personen für je einen Batzen. Kein wesentlicher Unterschied besteht zum Bad im Zuber, zu dem sich der Arzt Rosinus Lentilius in seiner 1725 erschienenen «Neuen Beschreibung des

Sauerbrunnen Eger in der Mitte des 16. Jahrhunderts

73

zu Göppingen im löbl. Herzogthume Würtemberg gelegenen edlen, berühmt- und uralten Sauerbrunnen» so äußerte:

«Man lasse sich gemütlich in den Zuber nieder, auf das Kissen, der Hals wird mit einem Tuch wohl verwahrt, der Zuber mit Brettern völlig zugedeckt und darüber noch ein Tapet oder Nachtrock gebreitet. Das Wasser soll nur etwas über lauwarm sein, welchem hernach, wenn man eine Weile gesessen, wärmeres nachzugießen ist. Das Wasser im Zuber soll nicht leicht höher als an den Nabel steigen. Im Zuber schwimmt ein Stab, mit welchem man, wo etwas zu erinnern, dem Bade-Bediensteten mit Klopfen ein Signal geben kann, wenn man nämlich wärmeres Wasser verlangt, abgetrocknet sein oder bald aussteigen will ... Unten am Boden des Badezubers steckt ein Zapfen, den der Badegast ausziehen und das Wasser ablaufen lassen kann. Alsdann trocknet er sich ab, zieht ein frisches, gewärmtes Hemd an, läßt hingegen das Badehemd im Zuber liegen, steigt aus, geht in sein Zimmer und legt sich eine halbe oder ganze Stunde zu Bett. Kommt ein Schweiß, so wartet er ihn ab, schläfert ihn, so mag er wohl auch schlafen. Hernach zieht er sich an, geht vor völliger Austrocknung des Haares und Hauptes nicht in die Luft und vertreibt die Zeit bis zum Mittagessen nach eigenem Belieben.»

Bäder im Zuber, in größeren Badekästen und in unterschiedlich eingerichteten Badezimmern waren allgemein üblich. Wenige Orte verfügten dagegen über große Badehäuser. Nachweisen lassen sie sich 1487 in Burgbernheim (ein steinernes Haus mit 30 Zimmern), 100 Jahre später in Teplitz, Ems und anderswo. Interessant ist, wie die soziale Gliederung der Gäste ihren Niederschlag in den Badeanstalten fand. In Teplitz badete man um 1590 in sechs größeren und drei kleinen Bädern; von den größeren befanden sich vier im Stadtbad: ein Herrenbad und drei Weiberbäder, eins für «gemeine Bürger- und Bauernweiber»,

eins für «vornehme Bürgerweiber» und das dritte für «vornehmste Frauenzimmer». Im letztgenannten gab es das «Kurfürstliche oder Fürstenbad», das nur einzelnen hohen Gästen diente. Neben diesen Einrichtungen in Badehäusern konnte man in Teplitz in zwei großen, offenen Bädern – bestimmt für «gemeine Männer und Weiber» – baden.

In Merians «Topographia Germaniae» wird ein Bericht des Arztes Marsilius Weigel über die Emser Bäder aus dem Jahre 1627 angeführt. Weigel habe geschrieben:

«Es walle oder springe das warme Wasser in diesen Bädern aneinander und unaufhörlich, wie man es erleiden kann, nicht zu heiß oder zu kalt, unter den Badenden aus der Erde hervor, lustig anzusehen, also daß man unnachlässig frisches und sauberes Wasser habe, welches dann, wenn die Bäder zu voll sind, oben ablaufe, sonst aber fast alle solche Bäder alle Abend wie ein Fischweiher abgezogen, mit Besen gekehrt und gesäubert werden, daß gar keine Unsauberkeit oder altes Wasser, darin man zuvor gebadet hätte, darin bleiben könne. Es sei auch unter diesen Bädern wegen der Wärme des Wassers ein Unterschied. Item daß teils ganz bedeckt und oben zugewölbt, teils ganz offen und unter dem freien Himmel, auch solche Bäder allerseits viereckig und mit Stiegen oder Treppchen aufgemauert seien, damit man nicht müsse jählings mit ganzem Leib, sondern daß man allgemach erst mit den Beinen und folgen je länger je tiefer hineinsitzen könne oder möge ...»

Zu jener Art verfügte Ems über drei Badehäuser, von denen das kleinste als Armenbad diente.

Daß es mehr und mehr üblich wurde, Armenbäder getrennt von der eigentlichen Badeanstalt zu errichten, beweisen auch Beschreibung und Zeichnung einer von dem Baumeister Joseph von Furtenbach entworfenen Badeanstalt, die er in seiner 1635 erschienenen «Architectura universalis» vorstellte. Seine Anstalt, die neben der etwa 50 Meter langen und 15 Meter breiten «Badehütte» für Bäder in Zubern auch die verschiedensten Räume zur Unterbringung der Gäste und des Personals, Vorratskammern, Küche, Speisesaal und Stallungen enthielt, bot auch für «vornehmste Herren und Frauenzimmer» die Möglichkeit, separat zu baden. Für arme Besucher sollte sogar ein besonderes Badehaus gebaut werden.

Vielfach gingen Männer und Frauen gemeinsam ins Bad. Wie man sich dabei in der Mitte des 17. Jahrhunderts kleidete, können wir einer Schilderung über Baden bei Wien in der «Topographia Germaniae» entnehmen:

Tafel 21

«Es ist aber die Art zu baden, daß Junge und Alte, Edel und Unedel, Manns- und Weibsvolk (wofern sie keine offenen Schäden haben) untereinander baden, mit angezogenen und mit Fleiß dazu gemachten Badekleidern. Teils sind nur in Hemden und Schlafhosen angetan, die Männer

Gemeinsames Baden beider Geschlechter in Plombières um 1550

75

mit bedecktem Haupt, welches sie im Ein- und Ausgehen entblößen und neben dem Gruß das Bad segnen müssen. Das Weibervolk aber mit teils angetanen Überschlägen, Zierat und Schmuck um den Kopf auf österreichische Manier geputzt, gehen ohne Unterschied untereinander mit Führung bei der Hand außer den Sitzstellen, deren doch zwei unter dem Weibervolk dem Männervolk befreit sind, denen das kristallklare Bad bis an den Hals geht, und unten zur Rechten seinen Abfall und Docken hat. Rings umher sind Staffel und Bänke geordnet, darauf man steigen und gleichfalls bis am Hals im Bade sitzen kann. Über ihnen ist rings umher ein Brett, darauf sie ihr Badzeug, Sanduhren und dergleichen trocken legen können. Das junge Volk trägt nach ihrer Proportion und Höhe des Bades hölzerne Schuh, und gibt das Bad von oben herabsehend sehr krumme Posturen an den Personen. Teils Frauen lassen sich den Saum an den Badröcken mit Blei einnähen, damit solche nicht über sie schwimmen können.»

Lange Zeit vergnügte man sich auch im Freien in großen Gemeinschaftsbädern. So gingen in Baden (Schweiz) gleichzeitig 60 bis 80 Personen ins Bad; es wird aber Anfang des 15. Jahrhunderts berichtet, daß wegen des öffentlichen Gebrauchs «Personen von Stand» das Bad nur nachts aufsuchten. Viel größer noch war das mit Marmor gepflasterte Bad im französischen Bourbon-Lancy (seit etwa 1580); in dem noch aus der Römerzeit stammenden runden Becken fanden gleichzeitig etwa 500 Personen Platz.

«Obrist Fresser» in Karlsbad ■ Mindestens bis zum Ende des 16. Jahrhunderts muß das medizinische Baden wahrlich eine Pferdekur gewesen sein. Badezeiten von täglich zehn bis zwölf Stunden – und das über Wochen – galten als normal. Nach dem Motto «Viel hilft viel» saß man so lange im Zuber oder in der Badekammer, bis die Haut wund

wurde und zu eitern begann. Diese Art zu baden, «Hautfresser» oder «Beize» genannt, beruhte auf der Vorstellung, durch das Öffnen der Epidermis gelange das Mineralwasser besser in die Hautgefäße und könnte so Linderung und Heilung herbeiführen. Eine genaue Beschreibung des «Hautfressers» lieferte 1570 der Karlsbader Badearzt Fabian Summer in seiner Schrift «De investione, descriptione, temperie, virtutibus et in primis usu thermarum Caroli IV.». In der von seinem Bruder Matyas geschaffenen deutschen Übersetzung des lateinischen Textes heißt es:

«Wenn der Leib und die Haut aufgebissen werden soll, muß der Patient auf einen Tag zehn oder zwölf Stunden baden, doch so, daß er den ersten Tag von wenig Stunden anfange, z. E. vormittags drei, nachmittags zwei Stunden bade, hernach aber allezeit ein, zwei, drei Stunden und mehr länger, bis die Haut aufgebissen worden ist. Das Wasser sei nicht zu kalt, daß den Patienten nicht friere, sondern es soll lau und nicht warm sein, damit es ihm nicht einen Schweiß machen könnte. Wenn nun die Haut aufgebissen, soll der Patient aus dem Bad gehen und sich gar wohl mit Kleidern verwahren lassen und soll in einer ziemlich warmen Stube hin und wieder gehen oder, so es ihm beschwerlich fiele, ins Bett legen, damit die böse Materie wohl herausfließen könnte. Nach ein oder zwei Stunden soll er wiederum in das Bad gehen (und zwar stets in dasselbe zuerst gebrauchte Badewasser), daselbst eine ganze Stunde oder etwas länger verbleiben, und dann soll er wiederum herausgehen und abermals wie zuvor zwei oder drei Stunden in seinem Gemach verziehen, auf daß die schädliche Materie wiederum herausfließen möchte. Danach soll er wiederum ins Bad gehen und in vorigen Stunden mit Baden zubringen, und soll er, so viel ihm möglich sein mag, vier- oder fünfmal tun, und zwei, drei oder mehrere Tage nacheinander treiben, bis solange die böse Materie aufhört zu fließen. Und wenn solches geschehen, soll er wiederum warm baden, nicht in dem alten, welches ihn aufgebissen, sondern in einem neuen und frischen Wasser. Es soll aber solches Wasser den ersten Tag nicht sehr warm, sondern also temperiert sein, denn das laue, welches ihn aufgebissen. Danach soll er alle Tage wärmer und länger baden, bis so lang die Haut wiederum zusammenwachse. Es soll der Patient oft baden den ersten Tag, wenn er anfängt, warm zu baden, vier- oder fünfmal, und auf einmal nicht mehr über ein Viertel oder anderthalb Viertel einer Stunde. Und soll außer dem Bade in einer warmen Stube eine ganze Stunde verbleiben. In den folgenden Tagen soll er immerzu von einem zu dem anderen Tag immerzu länger im Bad verziehen.»

Um 1480 schrieb der Nürnberger Barbier Hans Folz in seinem «Püchlin von allen paden», in dem er unter anderen Gastein, Wiesbaden, Ems und Pfäfers erwähnte:

Tafel 23, 24

«Zum ersten pad auf's wengst, verste,
und alle tag einer stund me,
doch über zehen stund kein dag
in diesem pad ein jeder mag
on speis und tranck wol bestan
pis man sust sol zu tische gan!»

Den «Hautfresser» (corrosio cutis) kannte man in vielen Bädern. Der Badeausschlag wurde übrigens auch «Obrist Fresser» und «Obrist Kratz» genannt. Insgesamt beherrschte das Baden die Kurorte; erst im ausgehenden 16. Jahrhundert begann die Trinkkur eine größere Rolle zu spielen.

Trinkkur setzte sich durch ■ Zwar wurde schon in ältesten Zeiten das Wasser der Mineralquellen getrunken, so von den Dorfbewohnern in der Sommerhitze, auch ist der Gebrauch gegen Fieber eine alte Sitte, doch – von einzelnen Beispielen abgesehen – ist die Trinkkur jüngeren Datums als das Baden. Als 1522 Wenzeslaus Payer über

Karlsbad schrieb, war der innerliche Gebrauch des Wassers fast unbekannt. Wahrscheinlich auf Anraten Payers begann man nun in Karlsbad, wechselseitig – jeweils sieben Tage – zu baden, beziehungsweise das Wasser zu trinken. Das geschah zu Hause, sogar im Bett bei geschlossenen Türen und Fenstern, nicht selten in geheizten Räumen, um die schlechten Stoffe durch Schwitzen aus dem Körper zu treiben. Nach und nach setzte sich die Trinkkur, verbunden mit den ersten Versuchen, die chemische Zusammensetzung der Mineralwasser kennenzulernen, auch in anderen Bädern durch, so in Kissingen, Leuk und Vichy. Aber ebenso wie mit dem Baden übertrieb man es nun mit dem Trinken. In Leuk goß man um 1600 von früh bis spät das Wasser in sich hinein; noch um 1710 tranken manche Personen 60 bis 70 Becher Wasser (etwa zehn Liter) in einer Stunde! Bescheiden nimmt sich dagegen die Kur in Elster aus, die 1669 der Plauener Arzt Georg Leissner beschrieb; danach trank man früh auf nüchternen Magen ein bis zwei Gläser, steigerte die Menge auf sechs bis sieben, um sie dann wieder zu verringern.

Etwa um 1700 hatte sich die Trinkkur allgemein durchgesetzt und vielerorts sogar das Baden verdrängt. Um den oft unangenehmen Geschmack des Wassers zu verbessern, empfahlen die Ärzte, es mit Milch – am besten mit Eselsmilch – zu mischen, so in Spa und Selters. Am letztgenannten Ort verwendete man zur Geschmacksverbesserung auch Wein und gab noch Zucker und Zimt hinzu.

Je beliebter das Trinken des Brunnenwassers wurde, um so stärker wurde der Wunsch, das Wasser einer bestimmten Quelle ohne eine beschwerliche Badereise genießen zu können. Von besonderer Bedeutung war der Versand des Egerbrunnens. Da es an der Quelle nur einen erbärmlichen Gasthof mit acht Zimmern gab, begann man schon Anfang des 17. Jahrhunderts mit dem Abfüllen des Wassers – das geschah in viereckigen Kruken, verschlossen mit Zinnschrauben, die mit

Terpentin zur Abdichtung bestrichen waren. Um 1650 konnte man derartige Kruken in Wien, Prag, Nürnberg, Regensburg und anderen Städten kaufen. Auch Pyrmonter Wasser ging schon frühzeitig auf Reisen – um 1730 waren es jährlich über 150 000 Flaschen –, davon etwa die Hälfte über Bremen nach England. Den Kruken und Flaschen folgte das aus dem Mineralwasser gewonnene Salz, zuerst wohl das sogenannte «Salz von Epsom», das Ende des 17. Jahrhunderts auch schon außerhalb Englands verkauft wurde, und seit etwa 1730 das berühmte Karlsbader Salz. Im österreichischen Schwefelbad Ladis wiederum trocknete man den Schwefelschlamm; das so entstandene Streupulver galt als erprobtes Mittel gegen Hautleiden.

Selbst Hunde und Pferde ■ Da jahrhundertelang die Benutzung der Brunnen – zunächst das Baden, dann das Wassertrinken – als Universalheilmittel galt, überboten sich die einzelnen Orte bei der Aufzählung der an ihren Quellen geheilten Krankheiten. Hier nur einige Beispiele: Eine Badereise nach Karlsbad sollte um 1520 bei Erkrankungen des Magens, der Galle, Leber, Milz, auch gegen Steinleiden, Epilepsie, Blutspeien, Gelbsucht, Frauenleiden, Podagra und Krätze helfen; als schädlich galt die Kur bei Syphilis und Herzkrankheiten. Einige Jahrzehnte später empfahl sich Teplitz mit Kuren gegen Nervenschwäche, Lähmungen, Knochenbrüche, Beulen, Geschwulste, Syphilis. Aus dem ausgehenden 17. Jahrhundert seien erwähnt: der in Hessen gelegene Seltersbrunnen gegen Lungenkrankheiten, Eger gegen Erkrankungen der Nieren, der Blase und des Magens, Hotwell bei Bristol gegen Diabetes. In Plombières, wo Montaigne und später Beaumarchais und Voltaire zur Kur weilten, wurden die verschiedensten inneren Krankheiten, aber auch Augenentzündungen behandelt. Allgemein schickte man um 1700 Patienten mit fast allen denkbaren Krankheiten ins Bad. Noch 1781/82

schrieb Johann Jacob Volckmann in seinen «Neuesten Reisen durch England» über die schwarze Quelle (Blackwell) bei Bristol:

«... deren Wasser, wenn man darin badet, gegen Skorbut, Ausschlag und Skrofulose gute Dienste tut und die Hunde, wenn man sie hineintaucht, von der Räude befreit.»

Überhaupt war man zunächst nicht zimperlich; vielerorts wurden nicht nur Hunde, sondern auch Pferde an der Quelle behandelt (so hieß eine Quelle in Leuk «Roßgülle»), und die Quellen trugen zum Teil doch sehr drastische Namen: Blähungen erzeugende Quellen nannte man vielfach Furzbrunnen (zum Beispiel in Schwalbach), während Leuk sogar über eine «Kotzquelle» verfügte.

Zwar gab es bereits Ende des 16. Jahrhunderts erste Versuche, Zusammensetzung und Wirkungsweise einzelner Mineralwässer kennenzulernen, in manchen Orten auch schon eine auf Erfahrung beruhende Gegenüberstellung von Indikationen und Kontraindikationen, zunehmende Stimmen gegen übermäßiges Baden und wertvolle Ratschläge für eine gesunde Lebensweise im Bad, doch der Übergang zur wissenschaftlichen Balneologie geschah erst in der Mitte des 18. Jahrhunderts.

Zelte an der Lahn ■ Obwohl manche Bäder über die Landesgrenzen hinaus bekannt waren und Ärzte und Reisende in einer Vielzahl von Schriften über das Kurleben schrieben, muß man davon ausgehen, daß – abgesehen von wenigen Luxusbädern – der Kurbetrieb noch in den Anfängen steckte. Sicher, die Zahl der Gäste war zeitweise beachtlich, und unter ihnen finden wir berühmte Namen aus Kunst und Wissenschaft, Kaiser, Könige und Fürsten, aber nicht einmal die Unterbringung der Besucher war gesichert. Doch es gab Ausnahmen; so verfügte Baden-Baden um 1600 über acht Herbergen, die «Zum Ungemach», «Roter Löwe» oder «Zum Salmen» hießen, anderswo aber wohnte man in den benachbarten Dörfern oder Kleinstädten, so zum Beispiel noch um 1650 in Eger.

Über Pyrmont wird aus dem 17. Jahrhundert erzählt, daß oft aus Mangel an Schlafstellen die Hälfte der Gesellschaft nur bis Mitternacht schlief, während sich die andere Hälfte solange vergnügte, um schließlich als Ablösung zu erscheinen. Zur gleichen Zeit logierte man in Rehburg vielfach in Zelten, und selbst aus Ems wird Ähnliches berichtet. Da besuchte 1674 Hans Carl von Thüngen wegen einer im Duell empfangenen Armwunde das Bad. Zu jener Zeit bestand der Ort aus einem Haufen ärmlicher Hütten, in denen sich höchstens für Pferde ein Unterkommen finden ließ. So wurden vom Dorf bis zu den Quellen für die Gäste zwischen einer Felswand und der Lahn Zelte aufgeschlagen. Und was geschah dem General? Man stahl ihm in der Nacht durch Aufschneiden des Zeltes seine Mätresse, derentwegen das blutige Duell stattgefunden hatte.

Noch 1737 schrieb Friederike Auguste Sophie, Markgräfin von Bayreuth, die in Ems badete, um einen Erben zu bekommen:

«Dieser Ort ist sehr unanmutig. Es ist eine Schlucht, ganz von einer Kette von Felsen umgeben. Man erblickt weder Bäume noch Grün. Das Haus Oranien, in welchem wir wohnen, war schön und bequem. Wir gingen manchmal spazieren oder wateten vielmehr im Kote. Dieser schöne Spaziergang bestand aus einer Lindenallee, die man längs des Flusses angepflanzt hatte. Man war dort nie allein, die Schweine, von anderen Haustieren begleitet, leisteten uns treue Gesellschaft, so daß man sie bei jeder Wendung, die man nahm, mit Stockschlägen fortjagen mußte.»

Über den immerhin seit Jahrhunderten bekannten Kurort Leuk hieß es noch 1799 in der «Systematischen Beschreibung der Gesundbrunnen und Bäder»:

«Die Gasthäuser sind weder schön, noch angenehm gebaut, da ist kein Garten, keine Laube, keine Spaziergänge. Die Stuben, wo man wohnt, sind unangenehm und schlecht möbliert, das Bett muß man mitbringen. Die Nahrung ist schlecht, Wein, Kaffee, Chocolade muß man mitbringen.»

Insgesamt läßt sich sagen, daß meist erst nach 1700 mit dem Bau von Kurhäusern begonnen wurde, so in Ems 1715 und in Kissingen 1738. Zu jener Zeit gab es auch erste Bestrebungen, die Badeorte zu verschönern, Alleen anzulegen, Ruhebänke aufzustellen und auch mehr als bisher für die Unterhaltung der Gäste zu sorgen. So entstand in Karlsbad zum Beispiel 1704 das erste Ballhaus und im folgenden Jahr ein einfaches, bretternes Theatergebäude.

In Böhmens Bädern ■ Mit den Namen Karlsbad, Marienbad (Mariánske Lázně) und Franzensbad (Františkovy Lázně) verbindet sich die Vorstellung vom weltberühmten böhmischen Bäderdreieck. Werfen wir einmal einen Blick in die Geschichte dieser Kurorte, versuchen wir, ihre Entwicklung bis zum Dreißigjährigen Krieg nachzuzeichnen. Am weitesten zurück läßt sich die Geschichte Karlsbads verfolgen. Der Sprudel beim Dorfe Vary, was auf tschechisch etwa sieden, kochen bedeutet, war längst bekannt, als ihn im Jahre 1358 Kaiser Karl IV. einer Sage nach auf der Hirschjagd entdeckte. Aus dem oft zitierten Privilegienbrief vom 14. August 1370 geht hervor, daß der Ort zu jener Zeit bereits Stadtrecht besaß und Karlsbad genannt wurde. Der Kaiser ließ sich dort nicht nur ein Schloß erbauen, sondern besuchte selbst auch mehrfach die Bäder. Vor dem Dreißigjährigen Krieg bestand der Ort aus etwa 80 Häusern; benutzt wurde vor allem der Sprudel oder Springer, die älteste bekannte Quelle, seit etwa 1570 der Spitalbrunnen und der Mühlbrunnen. Der erste Autor über Karlsbad, der schon erwähnte Arzt Wenzeslaus Payer, ließ 1522 in Leipzig seinen «Tractatus de thermis Caroli IV.» erscheinen. Im Jahre 1531 stiftete Graf Albrecht Schlick das Ho- *Tafel* 17 spital zum Heiligen Geist für die Aufnahme armer Kranker; wenige Jahre später führte er die erste Kurtaxe ein. Badearzt Fabian Summer beschrieb 1570 die erste öffentliche Badeanstalt, wobei aber zu jener Zeit noch meist zu Hause gebadet wurde. Die erste Apotheke entstand im Jahre 1610, die erste Post 80 Jahre später.

Nicht so alt wie Karlsbad, aber sehr viel älter als meist angenommen wird, ist das heutige Franzensbad. In «Des Vichtelberges gründliche Beschreibung» von Caspar Bruch, erschienen 1542 in Nürnberg, hieß es:

«Vor dem Brucktor ist nicht weit von der Stadt (gemeint ist Eger, d. Verf.) ein edler und fast berühmter Brunnen, hat saures Wasser, wird derohalben auch der Säuerling genannt; dieses Wasser ist sehr gesund und lustig zu trinken, wird auch im Sommer von dem jungen Volk, Knaben und Jungfrauen, haufenweise in Krüglein in die Stadt getragen und allda den armen Handwerksleuten und dem gemeinen Mann verkauft.»

Der Sauerbrunnen, nach dem benachbarten Dorf zunächst Schladasäuerling, seit 1650 Egerbrunnen genannt, ist die heutige Franzensquelle. Schon Ende des 16. Jahrhunderts kamen Fremde nach Eger, um Brunnen zu trinken, und um 1650 kannte man auch durch reichlichen Versand das Wasser von Wien bis Prag, von Nürnberg bis Warschau. Es schien sogar, als sollte der Egerbrunnen dem benachbarten Karlsbad den Rang ablaufen. Vielfach besuchten Kranke zunächst Karlsbad und dann Eger zur Nachkur, und selbst der Dreißigjährige Krieg schien der Entwicklung des Bades keinen Abbruch zu tun. Doch der Ruhm anderer Stahlbäder, wie Spa und Pyrmont, fehlende Unterbringungsmöglichkeiten und das geringe Interesse der Stadtväter ließen Eger dann doch ins Hintertreffen geraten.

Kaum bekannt war vor dem Dreißigjährig Krieg das spätere Marienbad. Zwar ließ schon 1558 Kaiser Ferdinand das Wasser der nach ihm benannten Ferdinandsquelle auf seinen Salzgehalt hin untersuchen, wonach die Quelle gereinigt und gefaßt wurde, doch auch einzelne Gäste in der Mitte des 17. Jahrhunderts verhalfen dem heute weltberühmten Bad nicht zu größerem Zuspruch. Mehr als 100 Jahre mußten noch vergehen, bis der Ruf des Tepler Gesundbrunnens (so genannt nach dem Prämonstratenserstift Tepl) über die engere Umgebung hinaus drang. An seinen ersten Besuch des Säuerlings im Jahre 1779 erinnerte sich der Arzt Johann Joseph Nehr, als er 1813 seine Schrift «Beschreibung der mineralischen Quellen zu Marienbad auf der Stiftsherrschaft Tepl, nahe dem Dorfe Auschowitz» veröffentlichte:

«Wie erstaunte ich, als ich dieses verwilderte, ringsumher mit steilen Bergen und finsteren Wäldern dicht eingeschlossene Tal, in welchem diese Quellen ihr heilbringendes Wasser so reichlich ergießen, betrat. Alles, was man sah, erregte Furcht, Widerwillen und Abscheu; Berge und Täler, Wasserrisse und Gesümpfe, Stein- und Sandhügel, vermoderte Stöcke und Windbrüche wechselten uneingeschränkt untereinander ab!

Außer einer alten hölzernen, den Einsturz drohenden Hütte, in die zwei eiserne, zur Bereitung des im Kreuzbrunnen reichlich enthaltenen Glaubersalzes bestimmte Kessel auf einem Herde eingemauert standen, und einer gleichfalls hölzernen rohen, uralten Einschränkung des Kreuzbrunnens fand und sah man nichts, was Menschenhände gemacht hätten.

Weder ein Fuß-, noch weniger ein Fahrweg führte zu diesem Brunnen. Man mußte der vielen Gesümpfe wegen Steine legen und werfen, um mittels deren zu diesen unseren Quellen hüpfend gelangen zu können.»

Schwalbach wird Luxusbad ■ Tiefe Spuren hinterließ der Dreißigjährige Krieg im Bäderwesen. Viele kleinere Bäder, aber auch Orte, die schon jahrhundertelang bekannt waren, wie das im Mit-

Vergnügungen im Mineralbad in der Mitte des 16. Jahrhunderts

telalter berühmte Burgbernheim in Bayern, verödeten, wurden durch Feuersbrünste vernichtet, gerieten zeitweilig oder für immer in Vergessenheit – erwähnt werden sollen hier die Stahlquelle Lauchstädt, der Rippoldsauer Brunnen im Schwarzwald und das älteste Thüringer Bad, Liebenstein. Die soziale Notlage nach den furchtbaren Kriegsjahren führte andererseits dazu, daß nach 1660 die Einwohner mancher Orte versuchten, mit Hilfe von Brunnen, denen sie heilsame Wirkungen zuschrieben, zu Geld zu kommen. Besonders augenfällig ist dieser Versuch im Thüringischen – schnell bekannt wurden Rudolstadt, Rastenberg und der Eybische Stahlbrunnen bei Saalfeld. In besonderen Ruf gelangte Ronneburg; die dortige Quelle galt 1667 in ganz Deutschland als Wunderbrunnen.

Nach dem Dreißigjährigen Krieg lassen sich aber auch spürbare und keineswegs positive Veränderungen im Badewesen feststellen. Schärfer als zuvor zeigten sich die sozialen Gegensätze. Luxusbäder standen neben Kurorten mit vorwiegend bürgerlichem Publikum und nur von den Landleuten besuchten Quellen. Nach dem verheerenden Krieg, der die Bewohner weiter Landstriche in tiefstes Elend gestürzt hatte, suchten die wohlhabenden Schichten, vor allem der Adel, Bestätigung ihrer Macht und ihres Reichtums durch Prachtentfaltung und Amüsement, so daß viele Bäder auf das Niveau von Vergnügungsstätten herabsanken.

Ein typisches Beispiel für die Entwicklung zum Luxusbad bietet die Geschichte von Schwalbach. Mitte des 16. Jahrhunderts war Schwalbach ein un-

81

ansehnliches Dorf mit ungefähr 100 Gebäuden. Tabernaemontanus machte 1581 auf den Ort aufmerksam, dessen Brunnenwasser er 13 Jahre lang geprüft hatte. Im Jahre 1585 weilten dort Kurfürst August von Sachsen, Grafen, Domherren und auch Feldmarschall Tilly zur Kur. Am 1. August 1608 schrieb Johann Eckel an Landgraf Moritz I. von Kassel über das Brunnenleben:

»Ich hätte nimmermehr geglaubt, daß ein solcher lustiger und wunderlicher Handel allhier zu L. Schwalbach gewesen wäre, denn es ist hier alles voller fremder Leute, von allerlei Nationen, von Fürsten, Grafen, Herren, Edelleuten, Patriziern usw. aus Deutschland, Polen, Böhmen, Litauen, Italien, Frankreich, Niederlande, mit Weib und Kind, Orthodoxi, Ubiquisten, Papisten, Jesuiten usw.; ei es ist ein frei Werk, solche Völker finden sich alle miteinander des Morgens von sechs oder sieben Uhr bis etwa zu acht, des Abends von zwei oder drei Uhr bis etwa zu vier Uhr bei dem Brunnen; da sitzen sie alle untereinander, Mann und Weib in einem Zirkel herum, wie in einem Theater, und hat eine jede Person in Sonderheit ihr eigen Trinkgeschirr von vergoldeten oder unvergoldeten silbernen Bechern, Gläsern, Krügen und anderen Gefäßen und sitzen, gehen und stehen und zechen des Brunnens mit Macht, ein jeder nach seiner Proportion und Gelegenheit. Darauf gehen sie dann um die Berge herumspazieren, hier eine Compagney und da eine, etwa bei zwei, drei, vier, sechs, acht, zehn und mehr oder weniger miteinander, daß sie zum Teil schwitzen, zum Teil sich sonsten so ergehen, bis es bald Essenszeit wird, und hat eine jede Person einen weißen oder schwarzen Stecken, mehrenteils von Wacholderholz in der Hand, daran sie staben. Da hört man allerlei Discurs bei dem Brunnen, und es sind allesamt gar vornehmliche, stattliche Leute ... Es sind auch hier allerlei französische Krämer mit ihren Waren und andere mehr, welche nürnbergisch Silbergeschirr, Edelstein und dergleichen feilhaben, Kupferstiche und anderes: Summa ist fast wegen der vielerlei des Volks einem kleinen Frankfurter Meßlein zu vergleichen, ist wahrlich wohl sehenswert.«

Ein halbes Jahrhundert später hieß es in Merians «Topographia Germaniae» über Schwalbach: *Tafel* 22

«Die Herbergen werden von Tag zu Tag gebessert und ändern auch die Einwohner von Tag zu Tag ihre Sitten, daß sie den ankommenden Brunnen- und Badegästen je länger je mehr allen günstigen Willen, Dienst und Handreichung mit Bettwerk, Küchengeschirr etc. der Notdurft und ihrer Vermöglichkeit nach um billige Belohnung also leisten und erweisen, daß niemand, der sich nur begnügen lassen will, zu klagen haben mag.«

Der Aufschwung Schwalbachs, der etwa Ende des 16. Jahrhunderts begonnen hatte, setzte sich nach dem Dreißigjährigem Krieg fort; nun wurde Schwalbach zum besuchtesten Luxusbad Deutschlands. Im großen Spielsaal standen zuweilen 30 Tische; rauschende Bälle, Hetzjagden, Büchsenschießen und Spazierfahrten gehörten zu den Vergnügungen des hochherrschaftlichen Publikums. Bei den Bällen tanzte übrigens nur der Adel, während die Bürgerlichen hinter den Stühlen stehen mußten. Kennzeichnend für die Atmosphäre in diesem Bad ist auch die Tatsache, daß jüdische Besucher am Brunnen einen eigenen Platz hatten; es war ihnen verboten, das Wasser selbst zu schöpfen, und sie hatten 14 Schritte vom Brunnen entfernt zu bleiben. Zu dieser Exklusivität paßte es auch, daß Schwalbach – im Gegensatz zu vielen anderen Bädern – noch am Anfang des 19. Jahrhunderts kein Armenhospiz besaß.

Wenn es auch kurios klingen mag – als teuerster Kurort galt um 1700 keines der großen Modebäder, sondern das kleine Freienwalde. In dem märkischen Kurort vergnügte sich seit dem Jahre 1684 vor allem der brandenburgische und pommersche Adel.

III
Die Badestube. Ölgemälde von Artus Wolfaerts (1581–1641)

IV
Richard Nash (1674–1761) – «der König von Bath». Ölgemälde von William Hoare (1707–1799), 1761

Wider die unzulässige Liebe ■ Auch wenn Grobianismus und Hanswurstiaden, Glücksspiel und nächtliche Ausschweifungen eine wesentlich größere Rolle in den Kurorten zu spielen begannen, erhoben doch immer wieder Ärzte ihre mahnende Stimme. Sie gaben Hinweise für einen vernünftigen Tagesablauf und eine der Kur gemäße Lebensweise. Für sie soll hier der Göppinger Arzt Martin Maskoski stehen, der 1688 seine Schrift «Im Namen Jesu! Das Göppingische Bethesda» veröffentlichte. Er beschrieb darin den uralten Sauerbrunnen Göppingen und ließ aufhorchen durch seine Bemerkung, wichtiger noch als der Brunnen seien reine Luft, eine kluge Diät und vor allem das Fehlen von Gemütsbelastungen. Er wandte sich gegen Glücksspiele, sogar gegen so beliebte Brettspiele wie Dame und Schach, da sie den Gast zu nachdenklich machten, besser sei es, viel spazieren zu gehen. Nützlich seien auch Schießen und Kegeln; dem Tanzen aber, da es meist im Übermaß betrieben werde, stand Maskoski eher ablehnend gegenüber. Über Diätfehler läßt sich bei Maskoski lesen:

«Wieviel trinken vormittags Wein, nachmittags einen guten Rausch, worin die Mannsperson am meisten fehlen? Wieviel vergnügen ihren Appetit mit allerlei Naschwerk und Frühobste, mit unziemlichem, unzeitigem, unmäßigem Essen, worin die Frauenzimmer mehr sündigen, welche ihrer anererbten Eigenart nach bisweilen zu bersten vermeinen, wenn sie ihren unartigen Gelüsten nicht nachleben können?»

Sätze, vor rund 300 Jahren geschrieben, die so veraltet nicht klingen. Ob zu Maskoskis Zeit das Wort «Kurschatten» schon bekannt war, wissen wir nicht, aber er mahnte:

«Und gleichwie die unzulässige Liebe und Werke der Unkeuschheit nicht allein allen Christen an und für sich selbsten, sondern vornehmlich den Sauerbrunnen-Gästen verboten, indem Sauerbrunnen und Gesundbäder gleichsam heilige Orte sind, woselbst keine Untat zu begehen, also haben gleichfalls Eheleute, da sie beisammen in der Kur sind, entweder sich dieser Delikatesse gänzlich zu enthalten oder doch mit großer Mäßigkeit zu bedienen.»

Zu Ehefrauen äußerte sich übrigens 1669 Georg Leissner in seiner Schrift «Acidularum Elistranarum Lympha, Das ist: Kurtzer Bericht Des Elster-Säuerlings»:

«Es nimmt mancher seine Ehefrau mit in Meinung, bessere Wartung und Aufsicht in der Fremde von solcher zu haben, welche Intention köstlich gut ist. Aber weil solche zu Hause des Keifens, Beißens und Zorns anrichtens gewohnt, kann sie solches in der Fremde so wenig lassen als zu Hause.»

Doch zurück zu Maskoski. Er beschrieb bis ins Detail den Tagesablauf, wie er seiner Meinung nach einem Kurort gemäß sei. Der Kurgast solle morgens um fünf aufstehen, sich waschen und schon um sechs an der Quelle trinken, dann spazierengehen, seinen Magen stärken und von sieben bis neun im Grünen lustwandeln. Die übrige Zeit des Vormittags solle dem Gespräch und dem Lesen dienen. Von elf bis zwölf sei eine mäßige Mahlzeit einzunehmen, der sich erneut ein einstündiger Spaziergang anschließe. Nur wer es gewohnt sei, lege sich dann für eine Stunde zur Ruhe, besser als der Mittagsschlaf sei Bewegung, wobei sich Maskoski übrigens in Übereinstimmung mit allen Ärzten des 17. und 18. Jahrhunderts befand, schrieb doch zum Beispiel Georg Leissner, sich auf Hippokrates berufend:

«Es ist nichts pestilenzischer oder schädlicher und der menschlichen Natur mehr zuwider als der Mittagsschlaf.»

Nach Leibesübungen und allerlei Kurzweil folge von sechzehn bis sechzehn Uhr dreißig erneut ein Aufenthalt an der Quelle. Dem schließe sich ein Spaziergang, ein gutes Gespräch und um achtzehn Uhr dreißig die Abendmahlzeit an. Danach solle

man bis zur Nachtruhe (einundzwanzig Uhr) noch
einmal spazierengehen.

Alles in allem ein Tagesablauf, der gerade durch
die Betonung der Bewegung, des Aufenthaltes an
der frischen Luft durchaus modern anmutet und
beweist, daß es in einer ganzen Reihe von Bädern
Ärzte gab, die sich nicht damit abfanden, daß vielen Gästen der Wein wichtiger war als das Wasser.

Reklame und Mahnung ■ Im wesentlichen lassen
sich die bereits im ausgehenden 17. Jahrhundert
festgestellten Tendenzen auch in der Folgezeit be-
obachten. Einerseits wuchs das ärztliche Wissen
von der Heilkraft der Quellen, wandten sich ver-
antwortungsbewußte Mediziner gegen Kurpfuscherei und Wunderkuren, auch gegen den maß-
losen Gebrauch des Wassers, wurde den Fragen
der gesunden Lebensführung größere Bedeutung
zugemessen, andererseits sank die Rolle der Heilung und Erholung in den Luxusbädern, und zum
dritten machten immer neue Orte mit meist wert-
losen Quellen auf sich aufmerksam.

Die Zahl der Arztschriften, die nicht selten in erster Linie der Reklame dienten, wuchs von Jahr
zu Jahr. Der bereits erwähnte Martin Maskoski
konnte schon 1688 feststellen:

«Es sind der Sauerbrunnen- und Badbüchlein
so viel, daß man beinahe ein Kauffahrteischiff damit belasten könnte, deren Inhalt meistens einer-
lei und mit verwechselten Worten von anderen er-
borgt ist.»

Doch letztlich dienten diese Schriften über die
Werbung für einen Kurort hinaus auch der Er-
ziehung des Badepublikums, zumindest machten
sie auf Mißstände in den Bädern aufmerksam.
Diätische Fragen (hierunter verstand man zu jener
Zeit den ganzen Bereich der gesunden Lebensweise vom geregelten Tagesablauf bis zu psychi-
schen Problemen) wurde große Aufmerksamkeit
geschenkt. So zitierte Georg Leissner 1669 den
mittelalterlichen Arzt Arnald von Villanova:

«Wo ist doch eine Arznei mehr zu finden, die da
mehr stärke als die Freude, die da mehr erhitze als
der Zorn, mehr kühle als die Traurigkeit, mehr
Nahrung bringe als die gute Hoffnung und die
mehr umbringe und töte als die Verzweiflung.»

Quellen am Baikalsee ■ Um 1700 spielten Bäder
wie das nordböhmische Teplitz (1709 immerhin
etwa 650 Gäste, darunter 45 gräfliche Familien,
52 Damen und Herren des niedrigen Adels, acht
Generäle und 62 Geistliche), Aachen, Pyrmont
und Spa eine bedeutende Rolle. Aber neben traditionellen Brunnenländern wie Italien, Österreich, Deutschland, der Schweiz, Frankreich und
dem Balkan kam es nun auch in Nord- und Osteuropa zu einer spürbaren Entwicklung des Bäderwesens.

In England entdeckte man um 1675 den in der
Nähe von London gelegenen Brunnen Epsom. Um
1650 begann die Entwicklung von Scarborough.
Bath, schon den Römern bekannt und auch im Mittelalter hin und wieder besucht, geriet nach dem
Aufenthalt von Königin Anna im Jahre 1703 in
Ruf und entwickelte sich bis etwa 1780 zum größten Bad Europas. In Schweden sind die Loka-
Quelle bei Örebro (seit etwa 1720) und Medewi,
das zwar schon in den ältesten Zeiten in Gebrauch
war, aber 1677 neu entdeckt wurde, zu nennen.

Der Aufstieg unbedeutender Flecken zu Badeorten in Rußland ist mit dem Namen Peters des
Großen verbunden. Er ließ nicht nur 1716 die bei
Olonez entdeckte Quelle für das Publikum einrichten, sondern befahl auch, eine der warmen
Quellen am Terek (Kaukasus) chemisch zu untersuchen (1717). Dazu kamen die Schwefelwasser im
Orenburgischen Gouvernement (1718) und schon
lange bekannte Quellen am Baikalsee.

Trotzdem läßt sich um 1720 von einem Badewesen im heutigen Sinne nur bedingt sprechen. Begrenzt blieb die Zahl der Gäste, zum einen auf
Grund fehlender Geldmittel beim überwiegenden

Tafel 25

Teil der Bevölkerung, zum anderen wegen der schlechten Straßen und völlig unzureichenden Verkehrsbedingungen. Die große Zeit des Badewesens, des Tourismus war noch nicht angebrochen – die Masse der Menschen verließ im 18. Jahrhundert kaum einmal im Leben ihr Kirchspiel.

Kapitel IV   Erste Badeanstalten an Flüssen und Seen

Auf Seine und Donau ■ Im Sommer des Jahres 1761 hatten die Bewohner der Pariser Vorstadt St. Germain allen Grund zum Staunen: Auf der nahen Seine schaukelten zwei miteinander verbundene Boote, die mit merkwürdigen Aufbauten versehen waren – der königlich-französische Leibbader Jean-Jacques Poitevin lud ein zum Besuch eines Flußbades. Auf einem der Boote befand sich ein zweistöckiges, 47 Meter langes, acht Meter breites und sechs Meter hohes Gebäude. In ihm gab es 33 Badezimmer, 20 für Männer und 13 für Frauen; jedes Kabinett war etwa 1,70 Meter lang und 2 Meter breit. In den Badewannen konnten kalte und warme Bäder genommen werden, und wer Lust hatte zu duschen, fand auch dazu die Möglichkeit. Wie das Flußwasser gereinigt und in die Wannen geleitet wurde, beschrieb im Jahre 1803 Christian Heinrich Theodor Schreger in seinem Werk «Balneotechnik oder Anleitung Kunstbäder zu bereiten und anzuwenden»:

«Das Wasser war hier durch zwei Handpumpen, die an der Stromseite des Schiffes befestigt waren und 50 Schuh vom Ufer unter das Wasser gingen, in drei ziemlich große Wasserbehälter auf einem rechteckigen Platz mitten im oberen Stock gepumpt und, nachdem es sich durch den Sand im ersten Behälter geläutert hatte, in den zweiten, aus diesem in den dritten und endlich durch Röhren in die Badewanne geleitet.»

Das zweite Schiff hatte kleinere Aufbauten, war nur einstöckig und konnte seine Lage ändern. Zwischen den Booten badete und schwamm man im fließenden Wasser. So schuf Poitevin, der im Jahre 1760 die Genehmigung zum Bau der Schiffe erhalten hatte, nicht nur das erste Flußbad, sondern auch die erste moderne Schwimmanstalt der Welt. Seine schwimmende Badeeinrichtung wurde zum Vorbild für den Bau vieler Badeschiffe in den folgenden Jahren. Es sei noch erwähnt, daß Paris bereits in den achtziger Jahren eine weitere ähnliche Anstalt, das sogenannte Albert'sche Badehaus, erhielt.

Nicht nur von Frankreich, sondern auch von Österreich gingen wertvolle Anregungen für den Bau von Flußbädern aus. Vielfach nachgeahmt wurde das von dem Wiener Arzt Pascal Joseph de Ferro im Jahre 1781 auf der Donau eröffnete *Tafel* Badefloß. Den Boden der schwimmenden Bade- *30* anstalt bildeten kräftige Baumstämme und auf ihnen befestigte Bretter. Ketten hielten das Badefloß am Ufer fest; im Winter konnte es abgebrochen werden. Auf Ferros Floß befanden sich Badezimmer in zwei Reihen, getrennt durch einen Mittelgang. In jedem Zimmer, das dem Aus- und Ankleiden diente, gab es eine Öffnung in Form eines länglichen Vierecks. Über eine schmale Treppe gelangten die Badelustigen in einen am Boden des Zimmers befestigten Kasten, dessen Seitenwände aus einem Balkengitter bestanden, während Leinwand als Dach diente. Der 1,70 Meter lange, 1,00 Meter breite und 1,50 Meter tiefe Kasten ließ sich nach den Wünschen des Badenden ins Wasser senken. Der Volksmund hatte für diese Badegelegenheit schnell einen passenden Namen gefunden:

«Aalkasten». Wie Poitevin hatte auch Ferro an ein kleines Schwimmbad gedacht – es war gewissermaßen ein großer «Aalkasten», etwa neun Meter lang, 4,50 Meter breit und 1,30 Meter tief.

Die Flußbäder von Poitevin und Ferro waren zwar für die weitere Entwicklung des Badens und Schwimmens von großer Bedeutung, doch badete man in Flüssen, Seen und Teichen bereits, bevor die ersten Badeflöße auftauchten. Das sollen zeitgenössische Stimmen beweisen. Der englische Arzt John Floyer schrieb in seiner 1702 erschienenen «Psychrolusia»:

«Der Nutzen vom Baden in Flüssen ist sehr groß, und dieses wird meist von jungen Leuten und Knaben geübt. Alle Geschöpfe, nebst dem Menschen, wenn sie von der Sonnenhitze beschwert werden, gehen in Flüsse und Teiche, sich abzukühlen.»

Und 1738 meinte Johann Sigmund Hahn (Junior), Stadtphysikus in Schweidnitz (Świdnica), in seiner Schrift «Unterricht von der wunderbaren Heilkraft des frischen Wassers»:

«Sorgt der Staat durch Schulunterricht so eifrig für die geistige Bildung der Jugend, so sollte er doch konsequent handeln und auch zugleich durch Baden, Schwimmen und Turnen für die körperliche Bildung der Jugend sorgen.»

Auch der berühmte Arzt Christoph Wilhelm Hufeland sprach sich für das Flußbaden aus. In seinem 1796 erschienenen Buch «Die Kunst das menschliche Leben zu verlängern» hieß es:

«Es sollte jeder Ort ein Badehaus oder Floß im Flusse für den Sommer und ein anderes für den Winter haben.»

Schließlich noch ein Zitat aus der Autobiographie des großen amerikanischen Staatsmannes und Gelehrten Benjamin Franklin. Er erzählt darin von einer etwa im Jahre 1725 stattgefundenen Bootspartie von London nach Chelsea. Über die Rückfahrt heißt es:

«Auf der Rückfahrt entkleidete ich mich auf Bitten der Gesellschaft, deren Neugierde Wygate (ein Freund Franklins, d. Verf.) erregt hatte, und sprang in den Fluß. Ich schwamm von dicht bei Chelsea den ganzen Weg bis Blackfriars Bridge und gab unterwegs viele Kunststücke von Gewandtheit sowohl über wie unter Wasser zum besten. Dieser Anblick gewährte allen, denen er neu war, viel Erstaunen und Vergnügen.

Ich hatte von Jugend auf großes Vergnügen am Schwimmen gehabt, alle Bewegungen und Stellungen Thevenots studiert und ausgeübt, einige von mir erfundene hinzugefügt und ebenso das Anmutige und Angenehme wie das Nützliche angestrebt.»

Der noch nicht einmal zwanzigjährige Franklin spielte zu jener Zeit mit dem Gedanken, in England eine Schwimmschule zu eröffnen, und hielt es für wahrscheinlich, damit viel Geld zu verdienen.

Schutz vor Badeunfällen ■ Während vor allem Ärzte auf den Wert des Badens für die Gesundheit hinwiesen, gab es gleichzeitig Badeverbote, sicher aus den verschiedensten Gründen: Badeunfälle spielten dabei eine Rolle, auch das gemeinsame Baden von Männern und Frauen, sowie konservative Denkweisen. Als die beiden Grafen Stolberg im Jahre 1775 mit Goethe in Darmstadt weilten und dort in einem Teich badeten – dazu noch splitterfasernackt –, kam es zu einem Skandal, und Goethe beschleunigte seine Abreise. Übrigens erklärte er damals selbst das Baden im Freien für eine dem Zeitgeist entstammende Verrücktheit. Baden galt weithin als ungesund, gefährlich, unmoralisch, unterblieb aber trotzdem nicht.

Verboten wurde 1759 das Baden in öffentlichen Gewässern im Bistum Speyer, «da das gemeinsame Baden beider Geschlechter in offenen Bächen und Flüssen zu allerhand Ärgernissen und Sünden geführt hat.». Im Jahre 1766 erließ der Dresdener Rat eine Verordnung, die das Baden in Elbe und Weißeritz wegen der vielen Unglücksfälle untersagte. In der Verordnung wurde besonders auf das Baden der Kinder, Lehrlinge und des Gesindes hingewiesen. Sieben Jahre später verbot eine Ratsverordnung in Frankfurt am Main das freie Baden, und 1788 erlaubte der Fürstbischof von Würzburg zwar den Bau ordentlicher Badeschiffe, untersagte aber gleichzeitig das öffentliche Baden im Main. Alle diese Verbote beweisen, daß schon vor dem Bau erster Flußbäder gebadet und geschwommen wurde.

Die sozialen Verhältnisse in den immer größer werdenden Städten und die dort herrschenden katastrophalen hygienischen Bedingungen, die nie völlig abgerissene Badetradition, ausländische Vorbilder und die Stimmen der Ärzte führten überall zur Schaffung von Badeplätzen.

Auf Untiefen, gefährliche Strömungen und andere Mängel untersuchte und mit einfachen Mitteln gesicherte Badeplätze sollten Schutz vor Badeunfällen bieten.

Der Arzt Ludwig Formey schrieb 1796 in seinem «Versuch einer medizinischen Topographie von Berlin»:

«Das der Gesundheit so heilsame Baden in Flüssen ist durch Mangel an Vorsicht nicht selten die Veranlassung zu dem unglücklichsten Tode. Unsere Polizei hat zwar auf das Baden an gefährlichen Stellen ein scharfes Verbot gelegt; allein demungeachtet verunglücken jedes Jahr einige Menschen, und es wäre daher zu wünschen, daß unsere Badeanstalten besser angelegt und eingerichtet sein möchten, und wir, so wie Wien solche durch die Verwendung des Dr. Ferro erhalten hat, öffentliche kalte Bäder in unseren Mauern halten.»

Schon im Jahre 1781 erschien in Österreich eine Verordnung über das Aufstellen von Verbotszeichen an gefährlichen Plätzen. Als drei Jahre später in Leipzig drei Stellen an der Elster und der Pleiße zu Badeplätzen bestimmt wurden, veröffentlichte man Verhaltensregeln für Badende. In seiner schon zitierten «Balneotechnik» schrieb im Jahre 1803 Schreger über das Baden in fließendem Wasser:

«Zu mehrerer Sicherheit müssen an gefährlichen Stellen Warnungstafeln aufgerichtet und die freien Badeplätze, wenn sie auch schon eingepfählt waren, nach jeder Überschwemmung von neuem untersucht und durch Markzeichen begrenzt werden, man mag nun in Flüssen oder großen Landseen baden.»

Im «Medizinischen Kalender für Ärzte und Nichtärzte» wurde im Jahre 1815 in Rostock auf sichere und unsichere Badeplätze hingewiesen. Der Verfasser schrieb, es gebe ohne Badeanstalten sichere Plätze in Rostock und Greifswald, auch in Lübeck an der Trave. Und wörtlich hieß es:

«Vielmehr glaube ich die Erfahrung gemacht zu haben, daß die Anzahl der an öffentlichen Orten Badenden mit jedem Jahr zunimmt und selbst schon die geringere Menschenklasse Geschmack daran findet. Wenigstens ist dieses hier in Rostock der Fall.»

Festzustellen ist, daß trotz der unterschiedlichsten Meinungen zum Baden – von der begeisterten Zustimmung bis zur konsequenten Ablehnung – am Ende des 18. Jahrhunderts das Badebedürfnis weit größer war, als es die wenigen kleinen Badeeinrichtungen ahnen lassen.

«Eine zierlich geformte Jacht» ■ Die ersten Badeanstalten waren meist kleine, hölzerne Badehäuser, die entweder in unmittelbarer Nähe eines Flusses oder direkt im fließenden Wasser standen. Größere «Aalkästen», Schiffe oder Flöße mit Badebehältern, große, komfortable Badeschiffe folgten. Das Prinzip war im allgemeinen das gleiche: Es sollte möglichst im fließenden, immer frischen Wasser gebadet werden, Schwimmen und Tauchen galten als weniger wichtig, dagegen verzichtete man selten auf Badezimmer, in denen kalte und warme Bäder in Flußwasser genommen werden konnten.

Einfachste Flußbadeanstalten entstanden 1773 in Frankfurt am Main, 1802 in Berlin, Braunschweig, Bremen, Dessau und anderen Städten. Als erstes größeres deutsches Flußbad gilt die 1777 in Mannheim eingerichtete Badeanstalt.

Wesentlich größer als die ersten kleinen Badeanstalten war das in den Jahren 1792 und 1793 erbaute Hamburger Badeschiff. Im August 1792 hatte der Arzt Johann Heinrich Daniel Moldenhauer in den «Adreß-Comtoir-Nachrichten» vorgeschlagen, das Publikum solle für den Bau eines Badeschiffes Aktien – das Stück im Wert von 20 Mark – zeichnen. Das nach dem Vorbild des Ferroschen Flußbades gebaute Badeschiff wurde im Frühjahr 1793 auf der Binnenalster in der Nähe des Jungfernstieges verankert. Das etwa 25 Meter lange und 12,50 Meter breite Floß besaß je sechs durch einen Mittelgang getrennte Kammern zum Aus- und Ankleiden, aus denen Treppen in die Badekästen führten. Ein Badekasten war eine aus Latten gebildete Art von Badewanne, die im Wasser hing und durch die das Wasser infolge seitlich gebohrter Löcher hindurchfloß. Der Fußboden konnte auf vier verschiedene Höhen – zwischen 0,65 und 1,50 Meter – eingestellt werden.

Das Badeschiff sollte ursprünglich nur von den Aktieninhabern benutzt werden; sie mußten für 12 Bäder drei Mark bezahlen. Doch bald stand das stets von 5 bis 22 Uhr geöffnete Bad allen Interessenten offen. In den folgenden Sommern badeten dort jährlich 3000 bis 4000 Hamburger.

Das Hamburger Badeschiff fand aber nicht nur Beifall. Im Jahre 1801 schrieb Johann Jakob Rambach in seinem «Versuch einer physischen und medicinischen Beschreibung von Hamburg»:

«Ferner ist das Wasser fast immer überaus kalt oder hat entweder nur einen sehr geringen oder gar keinen Strom. Daher findet man zuweilen ekelhafte Spuren von seinem Vorgänger, und das so äußerst wohltätige beständige Zuströmen des frischen Wassers wird durch das Plätschern der Badenden nur sehr unvollkommen ersetzt. Auch könnten die Kammern reinlicher und von den ekelhaften Spuren freigehalten werden.»

Weiterführende Pläne – die Errichtung einer Schwimmanstalt und der Bau einer Badeanstalt für das weibliche Geschlecht – konnten nicht verwirklicht werden. Im Frühjahr 1810 hatte das Badeschiff ausgedient und wurde für 532 Mark verkauft. Doch schon Ende Juni des gleichen Jahres erhielt Hamburg eine neue, etwa ebenso große, aber auf Schiffen statt auf Flößen ruhende Badeanstalt. Sie enthielt auch vier Badezimmer für Damen und bot die Möglichkeit zum Schwimmen. Die Zahl der verkauften Karten zeigt sehr deutlich, wie das Badeschiff genutzt wurde. Im Jahre 1810 wurden für Männer 5088, für Frauen 84, für Schwimmschüler 544 und zur Besichtigung 820 Karten verkauft. Am Ende der Franzosenzeit sank die Zahl der Badenden beträchtlich; zeitweise dienten einige Kammern sogar zur Lagerung von Pökelfleisch. Im Jahre 1817 ging das Badeschiff in Privatbesitz über. Nun wurden auch warme Bäder in größerem Umfang ermöglicht. Einige Jahre später kamen medizinische Bäder hinzu, vor allem nachdem der Besitzer 1821 einen Badearzt angestellt hatte.

Eines der schönsten und größten deutschen Badeschiffe konnten viele Jahre die Einwohner der Stadt Frankfurt am Main benutzen. Sein Besitzer war der Frankfurter Arzt Johann Gottfried Kohl. In seiner im Jahre 1800 erschienenen Schrift «An die Einwohner von Frankfurt über meine Badeanstalt am Main» schrieb er: *Tafel 31*

«Das Badeschiff nämlich, eine zierlich geformte Jacht, hat 108 Fuß in seiner Länge und wird von sechs auf jeder Seite daran eingehakten leeren Tonnen im Gleichgewicht gehalten. Man tritt vom Ufer auf zwei kleinen Brücken hinein. Rund um das Badehaus läuft eine bedeckte Galerie. Diese führt in ein Vorzimmer und acht nett möblierte Badezimmer mit sauberen Wannen von weißem, englischem Doppelblech, um hier das kalte Mainflußbad mit mehr Sicherheit und Bequemlichkeit zu gebrauchen. Das doppelte oder Familienbadezimmer ist durch eine Wand abgeschieden, welche auch durch eine Tür geöffnet werden kann. In der Mitte stehen zwei Reservoirs zum kalten Flußwasser für alle Bäder, welches durch ein bleiernes Saugrohr von einer Pumpe mit doppelten Stiefeln in die Fässer und Kessel gehoben und aus diesen durch bleierne Röhren mit messingenen Hähnen in die Badewannen geleitet, durch bleierne Abflußrohre aber unter dem Boden aus den Wannen, die deshalb am Boden Korkzapfen mit einer oberen und unteren Blechplatte und oben mit einem eisernen Ringe zum Aufziehen haben, wieder abgelassen wird. Nach vorne ist der Ausgang auf das Verdeck der Kajüte und den Steuerbord. In der Nähe ist für die Badegäste eine schöne Esplanade angelegt, wo sie vor und nach dem Bade Mineralwasser trinken und lustwandeln können. Nebst dieser Sommerbadeanstalt ist von dem Uhrmacher Hof in seinem in der Stadt gelegenen Hause eine andere auch für den Winter eingerichtet, wo man in reinem Brunnenwasser kalt und warm badet, aber keine Kunstbäder findet, dergleichen in der Kohlschen bereitet werden.»

Der Bau der heute merkwürdig anmutenden Badeschiffe (hingewiesen werden soll noch auf die 1802 in Dessau auf der Mulde, in Braunschweig auf der Oker und in Berlin auf der Spree eingerichteten schwimmenden Badeanstalten) hatte mehrere Ursachen: Es war möglich, das frische Flußwasser ohne Furcht vor Badeunfällen zu genießen, und die Badezimmer und «Aalkästen» sorgten für die Trennung der Geschlechter, wurde doch auf ärztlichen Rat nackt gebadet. Berücksichtigt werden muß auch, daß am Anfang des modernen Badewesens medizinische Überlegungen standen – wichtiger als Schwimmen und Vergnügen waren das oft nur wenige Minuten dauernde Bad oder auch nur das plötzliche Untertauchen.

In Prag und anderswo ■ Bis zur Mitte des 19. Jahrhunderts hatte sich das Baden in Flüssen, Seen und Teichen über ganz Mitteleuropa ausgebreitet. In größeren Städten existierten meist mehrere Badeanstalten. So gab es in Berlin, das um 1820 etwa 170 000 Einwohner zählte, ein im Jahre 1802 von Gottfried Adolf Welper auf der Spree *Tafel* 29 eingerichtetes Badeschiff, dessen ebenso altes Badehaus an der Friedrichsbrücke und eine Reihe kleinerer Badehäuser. Dazu kam 1832 eine nach Wiener Vorbild erbaute Schwimm- und Badeanstalt für Damen. Und im Jahre 1844 hieß es im «Versuch einer medizinischen Topographie und Statistik von Berlin»:

«Als Rarität ist das hinter dem Grundstück No. 25 in der neuen Friedrichstraße eingerichtete Winterflußbad zu betrachten, welches aus der daselbst befindlichen Fabrik stets einen Zufluß von 12–18 Grad warmem Wasser erhält.»

München verfügte um 1860 über mehr als ein Dutzend öffentlicher Badeanstalten und mehrere Flußbäder und Schwimmanstalten. Allein im städtischen Freibad an der Isar wurden jährlich mehr als 30 000 Badelustige gezählt.

Aufwärts ging es auch in Prag. Im «Topographischen Taschenbuch von Prag zunächst für Naturforscher und Ärzte», erschienen 1837, findet sich ein umfangreicher Aufsatz über das Flußbaden. Der Verfasser schrieb, es werde jetzt häufiger als je im freien Fluß gebadet; deshalb seien an verschiedenen, nicht gefährlichen Stellen des Flußbettes Warnungstafeln und Pfähle angebracht worden, über welche hinaus das Baden verboten sei. Jährlich werde im Frühjahr am westlichen Ufer der Moldau eine Schwimmschule angelegt; sie sei zwar ursprünglich für das Militär erbaut worden, doch schließe man Zivilisten von der Teilnahme nicht aus. In neuerer Zeit gebe es eine zweite, kleinere Schwimmanstalt ausschließlich für das Militär oberhalb der Färberinsel. An der nördlichen Seite der Färberinsel sei eine «temporäre von Brettern auf Pramen und Fässern errichtete Anstalt für kalte Bäder, in der die einzelnen Abteilungen in mehreren Reihen erbaut, so eingerichtet sind, daß Bäder im ganz ungehemmten Laufe des Wassers oder in wenig oder schnell bewegtem Wasser gebraucht werden können. Die einzelnen Abteilungen (Badekammern) sind für beide Geschlechter abgesondert eingerichtet, in welchen man sich auf einer im Wasser angebrachten hölzernen Stiege von drei bis fünf Schuh tief in dasselbe hinablassen kann, wie es dem Badenden eben behagt, und zur Sicherheit ist der Boden der Badevertiefung mit Brettern, dann die Seiten zur ungehinderten Strömung des Wassers mit Latten versehen.»

So finden sich in Prag um 1835 nicht nur gesicherte Badeplätze, sondern auch ein Badeschiff und Schwimmschulen.

Aber auch in kleineren Städten und Kurorten wollte man nicht auf das Baden verzichten. Da schufen sich zum Beispiel die Einwohner Suhls um 1840 eine Badeanstalt an einem der in der Stadt gelegenen Teiche. Erwähnt werden sollen hier auch das 1813 im thüringischen Berka angelegte Fluß- und Wellenbad und die kalten Flußbäder, die seit etwa 1840 in Ems an der Lahn genommen werden konnten.

Im Jahre 1847 hieß es im «Handbuch der Wasserheilkunde für Ärzte und Laien», es gebe in fast ganz Deutschland Flußbäder; in der unmittelbaren Nähe der meisten Städte befänden sich Badehäuschen an den Flüssen. Über die günstigste Konstruktion von Flußbädern schrieb sein Verfasser Joseph Weiß:

«Sie ruhen, wenn der Fluß groß ist, meistens auf großen, fest mit einander verbundenen Flößen, welche durch Ketten und Taue am Ufer befestigt sind. An vielen Orten haben sie im Innern eine sehr gefällige Form; ihr Fußboden ist gedielt, und die oberen Seitenwände sind einem netten Zimmer gleich, während die untern aus einem Lattenverschlag bestehen, mit Zwischenräumen zwischen den einzelnen Latten, so daß das Wasser mit Gewalt von allen Seiten eindringen kann, in welches eine Treppe hineinführt, um das Ein- und Aussteigen zu erleichtern. Hier und da sind diese Badehäuser so eingerichtet, daß die Sonne mit ihren Strahlen das Wasser und den Badenden trifft, was eine ganz besonders wohltätige Wirkung hervorbringen soll.»

Im erwähnten «Handbuch» wurde auch auf den besonderen Wert von Wellenbädern verwiesen. Weiß schrieb, ein Wellenbad sei ebenfalls ein Flußbad, jedoch mit einer eigenen Vorrichtung versehen, wodurch ein starker Wellenschlag erzeugt werde, so daß der Wasserstrahl oder Strom in sehr breiter Fläche den ganzen Körper oder besser noch einen Teil nach dem anderen ununterbrochen träfe. Einem medizinischen Zwecken dienenden Wellenbad müsse man eine genau dosierte Stärke geben können, und es solle ausreichend geräumig sein, damit der Patient sich in verschiedenen Entfernungen den Wellen aussetzen könne.

Wasserreisen mit «Pantoffelholz» ◼ Da am Ende des 18. Jahrhunderts nur ein verschwindend geringer Prozentsatz der Badelustigen schwimmen konnte, kam es häufig zu tödlichen Badeunfällen. Zwischen 1785 und 1815 ertranken in London mehr als 3000 Menschen, fast die Hälfte davon beim Baden. In den deutschen Städten war die Zahl der Verunglückten zwar geringer, doch lag das nicht an besseren Vorsichtsmaßnahmen, sondern an der geringeren Verbreitung des Badens. Aus einer 1815 veröffentlichten Übersicht ist zu entnehmen, daß in Berlin in 17 Jahren 95, in Leipzig in 16 Jahren 50 Menschen ertranken. Auch anderswo fand der nasse Tod seine Opfer. Vielsagend ist ein Sprichwort, das zu jener Zeit in Hannover gebräuchlich war: «Die Leine frißt alle Jahre Neune.»

Schwimmende Kinder mit luftgefüllten Tierblasen. Kupferstich von Conrad Meyer, 1657
29 (folgende Seite, oben)
Badeschiff des Arztes G. A. Welper an der Langen Brücke zu Berlin, 1802 (Ausschnitt). Kupferstich
30 (folgende Seite, unten)
Das 1781 auf der Donau bei Wien eröffnete Flußbad. Kupferstich
31 (übernächste Seite)
Die Kohl'sche Badeanstalt auf dem Main bei Frankfurt. Kupferstich, um 1802

Doctor Kohlsche Bad-Anstalt auf dem Main, zu warmen, kalten, natürlichen und
künstlichen Bädern.

Preise der Bäder auf dem Badschiff.

Für ein einfaches warmes Bad, auf eine Stunde, 48 xr. im Abonnement 40 Kreuzer.

Auf dem Floßbad.

Für ein einfaches warmes Bad, auf eine Stunde 36 Kreuzer, im Abonnement 30 xr.
Künstlich bereitete, als Seifen. Kräuter. Schwefel. Stahl. und andere zu-
sammengesetzte Bäder, im Abonnement 1 Gulden.

Bains de Santé sur la rivière du Mein, établis et dirigés par J. G. Kohl,
Docteur en Medecine à Francfort s/M.

Le Baignant payera pour un bain d'eau naturelle chauffé, pris sur le bateau,
48 Kreuzers par heure, et 40 Kreuzers, en s'abonnant pour 30 bains, et sur le ra-
deau 36 Kreuzers par heure, ou 30 Kreuzers par abonnement.

Les Bains préparés, savoir ceux de souffre, d'herbes, d'acier et d'autres
compositions se payent à raison d'un florin, en s'abonnant.

Der im Jahre 1774 von dem Pariser Abbé de La Chapelle empfohlene Scaphander zum gefahrlosen Überqueren von Flüssen. Kupferstich

Fig. 1 zeigt den aus einer Segeltuchjacke, gefüllt mit würfelförmigen Korkstücken, und einer Wasserhose bestehenden Scaphander. Der Sitzgurt (C–D), der verhindern soll, daß die Jacke durch das Wasser hochgedrückt wird, ist noch nicht befestigt.

Fig. 2 zeigt den Gebrauch des Scaphanders. Der Anfänger geht bis zur Wasserlinie A–B. Bei dieser Tiefe soll er «die Beine unter dem Leib hinwegschlagen zum Schwimmen». Dadurch gerät er auf die Wasserlinie C–D.

Fig. 3 zeigt einen «Kopfschmuck» zum gefahrlosen Heranschwimmen an den Gegner

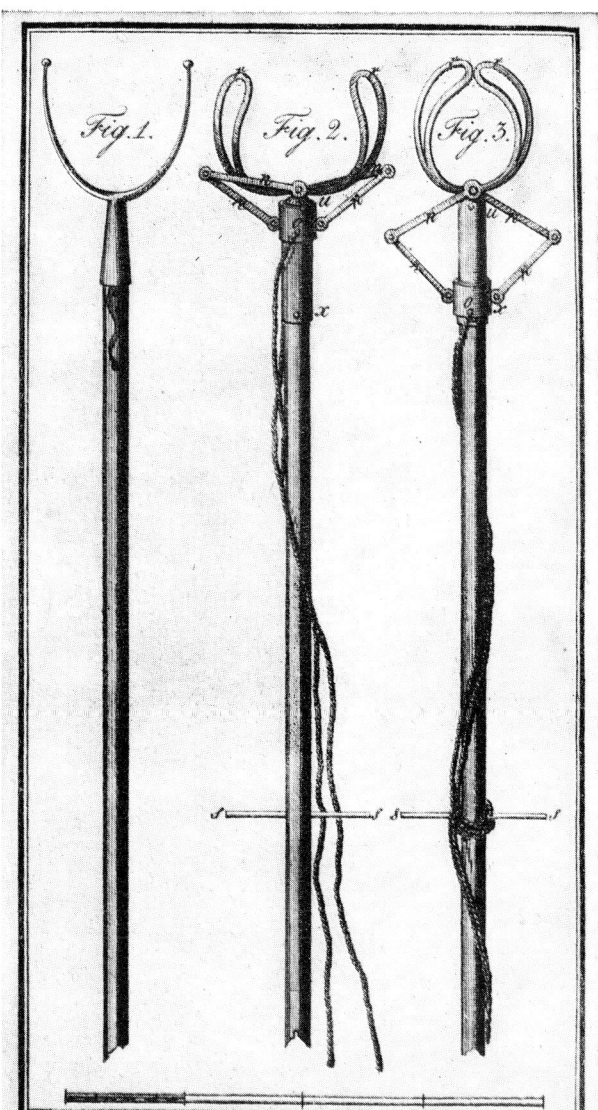

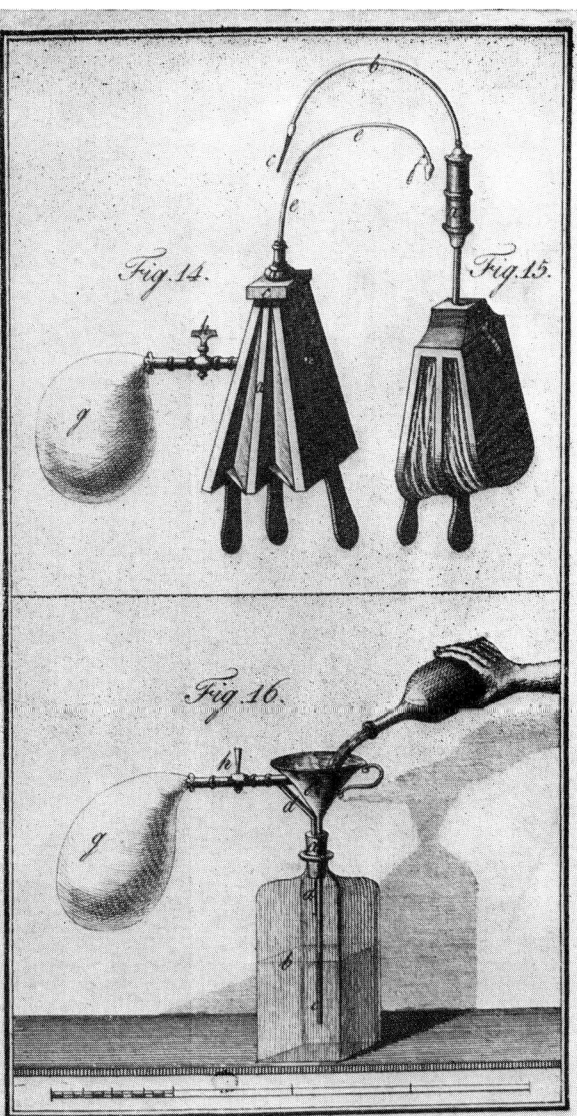

33, 34

Rettungsgeräte um 1790. Sucher zum Finden des Verunglückten unter Wasser (Fig. 1), Fangzange zum Herausholen des Verunglückten, geöffnet (Fig. 2) und geschlossen (Fig. 3), Blasebalg zur künstlichen Beatmung (Fig. 14), Gerät zur Beibringung eines Klistiers von Tabakrauch (Fig. 15) und Füllung einer Blase mit Sauerstoff zum Anschluß an den Blasebalg (Fig. 16). Kupferstiche, 1794

35
Baden und Schwimmen.
Kupferstich, 1793

Die 1826 gestiftete Pfuelsche Sommer-Schwimmanstalt zu Berlin. Lithographie, 1830

37
Das schöne Geschlecht in der Schwimmschule. Karikatur von Honoré Daumier, 1865

Schwimmhilfsmittel sind seit den ältesten Zeiten bekannt: aus Rohr oder Binsen gepreßte Bündel, Rindsblasen, aus Kürbissen gefertigte Flaschen, durch einen Riemen verbundene lederne Kissen, lederne Brustgürtel (seit 1610 nachweisbar), Blechbüchsen ... Ende des 18. Jahrhunderts kam aus Frankreich der Scaphander, ein aus Segeltuch und Kork gefertigtes Schwimmkleid; als Erfinder gilt der Abbé de La Chapelle. Doch bereits 1741 machte Johann Friedrich Bachstrom ein ähnliches Gerät bekannt und nannte es Küraß. Benjamin Franklin beschrieb 1768 einen Schwimmgürtel aus doppeltem Segeltuch, ausgestopft mit kleinen Stückchen Kork. Bleiben wir noch bei Benjamin Franklin. An seinen Übersetzer Dubourg schrieb er im Jahre 1768:

«In meinen Kinderjahren machte ich zwei länglich-runde Paletten, jede zehn Zoll lang und sechs breit, mit einem Loche für den Daumen, um sie fest in der Hand zu halten. Sie hatten viel Ähnlichkeit mit den Paletten der Maler. Beim Schwimmen stieß ich mich mit der Schärfe vorwärts und schlug das Wasser mit den ebenen Flächen, indem ich sie zurückzog. Ich erinnere mich, daß ich mit Hilfe dieser Paletten schneller schwamm; allein die Handgelenke ermüdeten bald. Ebenso paßte ich meinen Fußsohlen eine Art von Sandalen an, die aber meiner Erwartung nicht entsprachen, denn ich bemerkte, daß man den Stoß zum Teile mit der inwendigen Seite des Fußes und der Knöchel und nicht allein mit den Fußsohlen tat.»

Franklins Kinderjahre? Das war etwa um 1720 – beachtlich sein Versuch, mit Hilfe von «Schwimmflossen» schneller zu schwimmen ...

Ein Gerät für «Wasserreisen» beschrieb 1803 der schon mehrfach erwähnte Arzt Schreger. Er empfahl dazu die Anfertigung von zwei großen Stücken «Pantoffelholz» (wie man zu jener Zeit den Kork nannte); die Stücken sollten etwa einen Schuh im Quadrat messen und zwei bis drei Zoll dick sein. Weiter schrieb Schreger:

«Sie werden mit Bändern zusammengebunden, so daß das eine davon auf der Brust, das andere auf dem Rücken sich befestigen läßt, und zu mehrerer Sicherheit schlingt man noch ein Band zwischen den Schenkeln durch. So ausgerüstet kann auch der ungeübte Schwimmer mit einem Sonnenhut auf dem Kopf und die nötigen Kleider auf den Schultern mit Hilfe eines kleinen Ruders ganze Fluß- und Landseereisen unternehmen, wenn er nicht Gelegenheit hat, sich eines Seeschlittens zwischen zwei kleineren Fahrzeugen, dergleichen auf dem Constanzer See eingeführt sind, oder der sogleich zu beschreibenden zweiten Plouquetischen Vorrichtung zu bedienen.»

Der von Schreger erwähnte Ploucquet war ein Tübinger Arzt, der im Jahre 1798 ein «Wasserbett» und einen «Wassersessel» angepriesen hatte. Das «Wasserbett», eine Art hölzerne «Luftmatratze», war ein Balkenrechteck, über das Bettgurte oder einfach Latten genagelt wurden, das ganze schließlich überzogen mit Leinwand. Über die Anwendung schrieb Schreger: «In tiefen Flüssen wird dieses Bett an seinen vier in gleicher Distanz mit dem Bett eingeschlagenen Wasserpfählen entweder horizontal oder etwas nach dem Flußbett zu geneigt eingehängt, wo man sich zugleich im Wasser etwas schaukeln kann...»

Und der «Wassersessel»? Er war ein aus den gleichen Materialien gebauter Sitz, worin der mutige Benutzer gegen das Herausfallen gesichert war. Angeblich war es möglich, mit dem «Wassersessel» zu fahren, wozu ein kurzes Ruder oder eine Stake diente.

Nach Vorläufern der Schwimmflossen und der Luftmatratze nun auch noch eine Art Wassertreter – und all das vor Jahrhunderten! Doch ist es zu bezweifeln, daß Plouquets Erfindungen größeren Anklang fanden. Wahrscheinlich hielt man sie in einigen größeren Badeanstalten als Attraktion für die Besucher bereit, doch die Sicherheit der Badenden wurde dadurch kaum erhöht.

Ein Lager von Pferdemist ■ Unter dem Einfluß aufklärerischen Gedankengutes kam es in den Küstenländern schon vor dem Bau der ersten Flußbäder zur Gründung von – meist privaten – Rettungsgesellschaften. Ihr Ziel war vor allem der Schutz der Hafenarbeiter, aber auch der Schlittschuhläufer und Badenden. Im Jahre 1767 schufen zehn einflußreiche Bürger Amsterdams die «Maatschappig tot Redding von drekolingen», und schon im folgenden Jahr entstanden ähnliche Gesellschaften in Mailand, Venedig und Hamburg. Die Hamburger «Rettungsanstalt für Verunglückte» sorgte für die Stationierung von neun Rettungsbooten am Elbe- und Alsterufer, erfand und entwickelte eine ganze Reihe von Rettungsgeräten – wie Fangzangen, Rettungsleitern, Sucher und heizbare Badewannen. Für außerordentliche Rettungsfälle sollten goldene und silberne Ehrenmünzen verliehen werden. Nach Kopenhagen und Paris (beide 1772) erhielt im Jahre 1774 London eine Rettungsgesellschaft, die «Royal humane society», deren Wirken dazu führte, daß London am Anfang des 19. Jahrhunderts über das wohl beste Rettungswesen verfügte. Wilhelm Wagner, der in den Jahren 1822 und 1823 für acht Monate in England, Schottland und Irland weilte, um den Zustand des dortigen Gesundheitswesens kennenzulernen, berichtete 1825 in seinem Buch «Über die Medizinal-Anstalten und den jetzigen Zustand der Heilkunde in Großbritannien und Irland», es gäbe in den verschiedensten Stadtteilen und der nächsten Umgebung Londons Aufnahmehäuser (Receiving-houses), in welchen sich alle zur Wiederbelebung Scheintoter erforderlichen Apparate befänden und in deren Nähe eine mit der Hilfeleistung speziell beauftragte ärztliche Person wohne. Und wörtlich schrieb er dazu:

«Das vorzüglichste Receiving-house ist im Hydepark, in der Nähe des Serpentine-river, wo Tausende im Winter Schlittschuh laufen und im Sommer sich baden, weshalb hier auch bei weitem die häufigsten Unfälle sich ereignen.»

Anerkennend schrieb Wagner, es gäbe ein Verzeichnis von 160 Ärzten, welche in allen Teilen Londons die Hilfeleistung übernommen hätten. Schon 1778 fand in Marseille der erste Weltkongreß der Rettungsgesellschaften statt, zu einer Zeit, als das Baden im Fluß noch eine Sensation war. Speziell für die Badenden dürften die Rettungsgesellschaften gegründet worden sein, die bis 1825 in mehreren deutschen Städten entstanden – so in Leipzig, Hannover und Magdeburg.

Die Anschaffung von Rettungsbooten und die Bemühungen der Ärzte waren die eine Seite; wie aber dachte und handelte die Masse der Einwohner? Zäh hielten sich seit Jahrhunderten vorhandene abergläubische Vorbehalte. Da hieß es, jeder Fluß müsse jährlich ein Opfer haben, da sonst der Fischfang Schaden nähme. Noch galt jeder gewaltsame Tod als unehrlich, besonders in solchen Fällen, wo man nicht wußte, ob der Tod etwa durch Selbstmord veranlaßt sein könnte. Die Unehrlichkeit übertrüge sich auf alle Personen, die den Körper des Verunglückten berührten oder ihn gar in ihre Wohnung aufnähmen. Kein Wunder, daß es höchst selten zu erfolgreichen Rettungen vor dem nassen Tod kam.

Bis zum Beginn des 18. Jahrhunderts bestand selbst unter den Ärzten keine Klarheit darüber, wodurch der Tod einträte. Allgemein glaubte man, die Ursache sei das verschluckte Wasser und es käme darauf an, das Wasser aus dem Körper herauszubringen. So stellte man den aus dem Wasser Geretteten auf den Kopf, hängte ihn an den Füßen auf, wälzte ihn auch wohl über ein Faß oder steckte ihn gar in ein solches hinein, das dann hin- und hergerollt wurde. Zwar kannte man bereits die Mund-Mund-Beatmung, doch noch wußte man nicht, wielange ein Mensch unter Wasser bleiben kann, ohne zu ertrinken.

Erst in der Mitte des 18. Jahrhunderts setzte

Tafel 33, 34

sich die schon früher von einzelnen Ärzten vertretene Auffassung durch, der Ertrinkende ersticke durch den Mangel an Luft. Nun erschienen eine Reihe von Schriften, in denen Hinweise zur Wiederbelebung gegeben wurden. Übereinstimmend rieten die Ärzte, den Verunglückten an einen trockenen, mäßig erwärmten Ort zu bringen, ihn auszuziehen und durch Abreiben mit Wein oder Branntwein zu erwärmen. Führe die Beatmung nicht zum Erfolg, müsse ein Wundarzt die Luftröhre öffnen, ein Röhrchen einführen und dann mit der Beatmung beginnen. Auf die Erwärmung des Verunglückten legte man besonderen Wert, wozu auch Mittel dienen sollten, die auf den ersten Blick unpassend schienen. So schrieb der Schweizer Arzt Simon André Tissot in seinem 1761 gedruckten Buch «Avis au peuple sur la santé», am günstigsten sei ein Lager von Pferdemist. Auch dieser bedeutende Mediziner stand der Zeitdauer erfolgreicher Wiederbelebungsmaßnahmen noch ratlos gegenüber – so empfahl er, sie vier bis fünf Stunden fortzusetzen. Erst in der zweiten Hälfte des 19. Jahrhunderts entwickelten deutsche und englische Ärzte verbesserte Methoden zur Wiederbelebung.

Maßnahmen zum Schutz der Badenden lassen sich schon sehr früh nachweisen: Warnungstafeln, Pfähle mit Stricken als Absperrung, Rettungsboote. Wann aber gab es den ersten Rettungsschwimmer? Seit 1787 ist die Tätigkeit der Halloren als Schwimmeister urkundlich belegt, und wir können davon ausgehen, daß etwa seit dieser Zeit in den gerade entstehenden Badeanstalten Schwimmlehrer (damals «Abrichter» genannt) oder andere des Schwimmens kundige Personen auf die Badenden achteten. Zwei Beispiele seien von der Ostseeküste genannt. So schrieb 1798 Samuel Gottlieb Vogel, langjähriger Badearzt in Heiligendamm, in seinem Bericht «Zur Nachricht und Belehrung für die Badegäste» über den Sommer 1797:

«Zur Aufsicht und Beihilfe und Schwimmunterricht für die, welche in der offenen See baden, ist ein Matrose angestellt.»

Und über den Sommer 1808 hieß es in Vogels «Neuen Annalen des Seebades Doberan»:

«Zur Sicherheit und Belehrung für diejenigen, welche in der offenen See baden, schwimmen lernen wollen und dergleichen, hatten der Durchlauchtigste Herzog einen Halloren aus Halle kommen lassen, der zu diesen Zwecken stets in Bereitschaft war.»

An den Flüssen und Binnenseen wird es nicht anders gewesen sein. Mehr als hundert Jahre lang aber waren private Gesellschaften, Städte und Gemeinden für das Rettungswesen zuständig. Ein organisierter Wasserrettungsdienst entstand erst mit dem Ansteigen des Badebetriebes zu Beginn des 20. Jahrhunderts.

Lehrer der Schwimmkunst ■ Im Jahre 1798 schrieb der deutsche Pädagoge GutsMuths in seinem «Kleinen Lehrbuch der Schwimmkunst zum Selbstunterricht», das Ertrinken sei bisher Mode gewesen, «weil das Schwimmen zu wenig Mode war». Und damit traf GutsMuths den Nagel auf den Kopf. Man folgte ärztlichen Ratschlägen und badete in «Aalkästen», begab sich auch wohl in eine umzäunte Badefläche, doch geschwommen wurde kaum. Wie Schreiben und Lesen mußte auch das Schwimmen erlernt werden. Der moderne Schwimmunterricht hat drei Wurzeln: das Wirken der Halloren oder anderer durch ihre Arbeit mit dem Wasser verbundener Berufsgruppen, die aufklärerische Tätigkeit fortschrittlicher Pädagogen und das Bemühen von Militärs, die Ausbildung der Rekruten zu verbessern.

Die Halloren, einst Salzsieder in Halle oder Schönebeck, galten als Meister im Schwimmen und Tauchen. Nach der Arbeit in den abzugslosen, dreckigen, verrußten Siedehütten säuberten sie sich im Fluß. Die Salzkörbe mußten ausgespült werden und das Salz wurde in Kähnen transportiert. Schon im Alter von drei bis sieben Jahren lernten die Kinder der Halloren schwimmen. Als im 18. Jahrhundert der Absatz des Salzes immer schwieriger wurde, suchten die Salzsieder einen Nebenerwerb. Sie fanden ihn als «Meister der Schwimmkunst» von der Schweiz bis nach Norddeutschland. Der Schwimmunterricht der Halloren bestand lediglich aus Übungen im Wasser; Hilfsmittel verwendeten sie nicht. Es verwundert nicht, daß Halloren beim Aufbau erster Schwimmanstalten eine wichtige Rolle spielten. So übernahm der Hallore Tichy in der 1811 an der Spree gegründeten Berliner Schwimmhütte den Unterricht im Schwimmen und Wasserspringen.

Dem Gedankengut der Aufklärung verhaftete Pädagogen sprachen sich nicht nur in ihren Schriften für den Schwimmunterricht aus, sondern wirkten auch selbst als Schwimmlehrer. Im Jahre 1774 gründete Johann Bernhard Basedow das Philanthropinum in Dessau, in dem er großen Wert auf die bislang vernachlässigte Körpererziehung legte. Basedow sprach sich in seinem «Elementarwerk für die Jugend» (1770) für das Schwimmen, auch für das Rudern und Segeln aus.

Tafel 35

Ein zweites Zentrum moderner Pädagogik entstand in Schnepfenthal bei Gotha. Dort lehrte seit 1785 GutsMuths. In dieser von Christian Gotthilf Salzmann 1784 gegründeten Bildungsanstalt wurde 1790 der Schwimmunterricht eingeführt. In seiner «Gymnastik für die Jugend» forderte GutsMuths den Bau von Badeanstalten für öffentliche Schulen und Erziehungshäuser, von Badehäusern in Städten und Gemeinden und pries das Schwimmen. GutsMuths erlernte das Schwimmen von einem Halloren, übernahm 1797 den Schwimmunterricht in Schnepfenthal und veröffentlichte 1798 sein schon erwähntes «Kleines Lehrbuch der Schwimmkunst zum Selbstunterricht». GutsMuths empfahl Wassergewöhnung, die den Schwimmschüler haltende «Angel» und Trockenübungen.

Einen anderen Weg ging der italienische Theologe und Mathematiker Oronzio de Bernardi. Der Titel seiner 1797 erschienenen Schrift ist schon ein Programm: «Vollständiger Lehrbegriff der Schwimmkunst, auf neue Versuche über die spezifische Schwere des menschlichen Körpers gegründet» – Bernardi lehnte alle Hilfsmittel ab und war der Auffassung, die Schwimmschüler müßten vor allem von der Tragfähigkeit des Wassers überzeugt werden.

So wichtig und verdienstvoll das Bemühen der Pädagogen um das Schulschwimmen auch war, letztlich blieb es doch auf wenige Orte beschränkt. Eine wesentlich größere Wirkung erzielten einige Militärs, die versuchten, dem Schwimmunterricht Eingang in die Rekrutenausbildung zu verschaffen. Dabei ging es um die Kampfkraft und die Beweglichkeit einer modernen Armee. Auftrieb erhielten die Verfechter des soldatischen Schwimmens im Zeitalter der napoleonischen Fremdherrschaft und der nachfolgenden Befreiungskriege. Nur so ist wohl der große Einfluß Friedrich Ludwig Jahns zu erklären, der schon 1803 Schwimmunterricht gegeben hatte, vier Jahre später mit GutsMuths in Schnepfenthal zusammengetroffen war und während der Franzosenzeit, im Sommer 1812, dem von ihm begründeten Sportplatz auf der Berliner Hasenheide eine Schwimmschule anschloß. Es ist kein Zufall, daß etwa um die gleiche Zeit – am 26. Juni 1811 – der erste Schwimmerlaß in Preußen erschien, worin auf die Nützlichkeit des Schwimmens hingewiesen wurde.

Eine besondere Rolle spielte Ernst Heinrich Adolf von Pfuel. Schon als junger Fähnrich versuchte er im Frühjahr 1797 in Potsdam, Offiziere und Mannschaften für Schwimmübungen zu begeistern. Später trat von Pfuel in österreichische Dienste und gründete 1811 die erste Prager Schwimmanstalt; in einem Schreiben an den Hofskriegsrat erbot er sich, im Sommer 1812 30 000 Schwimmer «abzurichten». In einer Beschreibung aus dem Jahre 1837 lesen wir über die Prager Schwimmanstalt:

«In einem länglichen Viereck sind mit Ausschluß eines großen Teils der westlichen Seite, welche frei ist, bretterne Gehäuse für die Badenden angelegt, während in der Mitte derselben die eigentliche Schwimmlehranstalt, bestehend in einem länglich viereckigen Raum, mit einem bretternen Vorsprung, an dem eine mehr als klafterhohe leiterartige Erhöhung angebracht ist, sich befindet. Für den möglichen Fall des Verunglückens ist ärztliche Hilfe und Rudtorffers Rettungskasten in der Nähe.»

Im Herbst 1812 trat von Pfuel in russische Dienste, gehörte der Russisch-deutschen Legion an und kam während der Befreiungskriege zurück nach Preußen. In Berlin gründete er 1817 die erste preußische Militärschwimmanstalt, in der noch im gleichen Jahr über 1000 Soldaten das Schwimmen erlernten. Ähnliche Anstalten entstanden kurz darauf in Magdeburg, Köln und anderen deutschen Städten.

Der spätere preußische General und Minister hatte schon 1810 eine Schrift unter dem Titel «Über Schwimmen und Schwimmschulen» veröffentlicht. Er vervollkommnete die Methoden von GutsMuths, verzichtete aber auf die Wassergewöhnung. Stattdessen propagierte er Trockenübungen und das Schwimmen nach Zählzeiten.

Zwar verlangsamte sich in den Jahren der sogenannten Demagogenverfolgungen dieser von Ärzten, Pädagogen und Militärs eingeleitete Prozeß, doch die Entwicklung des Schwimmens und des Schwimmunterrichts brach nicht ab. Aber längst nicht alle Kreise der Bevölkerung hatten die Möglichkeit, das Schwimmen zu erlernen. Der Unterricht galt besonders den Rekruten, fand zögernd an den höheren Schulen Eingang (erst Ende der zwanziger Jahre des 19. Jahrhunderts verpflichtete die preußische Regierung die Lehrerseminare zur Erteilung von Turn- und Schwimmunterricht) und erfaßte Söhne wohlhabender Eltern. Da sich die Anstalten meist in privater Hand befanden und es kaum unentgeltlichen Unterricht gab, blieben weite Kreise der Bevölkerung von ihm ausgeschlossen, ganz zu schweigen von den Bewohnern des flachen Landes und den Mädchen. Für sie besaß Schwimmunterricht Seltenheitswert. Mitte des 19. Jahrhunderts hatten die meisten Städte, auch kleinere, Bade- und Schwimmanstalten. Doch so positiv diese Entwicklung auch war, so verdienstvoll es war, daß zum Beispiel in Berlin um 1850 jährlich 1500 bis 2000 Schüler schwimmen lernten, insgesamt reichte die Ausbildung bei weitem nicht aus. Bezeichnend ist, daß um 1930 – immerhin rund 150 Jahre nach den Anfängen des Schwimmunterrichts – in Deutschland nur drei Prozent der Bevölkerung schwimmen konnten.

Kapitel V # Zwischen Brighton und Biarritz

Meerwasser gegen Skrofulose ■ Die Geschichte des modernen Seebades begann in der ersten Hälfte des 18. Jahrhunderts in England, dessen wirtschaftliche Entwicklung seit etwa 1760 in schnellem Tempo zur «industriellen Revolution» überging. Durch die Vertreibung der kleinen und mittleren Bauern von ihrem Grund und Boden («Einhegung») entstand ein Heer potentieller Lohnarbeiter. Sie fanden Beschäftigung in den Manufakturen oder als unselbständige Heimarbeiter.

Die Folge dieser sozialen Veränderung war das rasche Anwachsen der Einwohnerzahl in den Städ-

ten. So war London schon um 1780 zu einer Groß-
stadt mit etwa 700 000 Einwohnern geworden.
Die Zusammenballung in den Städten führte vor
allem unter der ärmeren Bevölkerung zur Ausbreitung gefährlicher Krankheiten wie Typhus,
Rachitis und Skrofulose.

Deutlich wird der Zusammenhang zwischen so-
zialer Lage und Krankheit am Beispiel Liver-
pools. Von den mehr als 56 000 Einwohnern, die
um 1790 in der englischen Industriestadt lebten,
hausten allein 9000 in Hinterhäusern und 7000 in
feuchten Kellern. Verseuchtes Trinkwasser und ka-
tastrophale hygienische Bedingungen führten dazu, daß es jährlich zu etwa 3000 Erkrankungen an
Bauch- und Unterleibstyphus und Fleckfieber kam.

Anknüpfend an die Tradition der Volksmedizin, versuchten englische Ärzte, der gefährlichen
Krankheiten und verheerenden Epidemien Herr
zu werden, indem sie den Wert des Seebadens pro-
pagierten. Als frühe Vertreter dieser medizinischen Richtung seien hier erwähnt: Robert Witty,
der 1678 Seebäder gegen Gicht empfahl, und der
berühmte Lichfielder Arzt John Floyer, dessen
Schriften über den Gebrauch kalter Seebäder um
1700 in mehrere Sprachen übersetzt wurden.

Als Vater des englischen Seebades und Begrün-
der der modernen Thalassotherapie gilt der im
Jahre 1700 geborene Richard Russel. Der zunächst
in Lewes (Sussex) und später in London prakti-
zierende Arzt hatte festgestellt, daß Fischerkinder
nur selten an der weit verbreiteten Skrofulose lit-
ten. Nachdem er schon Meerwassertrinkkuren gegen Hautkrankheiten durchgeführt hatte, begann
er um 1730 auch skrofulöse Patienten mit Meerwasser zu behandeln. Schließlich erweiterte er
seine Kur durch das kalte Bad. Bahnbrechend wurde seine im Jahre 1750 veröffentlichte Disserta-
tion «De tabe glandulari et de usu aquae marinae
in morbis glandularum» (Vom Drüsengift und
vom Gebrauch des Meerwassers gegen Drüsen-
erkrankungen). Russel empfahl darin Bade- und

Trinkkuren gegen Skrofulose; das wiederentdeckte
«Medikament» Meerwasser sollte aber auch gegen
Gelenkrheumatismus, Hautkrankheiten, Blutar-
mut und Stuhlgangträgheit erfolgreich eingesetzt
werden können. Doch Richard Russel experimen-
tierte nicht nur mit dem natürlichen Heilmittel,
sondern er schuf Mitte des 18. Jahrhunderts auch
die ersten Badeeinrichtungen in dem damals unbedeutenden Fischerdorf Brighthelmstone an der
Kanalküste.

Unter dem Einfluß der englischen Medizin beschäftigten sich auch in anderen Ländern Ärzte
mit dem Seebaden. In Deutschland war es zuerst
Samuel Gottlieb Vogel, dessen Kuren und Schriften auch von der heutigen Medizin zum überwiegenden Teil als richtig anerkannt werden.

Ein Fischerdorf wird Seebad ■ Doch zurück nach
England. Aus dem Fischerdorf Brighthelmstone
entwickelte sich sehr schnell das berühmte Bad
Brighton. Sprunghaft stieg die Zahl der Einwoh- *Tafel 38*
ner; schon 1801 waren es 7300, dreißig Jahre später gar 31 000. Am Ende des 18. Jahrhunderts
wurde im größten englischen Seebad schon am
frühen Morgen gebadet. Hochrädrige Badekarren
(«bathing machine» genannt), die um 1750 der
englische Quäker Benjamin Beale erfunden hatte,
standen in großer Zahl am Strand. Auch ein im
Jahre 1769 erbautes Badehaus für kalte und warme Seebäder und ein Mineralbrunnen (seit 1760)
dienten medizinischen Zwecken. Schon in den siebziger Jahren des 18. Jahrhunderts galt das spätere
Brighton als teures Seebad. Berühmt wurde es, als
dort 1782 der Prinz von Wales, der spätere König
Georg IV., zur Erholung weilte. Sehr bald ver-
spürte man nun auch in Brighton jenes das gesamte Badewesen beherrschende Nebeneinander
von Badekur und Vergnügen. Trotz mahnender
Worte der Ärzte eroberten die Spielbänke auch
die Seebäder; Theateraufführungen, Kurkonzerte
und rauschende Feste sorgten für Unterhaltung.

Früher als in Brighton begann der Badebetrieb nur in Scarborough (um 1730). Als besonders vornehm galt um 1780 Margate; Badegäste kamen auch bereits nach Harwich, Deal, Yarmouth, Weymouth, Southampton, Devonshire und in viele andere Orte. Auffallend ist, daß viele englische Seebäder zu Städten, ja zu Großstädten wurden. So zählte Margate um 1830 mehr als 10 000 Einwohner, Yarmouth schon um 1780 etwa 15 000, ganz abgesehen von der Entwicklung Brightons.

Schon im Jahr 1787 konnte Johann Wilhelm von Archenholtz in seiner Reisebeschreibung «England und Italien» feststellen:

«Das Seebaden ist jetzt in England sehr Mode geworden, daher man viele an der See gelegene Orte dazu einrichtet und mit großen Bequemlichkeiten versehen hat. Es sind sogar im Meere, in einiger Entfernung vom Ufer, Häuschen auferbaut worden, die bloß zum Baden dienen. Seit wenigen Jahren werden diese Plätze von der feinen Welt

Tafel 39

erstaunlich gesucht. Die vornehmsten derselben sind: Brighthelmstone, Margate, Weymouth und Scarborough.»

Ein halbes Jahrhundert später verfügte das Inselreich über rund 60 größere, stark besuchte Seebäder, davon zehn in Schottland – nicht gezählt die Badeeinrichtungen, die sich in fast jedem Fischerdorf befanden.

Lichtenberg fand Widerhall ▪ Unübersehbar ist der Einfluß Englands auf Deutschland. Im Zeitalter der Aufklärung galt in fortschrittlichen Kreisen Deutschlands, vor allem in der jungen bürgerlichen Intelligenz, alles Englische als nachahmenswert. Almanache und Journale veröffentlichten Reisebeschreibungen, Aufsätze über englische Wissenschaft und Kultur, nicht zuletzt über das Gesundheitswesen. Sehr bald erfuhr der deutsche Leser vom Entstehen englischer Seebäder und von den Erfahrungen Russels, Curries und anderer

Ärzte. So kann angenommen werden, daß schon in den 70er und 80er Jahren des 18. Jahrhunderts an der deutschen Ost- und Nordseeküste hin und wieder gebadet wurde.

Bereits vor der Gründung von Seebädern besuchte man die ostfriesischen Inseln zur Jagd auf Robben und Seevögel, reiste nach Rügen oder fuhr zur Erholung nach Doberan. Im Jahre 1783 wandte sich der Pfarrer von Juist, Gerhard Otto Christoph Janus, an Friedrich II. mit dem Vorschlag, auf der Nordseeinsel ein Seebad zu gründen. Doch die Bemühungen von Janus verliefen im Sande. Ebensowenig Erfolg hatte Johann Georg Walbaum, der 1783 Badeeinrichtungen in Travemünde schaffen wollte. Es war dann der berühmte Schriftsteller und Physiker Georg Christoph Lichtenberg, dessen 1793 im «Göttingischen Taschenkalender» veröffentlichter Aufsatz «Warum hat Deutschland noch kein großes öffentliches Seebad?» den Stein ins Rollen brachte. Aus eigenem Erleben – Lichtenberg hatte Margate und Deal besucht und dort nicht nur gebadet, sondern auch Seewasser getrunken – schilderte der Göttinger Professor das Leben in den englischen Seebädern und schlug vor, in Cuxhaven ein Seebad zu gründen.

Lichtenbergs Aufsatz fand großen Widerhall unter den Medizinern seiner Zeit. Johann Daniel Metzger, Arzt in Königsberg (Kaliningrad), befürwortete den Bau eines Seebades auf der Halbinsel Samland, und Christoph Wilhelm Hufeland, damals Professor in Jena, merkte 1793 zu einem von ihm in den «Neuesten Annalen der französischen Arzneykunde und Wundarzneykunst» herausgegebenen Artikel über die Wirkung des Seebades bei Rheumatismus an:

«Warum nutzt man in Deutschland noch nicht die schöne Gelegenheit, die uns unsere nördlichen Küsten dazu geben, da es doch erwiesen ist, daß das Seebad in mehreren Krankheiten fast durch nichts zu ersetzen ist? Ich wünschte sehr, daß der vortreffliche Aufsatz, der hierüber im Götting.

Taschenkalender 1793 steht, seinen Zweck erreichen und diese Angelegenheit der Nation in Bewegung bringen möchte.»

Das erste deutsche Seebad ■ Die Zeit war reif für Samuel Gottlieb Vogel, seit 1789 Professor der Medizin an der zu jener Zeit ziemlich unbedeutenden Rostocker Universität. Am 25. August 1793 übergab er einem herzoglichen Beamten ein Schreiben an Friedrich Franz von Mecklenburg-Schwerin, in dem er bedauerte, daß es an der Ostsee noch keine Badeanstalt gäbe. Vogel verwies auf den Wert des Seebadens, begründete, warum es dazu fester Einrichtungen bedürfe, schilderte die Funktionsweise der englischen Badekarren und schlug vor, ein schon bestehendes Gebäude in Doberan als Badehaus zu nutzen und Seewasser durch Röhren dorthin zu leiten. Zwar wurde dieser Plan wegen der zu großen Kosten später fallengelassen, doch der erste Schritt zum Seebad war getan. Am 9. September 1793 antwortete der Herzog, nachdem er in Doberan eingetroffen war:

«Mir sind bei meiner Anwesenheit Ihre von Ihnen schriftlich aufgesetzten Gedanken über Anlegung eines Seebades übergeben worden; ich wünsche daher, der Herr Hofrat mir darüber mögen einen Plan aufsetzen, welchen ich nicht verfehlen werde auf das genaueste zu prüfen, um alsdann so viel als möglich zur Ausführung desselben beitragen zu können, besonders, da es mir nicht gleichgültig sein kann, manchen kranken Menschen dadurch glücklich zu machen, nicht zu gedenken, daß das Geld im Lande verzehrt wird, was auswärtige Bäder demselben entziehen. Ich erwarte daher mit Vergnügen Ihre Vorschläge in Betreff dieser heilsamen Anstalt und bin mit aufrichtiger Wertschätzung   Ihr wohlaffektionierter F. F. Herz. z. M.

38
Brighton um 1800. Kupferstich
39
Das englische Seebad Margate um 1800. Kupferstich

41
Ballspiel auf dem Kamp vor dem Logierhause in Doberan (Ausschnitt).
Radierung von Johann Friedrich Frick nach einem Gemälde von Janus Genelli, 1801
42
Das Fest der Landleute auf dem Kamp zu Doberan (Ausschnitt). Lithographie von A. Achilles, 1842

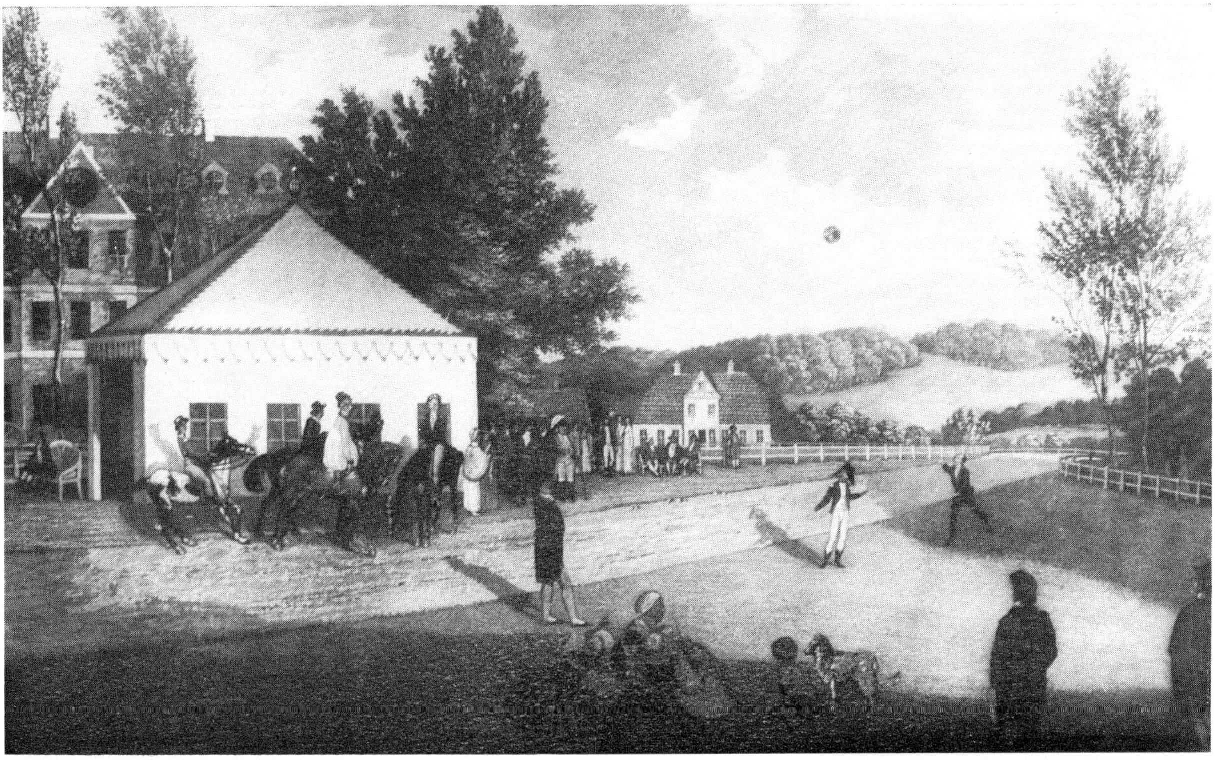
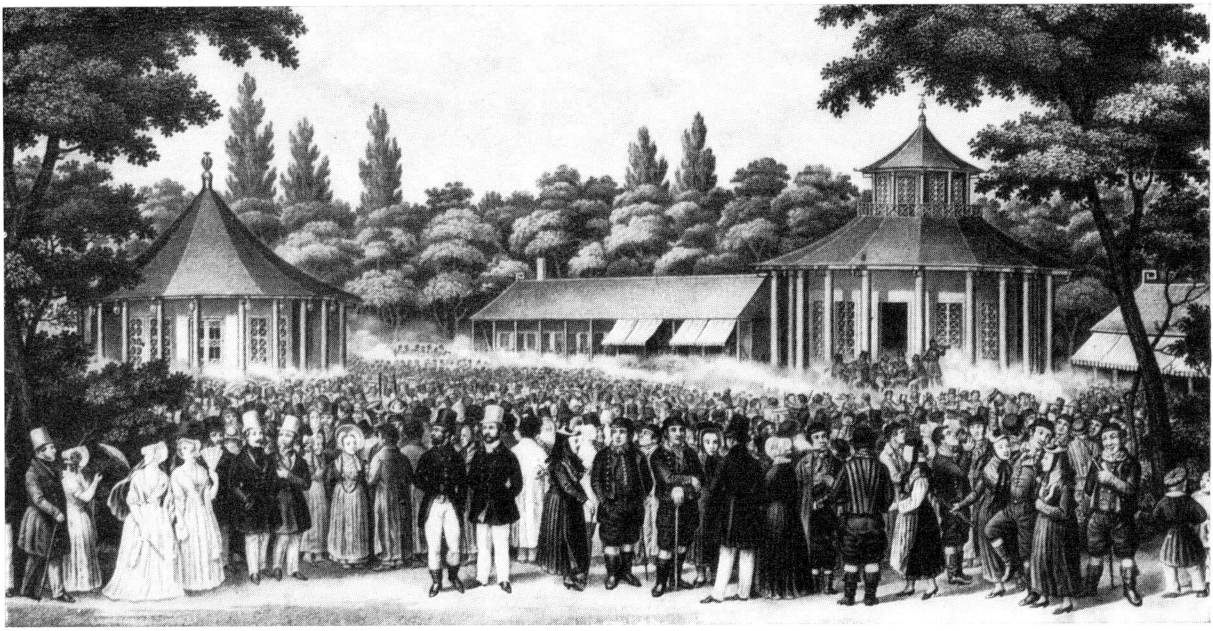

43
Der Heilige Damm.
Lithographie von J. Havemann, um 1830

44
Johann Both, Badediener in Heiligendamm.
Lithographie von W. Hauer nach einer Zeichnung von C. Rettberg, 1833

45
Das Badehaus zu Putbus-Lauterbach, erbaut 1817/18. Stahlstich von Johann Friedrich Rosmäßler, 1834

Das fürstliche Jagdhaus in der Granitz (auf Rügen), erbaut 1836. Lithographie von Ludwig Eduard Lütke, um 1840

47
Ansicht von Swinemünde um 1825. Kupferstich von **Johann Poppel**
nach einer Zeichnung von Wilhelm Schirmer, 1828
48
Warnemünde. Lithographie von Wilhelm Heuer, um 1840

49
Das Conversations-Haus
auf Norderney.
Kupferstich nach einer Zeichnung
von A. v. Halem, um 1835

50
Blick auf das Seebad Dieppe. Xylographie, um 1860

Das Seebad Cherbourg. Xylographie von Predhomme, um 1860

52
Badeschiff vor Wismar-Wendorf, erbaut 1821. Lithographie von C. C. Gundlach, 1836

Doberan, damals ein beschaulicher Ort mit nicht mehr als 900 Einwohnern, besaß eine gewisse Tradition als Sommerfrische und Ausflugsziel, dazu kam seine Bedeutung als Sommersitz des Landesherren. Sicher war es für die Gründung des ersten deutschen Seebades nicht unwesentlich, daß Mecklenburg am Rande des Weltgeschehens lag. Auch griff der Herzog begierig nach der neuen Geldquelle, die sich hier zu bieten schien. Jedenfalls erhielt Vogel grünes Licht für sein Vorhaben. Zusammen mit dem Baumeister Johann Christoph Heinrich von Seydewitz besuchte er Pyrmont und mehrere andere niedersächsische Mineralbäder, um Badeeinrichtungen und -organisation kennenzulernen, wobei er auch mit Lichtenberg sprach, der in einem Brief vom 12. Dezember 1793 schrieb:

«Bei Rostock kommt ein Seebad zustande, und zwar unter der Direktion des vortrefflichen Hofrats Vogel, der mich vor einigen Monaten besucht hat. Er hat in Gesellschaft eines Baumeisters die hauptsächlichsten Bäder Niedersachsens bereist, und die Sache ist schon völlig in Gang.«

Vogel gönnte sich keine Ruhe. Nach seinen und von Seydewitz' Ideen entstanden in rascher Folge in Heiligendamm die notwendigsten Bade- und Seite 122 Kureinrichtungen; das neue Bad Doberan-Heiligendamm nahm Gestalt an. Die ersten Schritte zum Bad geschahen noch im September 1793. Im folgenden Sommer wurde eine Badedirektion eingesetzt, ein ehemaliger Wagenschauer kam als provisorisches Badehaus zu neuen Ehren, und in dieser ersten Saison zählte man schon 300 Gäste. Bis etwa 1830 kamen dann jährlich 1200 bis 1300, *Tafel* meist höhergestellte und vermögende Besucher in *V, VI* das von Anfang an luxuriöse Seebad.

Tafel Als zweites Bad des Adels entstand Putbus mit *45* seinen Badeeinrichtungen in Neuendorf (1816) und Lauterbach (1818). Aber mit nur jährlich etwa 300 Fremden blieb es weit hinter Heiligendamm zurück.

Heringslake als Ersatz? ■ Sicher war die Gründung des ersten deutschen Seebades am Heiligen Damm von großer Bedeutung und führte zum Badebeginn in anderen Küstenorten, doch das fast zu einer Mode werdende Interesse am Seebaden konnte mit dem Ausbau Heiligendamms nicht befriedigt werden. Wie hoch der Wert des Seebadens eingeschätzt wurde, geht aus den Sätzen hervor, die Schreger 1803 in seiner «Balneotechnik» schrieb:

«Zu einem künstlichen Seebade löst man Kochsalz als den Hauptbestandteil des natürlichen Seewassers mit etwa der Hälfte salzsaurer Talk- oder Bittererde, etwas Selenit und ein wenig schwefelsaures Soda in siedendem Wasser auf und setzt das dem Bade zu... In Ermangelung des natürlichen und künstlichen Seewassers hat man die mit Wasser verdünnte Heringslake zu Bädern vorgeschlagen.»

Im ersten Drittel des 19. Jahrhunderts ging es trotz des auch in bürgerlichen Kreisen, vor allem unter Ärzten, Lehrern und Pastoren, wachsenden Interesses am Seebaden nur langsam mit dem Aufbau weiterer Badeanstalten voran. Es dauerte Jahrzehnte, bis weltabgeschiedene Dörfer nach der ersten Aufnahme von Sommergästen den Schritt zum Badeort getan hatten.

In den Bauern- und Fischerdörfern an der Küste fehlte es an Unterkünften, an Nahrungsmitteln, auch am Verständnis für den Wunsch, in der See baden zu wollen. Doch die bittere Not, die in den ärmlichen Katen herrschte, ließ hier und da den Gedanken entstehen, man könne durch Vermieten, auch durch den Bau einfachster Badeeinrichtungen einen Ausweg aus der sozialen Misere finden. Es ist auffällig, daß die neuen Badeorte meist in der Nähe der Küstenstädte entstanden und oft vorher schon eine gewisse Rolle als Ausflugsziel gespielt hatten. Die Ursache hierfür lag vor allem in den mangelhaften Verkehrsverbindungen, dem Fehlen von Straßen, so daß meist nur die nahe Stadt für einen gewissen Besuch aus-

Heiligendamm im Jahre 1794

wärtiger Gäste sorgen konnte. Erschwerend wirkte sich besonders in Mecklenburg die fehlende Unterstützung durch die herzogliche Regierung aus, der es darum ging, Heiligendamm vor jeder Konkurrenz zu schützen. So kam es durch Ärzte, Gastwirte oder einzelne wohlhabende Bürger zum Bau von Badeanstalten.

Zu den ältesten Ostseebädern gehören Warnemünde und Boltenhagen, wo bereits um 1810 gebadet wurde. Doch waren die Bedingungen denkbar primitiv. Boltenhagen bestand aus zehn kleinen Höfen mit ärmlichen strohbedeckten Hütten, zu denen keine Straße, nicht einmal feste Wege *Tafel* führten, und Warnemünde mit seinen kleinen, ein- X stöckigen, rohrgedeckten Häusern besaß ebenfalls keine Voraussetzungen für die Aufnahme von Fremden. So ist es nicht verwunderlich, daß zunächst fast ausschließlich Rostocker in Warnemünde badeten und erst in den 20er Jahren Besucher aus entfernteren Gegenden Mecklenburgs an die Warnow kamen.

Auch Bürger anderer Städte sorgten für den Bau nahegelegener Badeeinrichtungen. Die Greifswalder zog es schon vor 1815 nach Wieck, Stralsund erhielt 1819 seine erste bescheidene Seebadeanstalt, und in Wismar-Wendorf lud 1821 der Besitzer eines Badeschiffes zum Baden ein. Sehr bescheiden nehmen sich erste Anfänge in den zwanziger Jahren in Alt-Gaarz (Rerik) und in dem am Rande der Rostocker Heide gelegenen Müritz

aus. Doch vereinzelt kamen sogar Besucher in völlig abgelegene Dörfer. Darüber konnte man 1829 in der Stralsunder Zeitschrift «Sundine» die ironischen Sätze lesen:

«Außerdem wurde, vor einigen Jahren wenigstens, infolge einer Bademode fast in jedem Dorf am Strande, in niedrigen Fischerhütten, mit Rauch zum Ersticken angefüllt, umgeben von brennendem, dürrem Sande, einige Wochen kampiert und gebadet, sehr oft mit Hintansetzung aller dem schönen Geschlecht schuldigen Dezenz, vielleicht das einzige Paradiesische dieser Lebensweise.»

Anders verlief die Entwicklung Heringsdorfs zum Seebad. Der Besitzer des Strandes, Oberforstmeister von Bülow, ließ 1824 eine Badeanstalt und Logierhäuser erbauen, denen zwei Jahre später ein kleines Kurhaus folgte. Im ältesten Bad Usedoms war man von Anfang an auf ein zahlungskräftiges Publikum eingestellt.

In Swinemünde (Świnoujście) war es Kreisphysikus Roth, der 1814 vorschlug, Badeplätze einzurichten. Doch trotz des ständigen Anwachsens der Besucherzahl wurde erst 1824 eine Badedirektion gegründet. Um 1830 kamen jährlich etwa 600 Ba- *Tafel* degäste in die rund 3500 Einwohner zählende 47 Stadt, darunter auch schon die ersten Berliner, brauchte man für die Fahrt an die See doch «nur» 26 Stunden. Über die Notwendigkeit der Badeeinrichtungen – in Swinemünde waren es in die See führende Treppen, an deren Ende eine Markise den Badenden vor den Blicken Neugieriger schützte – schrieb 1828 Badearzt Richard Kind in seinem Buch «Das Seebad zu Swinemünde»:

«Es ist unbequem, verletzt die Delicatesse und kann der Gesundheit, welche das rasche Eintauchen des ganzen Körpers in das Wasser und ebenso rasche Verlassen des Bades verlangt, recht nachteilig werden, wenn man vom Strande aus in die See geht.»

Bademöglichkeiten gab es auch in Kolberg (Kolobrzeg), wo sich schon 1802 einzelne Fremde eingemietet hatten, und in dem nahe Danzig (Gdańsk) gelegenen Fischerdorf Brösen. Dort war das erste Bad bereits 1806 durch den französischen Gouverneur Rapp errichtet worden. Im Jahre 1821 folgte dann Zoppot (Sopot); um 1830 kamen etwa 460 Badegäste in das später weltbekannte Bad.

Erwähnt werden müssen als frühe Ostseebäder auch Cranz (Selenogradsk) bei Königsberg und die livländische Insel Oesel (Saarema).

Schon am Ende des 18. Jahrhunderts badeten einzelne Lübecker am Strand von Travemünde. Im Jahre 1801 erhielt der Ort seine erste Badeanstalt, und bis 1830 stieg die Zahl der Besucher auf jährlich etwa 800 an. Erst nach den Befreiungskriegen kam es im damals zu Dänemark gehörenden Schleswig-Holstein zur Gründung von Seebädern. Zwar stammt der erste Plan, in Kiel eine Badeanstalt zu errichten, aus dem Jahre 1803, doch erst nach der Gründung einer Aktiengesellschaft im Jahre 1819 und der ein Jahr später vom dänischen König erteilten Erlaubnis konnte man an die Verwirklichung des Planes gehen. Die Badeanstalt, die der aus 80 Aktionären (Kieler Bürgern und Gutsbesitzern) bestehenden Gesellschaft gehörte, wurde am 24. Juni 1822 eingeweiht und bestand aus einem Badefloß für die Damen und vier davon entfernt aufgestellten Badekarren für das männliche Geschlecht. Zu den ältesten Ostseebädern gehört auch Apenrade (Aabenraa), das seit 1816 von Badegästen besucht wurde.

Am Strand von Biarritz ■ Vier Jahre nach der Gründung des ersten deutschen Seebades am Heiligen Damm kam es auf Initiative des ostfriesischen Landphysikus Friedrich Wilhelm von Halem zum Bau erster Badeeinrichtungen auf Norderney. Der spätere Badearzt von Norderney hatte sich gründlich in Heiligendamm umgesehen, war auch mit Samuel Gottlieb Vogel zusammengetroffen und konnte so die in Heiligendamm und Doberan gemachten Erfahrungen nutzen. Übrigens galt Norderney durch die Nähe der Stadt Norden als besonders geeigneter Platz für die Errichtungs eines Seebades. Was von Halem 1797 begonnen hatte, trug Früchte – um 1830 zog es jährlich etwa 800 Sommergäste auf die Insel.

Tafel 49

Von den ältesten Nordseebädern seien hier Wangerooge (1804), Cuxhaven (1816), Wyk auf Föhr (1819) und das sich damals unter englischer Herrschaft befindliche Helgoland (1823) genannt.

Tafel 40

Auch in den benachbarten Niederlanden regte es sich am Anfang des 19. Jahrhunderts. Badekarren standen schon 1818 am Strand von Scheveningen, und wenige Jahre später kam das kleine Zandvoort hinzu. Gegenüber von Brighton, in Dieppe, gab es bereits 1776 ein sogenanntes Gesundheitshaus – hieraus entwickelte sich das älteste französische Seebad. Zwar wurde in den 30er Jahren auch schon Boulogne erwähnt, doch die meisten, in der Folgezeit berühmten Seebäder Frankreichs – wie Étretat, Fécamp, Le Havre, Trouville und Biarritz – begannen erst Mitte des 19. Jahrhunderts eine Rolle zu spielen. Von den ältesten Seebädern am Mittelmeer sollen hier Venedig, Rimini, Genua, Livorno, Triest, Neapel und La Spezia erwähnt werden.

Tafel 50

Wie unterschiedlich das Strandleben in jenen ersten Jahrzehnten des Seebadens war, zeigen zeitgenössische Berichte. Als typisch für die an der Ost- und Nordseeküste übliche Art zu baden, können folgende Sätze des Swinemünder Badearztes Richard Kind gelten, die er im Jahre 1828 schrieb:

«Im Wasser selbst sind alle ohne Ausnahme ganz entkleidet, denn in Kleidern baden, ist durchaus schädlich, vermindert die Wirkung des Wellenschlages und hebt sie fast ganz auf; es verhindert ein schnelles Abtrocknen und Ankleiden und gibt sehr leicht zu Erkältungen und Fiebern Veranlassung. Wozu auch die Badekleider? Vor dem Bade ist man von dem Bademantel, beim Hineingehen von Zelt und Markise, im Bade vom Wasser, beim Heraussteigen wieder vom Zelte und beim Rückwege zur Badehütte wieder vom Bademantel bedeckt. Ist nun der Bademantel zweckmäßig und weiß jemand einigermaßen damit umzugehen, so ist für die Beobachtung des Schicklichen hinreichend gesorgt.»

Ganz anders ging es am Strand von Biarritz zu. Die Zahl der Besucher des Badeortes, der noch am Anfang des 19. Jahrhunderts nur aus wenigen Fischerhütten bestanden hatte, nahm durch den Aufenthalt der späteren französischen Kaiserin Eugénie schnell zu, und um 1860 war die Herbstresidenz der kaiserlichen Familie Anziehungspunkt für die Pariser Hautevolee, aber auch für reiche Spanier und Engländer. In dem 1869 erschienenen Reiseführer «Süd-Frankreich und seine Kurorte» hieß es über das Badeleben am Strand von Biarritz:

«Männer, Frauen und Kinder. Alles badet in den verschiedensten Kostümen durcheinander, die Herren oft in buntester Matrosentracht, die Damen zumeist in schwarzen Wachsmänteln oder hellem, gelben Flanellrock mit weiten wollenen Hosen und breitkrempigen Hüten oder wasserdichten Kappen, von ihren Gatten geleitet, oder vom Schwimmdiener, in schwarzer Jacke und dunklen, seitlich geknöpften Beinkleidern. Die Badenden kehren den herandringenden Wogen den Rücken zu, Damen unnd Kinder werden gehalten, und stürzt nun der Wellenberg daher, so springen alle auf, um nicht völlig verdeckt oder umgestoßen zu werden.»

Wie verbreitet die Lust am Seebaden in Italien war, geht aus den Aufzeichnungen der Schriftstellerin Fanny Lewald hervor, die sie im Frühsommer des Jahres 1846 in Neapel machte. In ihrem «Italienischen Bilderbuch» liest man:

«Wer es irgend möglich machen kann, beginnt den Tag mit einem Seebade. Wie allgemein diese Sitte verbreitet ist, davon kann man sich morgens an der Riviera di Chiaia überzeugen, wo von fünf bis zehn Uhr Scharen von Menschen aus allen Ständen nach den zahlreichen Badeanstalten hinströmen.»

Seit dem Bau einfachster Badeeinrichtungen am Strand des Brunnenortes Scarborough war um 1830 zwar schon ein Jahrhundert vergangen, doch sieht man einmal von Großbritannien ab, so stand das Seebaden noch immer ganz am Anfang seiner Entwicklung. Sicher, viele vorher völlig unbekannte Orte hatten Bademöglichkeiten geschaffen und zogen im Sommer in bescheidenem Maße Gäste an. Hier und da entstand ein Kurhaus oder ein erstes einfaches Hotel. Badeärzte beschrieben die neuen Orte der Gesundheit, gaben Ratschläge und machten Reklame, aber im Vergleich zu den Mineralbädern spielten die Seebäder eine unbedeutende Rolle.

Den Namen Ostseebad verdienten um 1830 lediglich das feudale Heiligendamm, Putbus, Swinemünde, höchstens noch Zoppot, Travemünde und Warnemünde. Zwar läßt sich die Zahl der Besucher nur schätzen, doch mehr als 7000 bis 9000 waren es nicht, die jährlich zwischen Reval (Tallinn) und Kiel Erholung suchten. In den Badeorten an der deutschen Nordseeküste konnte man zur gleichen Zeit jährlich höchstens 2500 bis 3000 Sommergäste zählen, fast ein Drittel davon in Norderney. Bis zu einem wirklich spürbaren Aufschwung sollten noch einige Jahrzehnte vergehen.

Bathing machine» aus England ■ Nicht zu übersehen ist der Einfluß der Mineral- und Flußbäder auf den sich entwickelnden Fremdenverkehr an

V

Tableau von Doberan und dem Heiligen Damm.
Farbige Lithographie von J. G. Tiedemann nach einer Zeichnung von Danert, um 1840

den Seeküsten. Nach dem Vorbild binnenländischer Kurorte entstanden Badehäuser, in denen kalte, warme und medizinische Bäder genommen werden konnten. Nach und nach baute man Kurhäuser, bescheidene Hotels, Speise -und Spielsäle. Badeärzte verordneten Kuren, berücksichtigten die in den Mineralbädern gemachten Erfahrungen und übernahmen sogar die Trinkkur – hier eben mit Meerwasser. Das Leben in einem Badeort an der Ostsee unterschied sich wenig von dem in einem Kurort Bayerns oder Hessens, nur war es meist einfacher, unkomplizierter und zunächst auch billiger. Doch wenn der Sprung vom Fischerdorf zum Badeort getan war, begann das Rollen der Roulettekugeln, tauchten Kurorchester auf, warben Schauspieler um die Gunst des Publikums. Und je mehr Spiel und Unterhaltung den Tagesablauf bestimmten, umso schwerer hatten es die Ärzte, ihre Vorstellungen von einer Badekur durchzusetzen.

Auch die ersten Badeeinrichtungen verleugneten nicht ihre Herkunft aus dem Binnenland. Das mag verwundern, vergleicht man Flüsse wie die Seine oder den Main mit der Weite der See, doch nach den Vorstellungen der Badeärzte brauchte man vor allem abgeschlossene Räume mit ständig erneuertem, frischem Wasser, in das man unterschiedlich tief eintauchen konnte. So baute man auch an der Küste bald die von den Flüssen bekannten Badeboote, -flöße und -schiffe. Typisch wurden herabgelassene Markisen, verhängte Stege und enge «Aalkästen».

Die ersten Badeboote der Ostseeküste – zwei in Rostock gebaute Schaluppen – schaukelten von

VI
Ansicht des Neuen Saales bei Doberan an der Ostsee (Ausschnitt). Farbige Radierung
von Johann Carl August Richter (1785–1853), um 1830
VII
Doberan vom Jungfernberge (Ausschnitt).
Kolorierte Lithographie von C. Birkenstädt, um 1830

1794 bis 1804, beziehungsweise 1808, auf den Wellen in der Nähe des Strandes von Heiligendamm. Sie waren etwa 8,70 Meter lang, 3,30 Meter breit und lagen 0,60 Meter tief im Wasser. Badelustige konnten sich auf einer Schaluppe zu einer günstigen Badestelle segeln lassen, dann ging es nacheinander in ein kleines Zimmer zum Ausziehen, um schließlich im etwa zwei Quadratmeter großen Kasten zu landen, den der Badediener je nach Wunsch in die See hinabließ. Begeisterung weckten die Heiligendammer Schaluppen nicht; vor allem die Seekrankheit machte den Benutzern der ständig von den Wellen bewegten Badekästen zu schaffen. *Seite* 128

Einfachere Badeboote gab es auch anderswo, so schon 1818 in Cuxhaven, 1830 auf Norderney und in der Mitte des 19. Jahrhunderts auf Usedom. Im allgemeinen konnten sich die Badegäste ein Stück in die See hinaussegeln oder -rudern lassen, eventuell auch auf dem Boot umziehen und dann in der Nähe des Bootes in der freien See baden.

Wieder andere Badeboote gebrauchte man Mitte des 19. Jahrhunders in Venedig: Gondeln, in deren im Wasser hängenden Kabine eine Person baden konnte, oder größere von vier oder fünf Ruderern bewegte Barken, die einen für mehrere Personen vorgesehenen Baderaum besaßen, der sich in der Mitte des am hinteren Ende abgestuften Bootes befand und dessen Boden etwa einen Meter unter der Wasseroberfläche lag. *Seite* 129 *Seite* 129

Schon mehr einer schwimmenden Badeanstalt glich das 1822 an der Kieler Küste verankerte Badefloß, das den badelustigen Damen vorbehalten war. Badearzt Christoph Heinrich Pfaff schrieb hierüber im gleichen Jahr in seiner Schrift «Das Kieler Seebad, dargestellt und verglichen mit anderen Seebädern der Ostsee und Nordsee»:

«… daß auf einer Art von Floß ein geräumiges Gesellschaftszimmer mit zwei Seitenkabinetten für etwaige Bedürfnisse angebracht ist, neben welchen auf jeder Seite vier Badekabinette gelegen sind, nach vorne mit einem großen Schirm versehen, der sich ausbreitend in die See hinabgelassen wird.»

Ein an der Ostseeküste einmaliges Badeschiff, durchaus vergleichbar mit ähnlichen Einrichtungen am Main und an der Alster, wurde im Jahre 1821 am Strand von Wismar-Wendorf in Betrieb genommen. Das von dem aus Zingst stammenden Schiffbaumeister Hammer entworfene Boot beeindruckte nicht nur durch seine Größe (immerhin war es 16 Meter lang und acht Meter breit), sondern auch durch die unterschiedlichsten Bademöglichkeiten, verfügte es doch über 14 Badestuben unter Deck für kalte und warme Seewasserbäder, zwei Küchen, einen Speisesaal und ein Sonnendeck. Wer in der freien See baden wollte, konnte aus mehreren Badestuben über Treppchen in die See steigen, die dort etwa 1,30 Meter tief war,

Tafel 52

und sich ungesehen unter einem Leinwandschirm im Wasser vergnügen. Das über eine lange Brücke oder mit einem regelmäßig fahrenden Boot zu erreichende Badeschiff wurde fast 30 Jahre benutzt, bis es sein Besitzer Anfang des Jahres 1850 versteigerte.

Auch die ersten Einrichtungen für das Baden vom Strand aus glichen denen in den Flußbädern. In die See führende Stege, an der Spitze mit schützenden Leinwandschirmen versehen, durch Stege und zwischen ihnen gespannte Taue begrenzte Badeplätze, Bretterbuden zum Umziehen, getrennte Badestellen für Damen und Herren – all das kennen wir von den frühen Flußbädern. Ein Badevehikel aber gab es nur an der See: die aus England stammende «bathing machine», in Deutschland unter dem Namen Badekarren, -kutsche oder -wagen bekannt.

Badeschaluppe in Heiligendamm, 1794

Seebadegondel, Venedig, um 1830

Seebadeschiff «Sirene», Venedig, um 1830

Wer 1793 Lichtenbergs berühmten Aufsatz «Warum hat Deutschland noch kein öffentliches Seebad?» las, konnte sich auch über die ebenso exakte wie witzige Beschreibung der Badekarren in Deal und Margate amüsieren. Das zweirädrige Gefährt wurde von vier bis sechs Personen bestiegen und dann von einem Pferd in die See gezogen. Über eine hinten freihängende, den Boden nicht ganz berührende Treppe kletterte man hinein ins kühle Naß (natürlich war ein Schirm wie ein Reifrock niedergelassen) und hielt sich als Nichtschwimmer an einem Seil fest. War der Seeboden zu steinig, wie etwa in Deal, endete die Treppe in einem geräumigen, viereckigen Korb, in dem man stand, ohne je den Boden zu berühren. Doch zurück zum Baden am Strick. Lichtenberg, der selbst auf diese merkwürdige Weise eifrig gebadet hatte, schrieb:

«Wer untertauchen will, hält den Strick fest und fällt auf ein Knie, wie die Soldaten beim Feuern im ersten Gliede, steigt alsdann wieder herauf, kleidet sich bei der Rückreise wieder an u.s.w. Es gehört für den Arzt zu bestimmen, wie lange man diesem Vergnügen (denn dieses ist es in sehr hohem Grade) nachhängen darf. Nach meinem Gefühl war es vollkommen hinreichend, drei- bis viermal kurz hintereinander im ersten Gliede zu feuern und dann auf die Rückreise zu denken.»

Die englischen Badekarren breiteten sich von Norderney (1797), Travemünde (1800) und Heiligendamm (1803) über die gesamte Nord- und Ostseeküste aus und waren auch in Skandinavien, Holland, seltener in Frankreich gebräuchlich. In einigen Nordseebädern dienten sie noch bis ins 20. Jahrhundert hinein als fahrbare Umkleidekabinen. So unterschiedlich die Badekarren auch waren – ob zwei-, drei- oder vierrädrig, mittels Winden oder von Pferden gezogen – sie alle dienten wie Boote und Schiffe dem ungestörten und nicht zuletzt sicheren Baden. Falsch aber wäre die Vorstellung, daß am Anfang des 19. Jahrhunderts nur in den verschiedensten hölzernen Badegefängnissen oder hinter herabgelassenen Schirmen gebadet wurde. Nein, nicht nur in abgelegenen Dörfern, auch in besuchten Badeorten wie in Heiligendamm oder Swinemünde war es durchaus üblich, vom Strand aus direkt in der freien See zu baden – und das splitterfasernackt.

Kapitel VI Die Wiedergeburt des Schwitzbades

Nackt in der Grube ■ «Man bade jahraus, jahrein alle Wochen wenigstens einmal in lauem Wasser, wozu sehr nützlich noch die Abkochung von fünf bis sechs Lot Seife gemischt werden kann. Wollte Gott, daß die Badehäuser an allen Orten wieder in Gang gesetzt würden, damit auch der unbegüterte Teil des Volkes eine Wohltat genießen könnte, so wie er sie in den vorigen Jahrhunderten überall genoß und dadurch gesund und stark wurde.»

So schrieb Hufeland 1796 in seinem Buch «Die Kunst das menschliche Leben zu verlängern». Längst waren die mittelalterlichen Badestuben in Vergessenheit geraten. Wer genügend Geld besaß, konnte zur Kur in ein Mineralbad reisen, im Sommer eine Flußbadeanstalt aufsuchen oder sogar den beschwerlichen Weg in eines der ersten Seebäder antreten. Die Mehrheit der Bevölkerung aber besaß am Ende des 18. Jahrhunderts – das gilt zumindest für große Teile Mitteleuropas – keine Gelegenheit zu baden.

Zwar gab es vereinzelt Schwitzstuben, so in den

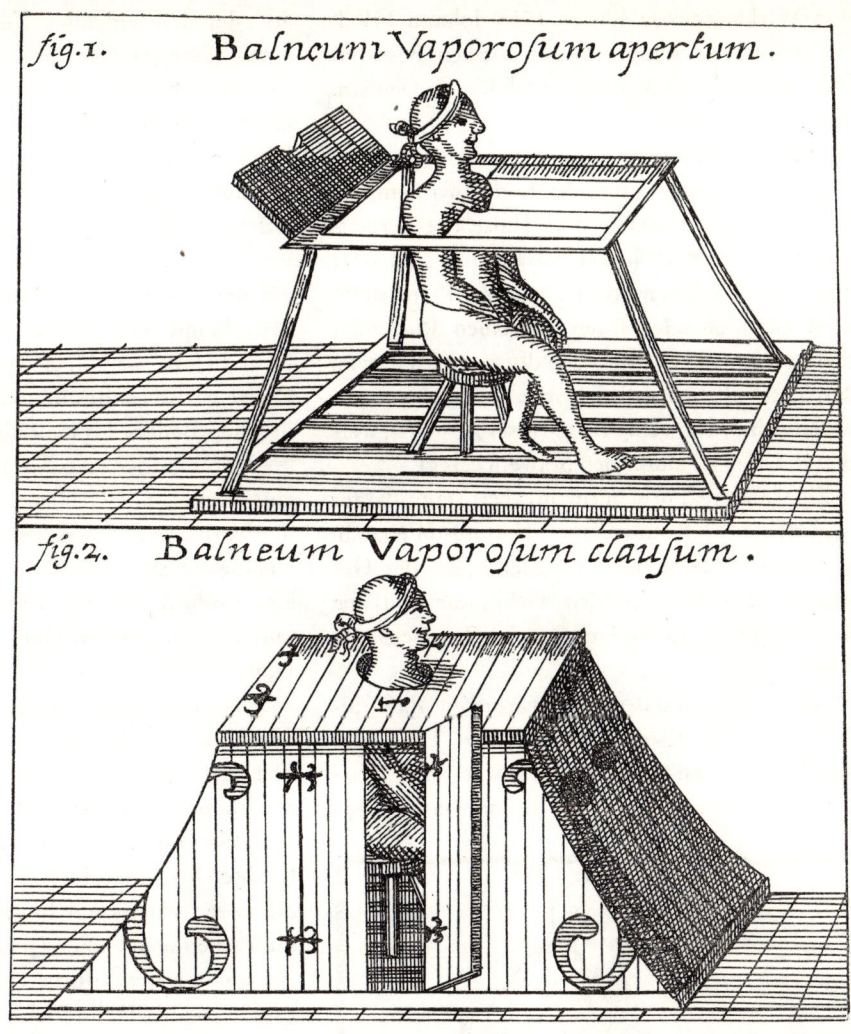

fig.1. Balneum Vaporosum apertum.

fig.2. Balneum Vaporosum clausum.

böhmischen Bädern Karlsbad und Teplitz, im englischen Bath und auch schon 1795 in Heiligendamm, doch dienten sie fast ausschließlich medizinischen Zwecken. Und wem nutzte es schon, daß
Friedrich II. in seinem Potsdamer Schloß ein
Dampfbad einrichten ließ? Bekannt ist auch die
Eröffnung eines sogenannten «Englischen Dampfbades» im Jahre 1781 in Berlin durch den Arzt
Konrad Friedrich Uden. Als Vorbild hatte eine
ähnliche Anstalt in Chelsea gedient.

Das englische Badewesen galt als derart nachahmenswert, daß das uralte russische Dampfbad,
das im Mittelalter ja auch anderswo die Badestuben beherrscht hatte, nun über England nach
Deutschland kam. Selbst als Heinrich Matthias
Marcard im Jahre 1778 den schon im Mittelalter
hochgeschätzten Schwitzkasten wieder empfahl,
stellte er ihn als englische Neuheit vor.

Derartige Kastendampfbäder gab es in einigen
Mineralbädern, so zum Beispiel in Aachen. Über

ihre Wirkungsweise schrieb 1768 Johann Friedrich Zückert in seiner «Systematischen Beschreibung aller Gesundbrunnen und Bäder Deutschlands»:

«Der Kranke setzt sich nackend in denselben und stopft den Zwischenraum des Lochs, wo man den Kopf durchsteckt, neben dem Halse mit Servietten zu. Unter dem Schemel, worauf man sitzt, oder unter dem Bänkchen, worauf man die Beine stellt, wird ein glühendes Eisen auf einen Rost oder Stein gelegt und auf dasselbe durch ein kleines an der Seite oder vorn befindliches Türchen mit einem Trichter ein wenig Badewasser gespritzt, welches durch den Dampf den Schweiß erregt.»

Eine andere Form medizinischer Dampfbäder beschrieb 1781 Brunnenarzt Christoph Weber in der Schrift «Nachrichten von der Lage, der Geschichte, dem Gehalte, dem Gebrauche und den Wirkungen des Rehburger Gesund-Brunnens und Bades»:

«Diese werden auf die Art verfertigt, daß glühend gemachte Kieselsteine in einen Topf oder Kessel gelegt und auf dieselben abwechselnd Wasser gegossen wird. Es steigt alsdann ein Dampf

Schweißbad oder Beräucherung, um 1550

auf, der den leidenden Teil, welcher vorher mit einem Tuch oder auf andere Weise bedeckt worden ist, berühren muß. Es sind auch Trichter vorhanden, durch welche der Dampf konzentriert auf den leidenden Teil gebracht werden kann.»

Häufiger nutzte man den von warmen Quellen aufsteigenden Dampf. Eine besondere Rolle spielten diese natürlichen Schwitzhöhlen in Italien, so auf der Insel Ischia und in Padua. Derartige Mineraldampfbäder galten als heilkräftig bei Syphilis und Hautausschlägen. In der 1799 erschienenen «Systematischen Beschreibung aller Gesundbrunnen und Bäder» las man über Ischia:

«Man hat hier eine Anzahl kleinerer Kammern eingerichtet, mit Gruben im Boden, aus welchen der warme Dunst zwischen den Lavastücken, woraus diese ganze Anhöhe besteht, hervordringt. In eine solche Grube setzt sich der Mensch nackend und wird bis an den Hals zugedeckt, da also der ganze Leib in einer heißen Dunstwolke sitzt.»

Schon 1768 hatte Zückert Schwitzbadestuben beschrieben, die sich über warmen Quellen befanden. Sie seien mit einem bretternen Boden erbaut, der kleine Löcher habe, durch den der Dunst des Wassers in die Höhle steige und das Zimmer mit feuchter Wärme erfülle. Derartige Stübchen zum Schwitzen gab es am Ende des 18. Jahrhunderts auch an einigen heißen Quellen in Ungarn.

Daß auch in nördlicheren Gefilden heiße Mineraldämpfe als Heilmittel galten, beweist ein Bericht aus dem Jahre 1736 über die Pyrmonter «Schwefelhöhle», den Zückert in seinem schon mehrfach erwähnten Werk zitierte. Der Versuch, die Höhle zu einem Schwitzbad einzurichten, sei zwar um 1730 gescheitert, doch liege die Höhle nicht verlassen. Und wörtlich heißt es dann:

«Indessen unterlassen Bauersleute und Arme nicht, im Sommer hinunter zu steigen, um sich von dem Dunste wohl beräuchern zu lassen. Sie haben ein großes Vertrauen dazu und rühmen von guter Besserung und Hilfe gegen Geschwulst der Füße,

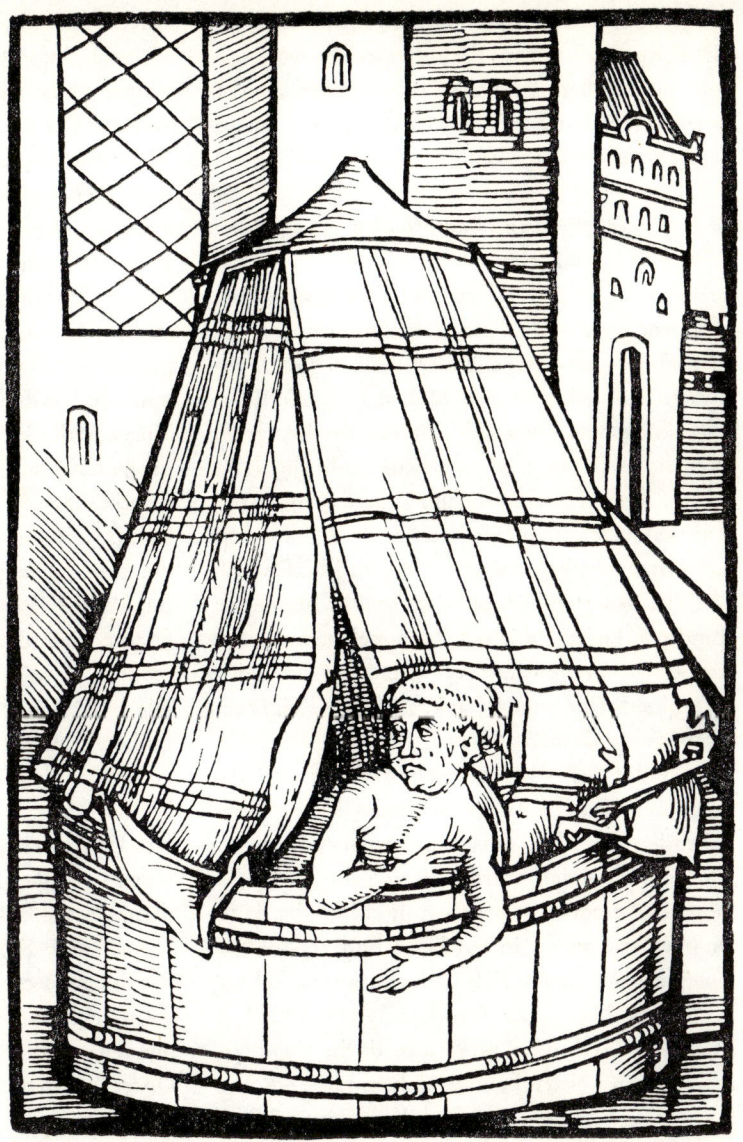

gegen Flüsse, Gichtschmerzen, Steifheit der Glieder und mehrere Übel. In der folgenden Zeit haben sich einige vornehme Brunnengäste, welche mit Lähmungen oder einem und andern der obengenannten Übel behaftet waren, bei gutem Wetter in den Abendstunden so viel Stufen oder Treppentritte vor dem Schwefelgewölbe herunter begeben, daß der Kopf völlig in freier Luft geblieben und über die Linie des Dunstes hervorgereicht hat.»

Nun handelt es sich bei allen genannten Beispielen um medizinische Bäder, die nur in wenigen Kurorten bestanden und für die tägliche Körperpflege, für das Wohlbefinden des Volkes keine

Bedeutung hatten. Was im angeblich finsteren Mittelalter selbstverständlich gewesen war, wovon jahrhundertelang ein ganzer Handwerkszweig gelebt hatte, schien es nie gegeben zu haben: das regelmäßige Bad.

Mit Weib und Kind ins Dampfbad ■ Zur gleichen Zeit, als das mitteleuropäische Badewesen trotz neuer Anfänge an Flüssen und Seen einen Tiefpunkt erreicht hatte, waren in Osteuropa – wie eh und je – unzählige Badestuben in Gebrauch. Neben den selbst in den kleinsten Dörfern benutzten Dampfbädern gab es in den Städten große öffentliche Badestuben. In Rußland verfügten große Bäder über vier bis fünf Zimmer. Im ersten, nur mäßig warmen, kleidete man sich aus, um dann den zweiten Raum, das eigentliche Dampfbad, zu betreten. Meist war es ein steinerner Rundbau, bedeckt mit einer Kuppel und zur Beleuchtung mit Fenstern versehen. In der Mitte befand sich eine runde Bank. Auf den steinernen Fußboden goß man Wasser, das von der Hitze eines unter dem Bad gelegenen Ofens und der längs der Mauern dieses Gebäudes in die Höhe gehenden eisernen oder kupfernen Röhren in Dampf verwandelt wurde. Hatten die Badenden genügend geschwitzt, begaben sie sich in das dritte Zimmer, um zuerst in ein laues Bad zu tauchen, wobei sie der Bader rieb und massierte. Schließlich folgte der Sprung ins kalte Wasser; vielfach waren die Becken so groß, daß darin sogar geschwommen werden konnte. In besonders gut ausgestatteten Bädern gab es auch Kammern mit Betten, um sich nach dem anstrengenden Bad ausruhen zu können.

Neben diesen Badeanstalten benutzte man öffentliche und private Dampfbäder, meist sonnabends, zusammen mit Weib und Kind – das gilt sowohl für Rußland wie für die baltischen Gebiete. Eine exakte Beschreibung eines derartigen Dampfbades lieferte der Schriftsteller Johann

Christoph Petri in seinem 1802 erschienenen Buch «Ehstland und die Ehsten, oder historisch-geographisch-statistisches Gemälde von Ehstland». Er schrieb über die estnische Badestube:
«Jene besteht aus einer Stube mit einem kleinen, niedrigen Vorgemache und selten mehr als einem Fenster, oft nur bloßen Löchern, die gerade soviel Luft und Licht hereinlassen, als nötig ist, einander zu erkennen, sich nicht zu stoßen und zu ersticken. Das Ganze ist aus bloßen, übereinander gelegenen und mit Moos verstopften Balken gebaut und mit einem Strohdach bedeckt. In dem Vorgemache kleidet man sich aus und an. In dem großen Zimmer, das düster und schon wie eine Räucherkammer ist, sind die Badegefäße und der Kamin, ein großer, von Steinen gesetzter Ofen, der stark geheizt und zur Vermehrung der Hitze mit Wasser besprengt wird. Der Dunst, Rauch und Qualm sind daher so heftig, daß man ersticken möchte, zumal, wenn man es nicht gewöhnt ist. Die Badeweiber machen noch überdies Feldsteine glühend und werfen sie in große, mit Wasser angefüllte Zuber in der Badestube. Einige Reihen breiter Bänke und steinerne Stufen, oft auch eine Art langer Tische, auf welche sich die Badenden legen und die oft bis an die Decke der Stube reichen, wo die Hitze am stärksten ist, etliche Zuber, Kessel und Schöpfgeschirre machen das ganze Meublement dieser Hütten aus. Jetzt kommen die alten häßlichen Badeweiber und rufen den Badenden, nachdem sie alle Vorbereitungen zur Operation gemacht haben. Er muß sich ganz entkleiden und legt sich auf die hohe Tafel oder breite Bänke, die mit Laub oder Stroh belegt ist. In manchen Badestuben steht noch ein langer tiefer Trog. Das Badeweib macht indes einige Eimer kaltes, laues und warmes Wasser zurecht und vermehrt durch beständiges Wasseraufsprengen den Dampf und die Hitze immer mehr. Dieses geschieht mit einem Strohbunde oder Birkenlaubbündel, Badequaste genannt. Das ausgespritzte

53
«Wie die Türckin
inn das badt gehenn».
Kupferstich, etwa 1557.
Rechts geht die Herrin,
das Gesicht verschleiert.
Ihr folgt eine
leibeigene Dienerin;
auf dem Kopf trägt sie
ein kupfernes oder
zinnernes Gefäß, das
Bademantel, Badehemd
und kosmetische Mittel
enthält.

54
Gebrauch des Halb-Dampf-
bades in Aachen.
Kupferstich, um 1730

55
Gebrauch des Halb-Wasser-
bades in Aachen.
Kupferstich, um 1730

56
Brunnenplatz in Pyrmont. Kupferstich von Christian Gottlieb Geyser
nach einer Zeichnung von Johann Friedrich Weitsch, 1784

57
Ein finnländisches Bad.
Kupferstich, um 1800

58
Ansicht von Baden-Baden. Kupferstich, 1804

59
Blick auf Bagnères-de-Luchon. Stich von Eugène Wormser, um 1860

60
Le Bain de Vapeur – Das Schwitzbad. Französische Karikatur, nach 1850

Wasser fließt sogleich in dampfenden Dunstwirbeln auf, weil ein unablässiges Feuer im Kamin unterhalten wird und mithin die Steine brennend heiß sind. Jetzt steigt die Badefrau zum Gerüste hinauf, beschmiert den Leib des Badenden über und über mit Seife, reibt ihn ganz sanft mit einer Badequaste, dann mit leinenen und wollenen Tüchern so lange, bis er blutrot an allen Teilen des Körpers wird. Hierauf liegt der Mensch einige Zeit wie in einer Ohnmacht, wird während derselben mit einigen Güssen lauen und dann kalten Wassers überschüttet, bis die Seife ganz abgeschwemmt ist und alsdann vollends mit Handtüchern abgetrocknet; nun steigt er herab, kleidet sich wieder an und begibt sich nach Hause. Die Deutschen essen hierauf eine Badesuppe aus Kräutern und so weiter und nehmen wenigstens monatlich wieder ein solches Dampfbad, woran sich selbst Ausländer bald gewöhnen, so daß sie endlich solches nicht selten alle vierzehn Tage einmal gebrauchen. Beim Baden der Bauern geht es aber viel unreinlicher her, und meistens verrichten sie obige Geschäfte unter sich selbst. Bei ihnen ist es auch etwas ganz gewöhnliches, daß sie bald heißes, bald wieder kaltes Wasser über ihre Köpfe gießen. Zuweilen schwellen sie vor Hitze auf, wollen ersticken und ohnmächtig werden; deshalb gehen sie heraus an die Luft, kühlen sich ab, überschütten sich mit kaltem Wasser, tauchen sich in einen Fluß oder Teich, ja wälzen sich wohl gar im Winter nackend im tiefen Schnee herum, wodurch sie sich aufs neue gestärkt fühlen. Viele gehen nach dieser Abkühlung aufs neue in die Badestube und endigen ihr Bad damit, daß sie abermals in den Schnee oder in eiskaltes Wasser gehen und sich hineinlegen.»

Petris ausführlicher Bericht zeigt nicht nur die unterschiedlichen Arten der Badestuben, die seit dem Mittelalter ungebrochene Badetradition, sondern auch die überall anzutreffende Freude am Baden.

Von Finnland bis Nordafrika ■ Ein ebenso altes Badewesen wie in weiten Teilen Osteuropas gab es in Finnland. Seit Jahrhunderten wurde die Sauna benutzt, sei es in Form niedriger gewölbter Erdhütten (Erdsaunen), die vor dem Schwitzbad wie Backöfen oder durch ein starkes Feuer beheizt wurden, oder in bequemeren, durch Ofenfeuer erhitzten Schwitzstuben. Typisch für die Sauna war und ist der Wechsel von trockener und feuchter Luft; durch die geringe Menge des auf die Saunasteine geschütteten Wassers kommt es bei der hohen Temperatur aber zu keiner anhaltenden Dunstbildung.

Diese Art zu baden war auch in Schweden gebräuchlich, zumindest in Wärmland, dafür hatten viele im 16. und 17. Jahrhundert dorthin ausgewanderte Finnen gesorgt. Überhaupt läßt sich feststellen, daß nicht nur die einzelnen Badeformen – wie Dampfbad, Heißluftbad und Sauna – in einander überginge, es zu Vermischungen kam, sondern daß vielfach mehrere Badearten nebeneinander bestanden. So spielte die Sauna neben dem Dampfbad im Norden Rußlands eine Rolle, und selbst in Finnland, dem klassischen Land der Sauna, waren Dampfbäder in Gebrauch, ja man glaubte noch bis ins 19. Jahrhundert, daß es zwischen Sauna und Dampfbad keinen wesentlichen Unterschied gäbe.

Aus medizinischen Schriften, Reisebeschreibungen, auch aus Berichten von Kaufleuten kannten interessierte Kreise in Deutschland und den benachbarten Ländern den hohen Stand des Badewesens in Ost- und Nordeuropa. So beschrieb zum Beispiel der italienische Reisende Giuseppe Acerbi in seiner 1802 in englischer Sprache erschienenen und 1803 ins Deutsche übersetzten «Reise durch Schweden und Finnland» eine Sauna. Aber auch *Tafel* über die auf römischer Tradition beruhenden Badeeinrichtungen, die es von Nordafrika bis in die Türkei gab, konnte man um 1800 in Deutschland lesen.

Schreger beschrieb 1803 in seiner «Balneotechnik» die berühmten Badestuben von Tripolis. Sie seien im griechischen und altrömischen Stil erbaut und würden von einem unterirdischen Gewölbe aus mit Holz «oder in Ermangelung dessen mit trocknen Mistkuchen, Weintrestern usw. Tag und Nacht geheizt».

Und weiter schrieb Schreger:

«In dem Mittelpunkt des Gebäudes ist ein zierlicher Röhrbrunnen, dessen Wasser nach dem Bade zum Fußwaschen und zugleich zum Reinigen der schöngewirkten Badetücher benutzt wird, welche man auch hier zum Trocknen aufhängt und hernach unter die Badegäste verteilt, so daß jeder vor und nach dem Baden seinen Schurz und sein Kopftuch erhält. Ein großer gewölbter Marmorsaal mit erhabenen Sitzen an seinen Wänden herum, worauf die Badenden sich entkleiden, führt in mehrere kleine Gemächer, deren eins immer wärmer als das andere ist, und von da an in die größeren Badezimmer, welche am stärksten erwärmt sind und in ihren Kuppeln mehrere mit Glasscheiben verkleidete Öffnungen haben. Hier wird gemeinschaftlich gebadet. Für Einzelbadende sind dagegen im Umkreis kleine Kabinette angelegt. Das Badewasser fließt durch Röhren in mehrere marmorne Bassins. Ein größeres Bassin ist in einem besonderen Zimmer, worin man aus dem Schwitzbad geht und wo sich die Temperatur des Bades durch Einlassen von heißem und kaltem Wasser willkürlich nach dem Gefühl des Badenden bestimmen läßt. Mohren haben hier gemeiniglich die Bedienung.»

Ähnliche Bäder gab es in der Türkei. Im Mittelpunkt stand zwar das Schwitzen nach der Art des altrömischen Heißluftbades in trockener, heißer Luft, aber immer gehörten das Wasserbad und Gesundheits- und Körperpflege dazu.

Wie in den Bädern des alten Rom bekam man auch in den arabischen und türkischen Bädern des 18. Jahrhunderts erquickende Getränke gereicht

und konnte das ausgiebige Bad auf einem Ruhebett beschließen.

Vor dem Hintergrund dieser hohen Badekultur scheinen die Mängel im mitteleuropäischen Badewesen des 18. Jahrhunderts besonders auffällig. Im Grunde brauchte nichts Neues erfunden zu werden, und doch bedurfte es äußerer Anlässe und der Initiative einzelner Bürger, Ärzte in den meisten Fällen, um die anderswo gebräuchlichen Badeformen in Deutschland einzuführen und damit auch an eigene, verschüttete Traditionen anzuknüpfen.

Das Bad aus Rußland ■ Den entscheidenden Anstoß für die Übernahme des in Rußland gebräuchlichen Dampfbades erhielt das mitteleuropäische Badewesen im Zeitalter der napoleonischen Kriege. Die Soldaten Napoleons, aus aller Herren Länder stammend, auch die in der Russisch-deutschen Legion kämpfenden Offiziere, lernten das Dampfbad in Rußland kennen und machten es in ihrer Heimat bekannt. Seit dieser Zeit wird es im allgemeinen «Russisches Dampfbad» genannt.

Das erste guteingerichtete «Russische Dampfbad» schuf Georg Friedrich Pochhammer, Königlich Preußischer Geheimer Ober-Steuerrat zu Berlin, in dem von ihm im Jahre 1818 eröffneten Mariannenbad. Pochhammer gab sehr viele Anregungen und erlaubte es auch, Zeichnungen von seinen Badeeinrichtungen herzustellen und sie für Neubauten zu benutzen, so zum Beispiel für das 1821 in Frankfurt an der Oder erbaute Dampfbad. Entscheidend war für Pochhammer der Aufenthalt in einem mit Wasserdämpfen erfüllten Raum, wobei die Dämpfe durch das Gießen von reinem Wasser auf glühende Steine erzeugt werden, das Reiben des ganzen Körpers (am gewöhnlichsten mit belaubten Birkenzweigen) und das öftere Begießen des Körpers.

Pochhammer ließ zwar das erste große, öffentliche und bald für Männer und Frauen geteilte «Russische Dampfbad» in Deutschland einrichten, spielte auch bei seiner schnellen Verbreitung eine große Rolle, aber schon einige Jahre früher gab es in Deutschland nach russischem Vorbild neugeschaffene Dampfbäder. Beispielgebend wirkte hier der Hallenser Arzt Johann Christian Reil, der schon 1809 einen Aufsatz unter dem Titel «Die Qualmbäder» veröffentlichte. Darin schrieb er über das «russische Qualmbad» im Solbad Halle, man benutze es gegen Gicht, Steifheit der Glieder, Syphilis und andere Krankheiten.

Als die in den «Russischen Dampfbädern» gebräuchlichste Temperatur werden in der 1890 geschriebenen «Hydrotherapie» von Franz Carl Müller, damals leitender Arzt der Wasserheilanstalt im Stahlbad Alexandersbad im Fichtelgebirge, 30 bis 32 Grad Reaumur (etwa 37 bis 40 Grad Celsius) angegeben. Spätere Temperaturangaben liegen etwas höher, ungefähr zwischen 40 und 50 Grad Celsius. Wegen der hohen Luftfeuchtigkeit im «Russischen Dampfbad» wären höhere Temperaturen auch kaum zu ertragen. Interessant ist, daß die Ärzte des 19. Jahrhunderts dem feuchten Dampfbad den Vorzug vor dem trockenen Heißluftbad gaben. So schrieb 1826 Johann Wilhelm Tolberg in seinem Aufsatz «Über Einrichtung, Gebrauch und Wirkung des russischen Dampfbades bei dem Solbade zu Elmen», durch den Dampf entstünde nicht die «beschwerliche trockene Hitze».

Zwei Arten von Dampfbädern waren zunächst gebräuchlich; im traditionellen Dampfbad wurde der Dampf durch das Besprengen glühender Steine mit Wasser erzeugt, während man im Kesseldampfbad den außerhalb des Schwitzraumes entstandenen Dampf durch Röhren in die Badestube leitete. Nach diesem Prinzip funktionierte zum Beispiel das von Tolberg beschriebene Elmer Dampfbad. Tolberg hatte es 1824 anlegen lassen. Im Schwitzraum befanden sich drei estradenförmig angeordnete Bankreihen und zwei in den Fußboden eingelassene Fässer, das eine mit warmem Wasser, das andere mit kalter Sole gefüllt.

Wie unterschiedlich auch die «Russischen Dampfbäder» im einzelnen waren, entscheidend ist, daß sie in kurzer Zeit in vielen Orten entstanden und schnell in das Arsenal ärztlicher Kurmittel aufgenommen wurden. Um 1830 gab es in allen größeren deutschen Städten «Russische Dampfbäder», zum Beispiel in Hamburg, Magdeburg, Dresden, Hannover, Leipzig und Würzburg, aber auch in kleineren Küstenstädten wie Rostock und Stralsund. Verständlich ist, daß gerade in den Kurorten sehr früh die neuen Dampfbäder eingerichtet wurden, so in Baden-Baden, Pyrmont, Kreuth, aber auch in der ältesten deutschen Wasserheilanstalt, dem thüringischen Elgersburg. Zur gleichen Zeit kam es auch in anderen Ländern zum Bau von Dampfbädern, in den böhmischen Bädern ebenso wie in Paris oder in dem glanzvollen französischen Pyrenäenbad Bagnères-de-Luchon.

Tafel 59

Seite 146

Die Mediziner hielten aber neben dem Dampfbad am Dampfkasten fest, der eine gezieltere Behandlung erlaubte. So gab es um 1845 in Karlsbad ein «Russisches Dampfbad» und fünf Dampfkästen. Darüber schrieb 1847 der Badearzt Eduard Hlawaczek in seinem Buch «Karlsbad»:

«Die Dampfkästen sind so eingerichtet, daß mit Ausnahme des Kopfes der ganze übrige Teil des sitzenden Körpers vom Dampfe umgeben ist. Einer dieser Kästen kann aber auch so eingerichtet werden, daß bloß der Unterleib des Körpers bis zur Brust im Dampfe sitzt, während Brust, Arme und Kopf sich außerhalb des Kastens befinden. Auch sind hier Vorrichtungen, daß bloß die Arme oder die Füße der Einwirkung des Dampfes ausgesetzt werden können, so wie auch zur mehr oder weniger ausgebreiteten Dampfdusche.»

Heißluft gegen Rheuma ■ Als Stralsund im Jahre 1887 eine neue Badeanstalt erhielt, pries man in der Zeitung neben dem «Russischen Dampfbad»

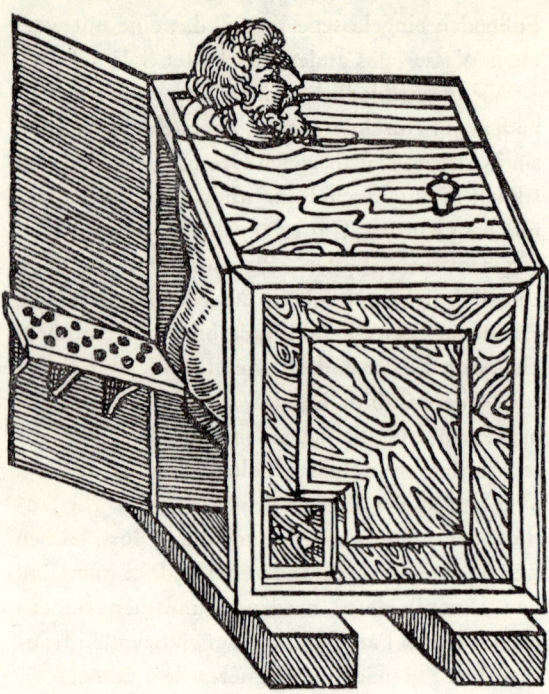

Schwitzkasten (Kastendampfbad) um 1550

auch das «Römisch-irische Bad» an – eine zweite Schwitzbadform war hinzugekommen.

Das neue Schwitzbad fand seit etwa 1860 Anhänger in weiten Teilen Europas. Was aber nun als modern galt, war im Grunde das einst bei Römern und Griechen gebräuchliche Heißluftbad, wie es noch immer im Vorderen Orient benutzt wurde. Die naheliegende Bezeichnung «Türkisches Bad» war seltener gebräuchlich, wies doch der neue Name auf jenes Land hin, in dem das erste europäische Heißluftbad der Neuzeit eingerichtet wurde.

Der irische Schriftsteller David Urquhart hatte in seiner Reisebeschreibung «The pillars of Hercules» das Leben in den türkischen Bädern geschildert. Als Urquhart 1856 in einer öffentlichen Versammlung darauf hinwies, daß er sich seit mehr als 30 Jahren bemühe, derartige türkische Bäder in England einzuführen, interessierte sich

der zu jener Zeit berühmte irische Arzt Richard Barter für Urquharts Pläne und bat ihn, nach Blarney bei Cork zu kommen. Dort besaß Barter seit 1842 das St. Anne's Water-Cure-Establishment, eine Heilanstalt für chronisch Kranke. Noch im Jahre 1856 entstand nach Urquharts Angaben ein türkisches Bad in Barters Sanatorium, das der Mediziner in der Folgezeit weiter verbesserte. Im Gegensatz zum «Russischen Dampfbad» benutzte Barter heiße trockene Luft, wobei die Temperatur bei etwa 50 bis 65 Grad Celsius lag. Barter war der Meinung, der fehlende Dampf ermögliche einen längeren Aufenthalt im Bad, da das Atmen leichter fiele.

Unter dem Namen «Römisch-irisches Bad» breitete sich die neue Schwitzbadeform sehr schnell auf den britischen Inseln aus. Schon um 1860 gab es allein in Irland 16 derartige, zum Teil in luxuriöser Pracht erbaute Bäder. In den englischen Industriezentren – namentlich in Sheffield, Manchester und Birmingham – entstand eine große Zahl solcher Bäder, die vor allem von der arbeitenden Klasse benutzt wurden. Wie groß die Anziehungskraft der neuen Bäder war, geht daraus hervor, daß es sogar Eisenbahngesellschaften für lukrativ hielten, Heißluftbäder in vielbesuchten Gegenden zu erbauen; sie waren es, die das besonders prachtvolle Bad in Bray in der Grafschaft Wicklar einrichteten. Es verwundert nicht, daß auch auf vielen englischen Landsitzen und in den Seebädern ein «Römisch-irisches Bad» zum guten Ton gehörte.

Von den britischen Inseln kam Barters Bad auf den europäischen Kontinent. In Deutschland machte sich Gustav Adolph Luther, Badearzt in Nudersdorf bei Wittenberg, um die Einführung des «Römisch-irischen Bades» verdient. Luther, der 15 Jahre in Irland gelebt hatte und mit Barter befreundet war, erbaute 1860 in der kleinen Heilanstalt, die auch über eine unbedeutende Stahlquelle verfügte, das erste deutsche «Römisch-irische Bad». Sein Schwitzbad bestand aus mehreren Räumen mit unterschiedlichen Temperaturen; im eigentlichen Schwitzraum sorgte er für etwa 65 Grad Celsius. Luther wies aber darauf hin, daß es einzelne Badeanstalten gäbe, in denen Temperaturen bis zu 85 Grad Celcius herrschten. Wie Barter empfahl er solche Bäder bei Lungentuberkulose, Rheuma und Geisteskrankheiten.

Die Übernahme des türkischen Bades in das europäische Badewesen hing sicher auch mit dem Krimkrieg (1853 bis 1856) zusammen, in dem viele englische Soldaten das ihnen ungewohnte, luxuriöse Leben in den großen Bädern kennenlernten. Möglich ist auch, daß Barter die bei den irischen Bauern gebräuchlichen trockenen Schwitzbäder kannte, die sich dort jahrhundertelang erhalten hatten. In seiner «Balneotechnik» schrieb 1803 darüber Schreger:

«Es sind nämlich auch eine Art Backöfen, fünf bis sechs Fuß hoch und gegen drei Fuß breit, mit einem Eingang auf der Erde von eineinhalb Fuß.

Dergleichen Öfen werden mit Torf geheizt, als wenn man Brot backen wollte. Wenn sie recht warm sind, kriechen vier bis fünf Männer oder Weiber ganz nackt hinein, und vor die Öffnung wird ein Brett gesetzt, das man noch mit Mist bedeckt. Die Kranken bleiben wohl vier bis fünf Stunden darin und schwitzen sogleich am ganzen Körper. Allein das Brett wird vor der bestimmten Zeit nicht weggenommen. Wo vier, fünf Hütten beisammenliegen, steht auch ein Sweating House. Die Bauern brauchen ein solches trockenes Schwitzbad in allen möglichen Krankheiten.»

Sportler brachten Sauna mit ■ Sehr viel später als Dampf- und Heißluftbad trat die seit über 1000 Jahren gebräuchliche finnische Sauna ihren Siegeszug an. Es waren finnische Sportler, die während der Olympischen Spiele 1936 in Berlin eine Sauna einrichten ließen. Ihre sportlichen Erfolge weckten auch das Interesse an der Sauna. Diese Mischung zwischen Dampf- und Heißluftbad, das

Das Dampfbad in der Wanne, 1901

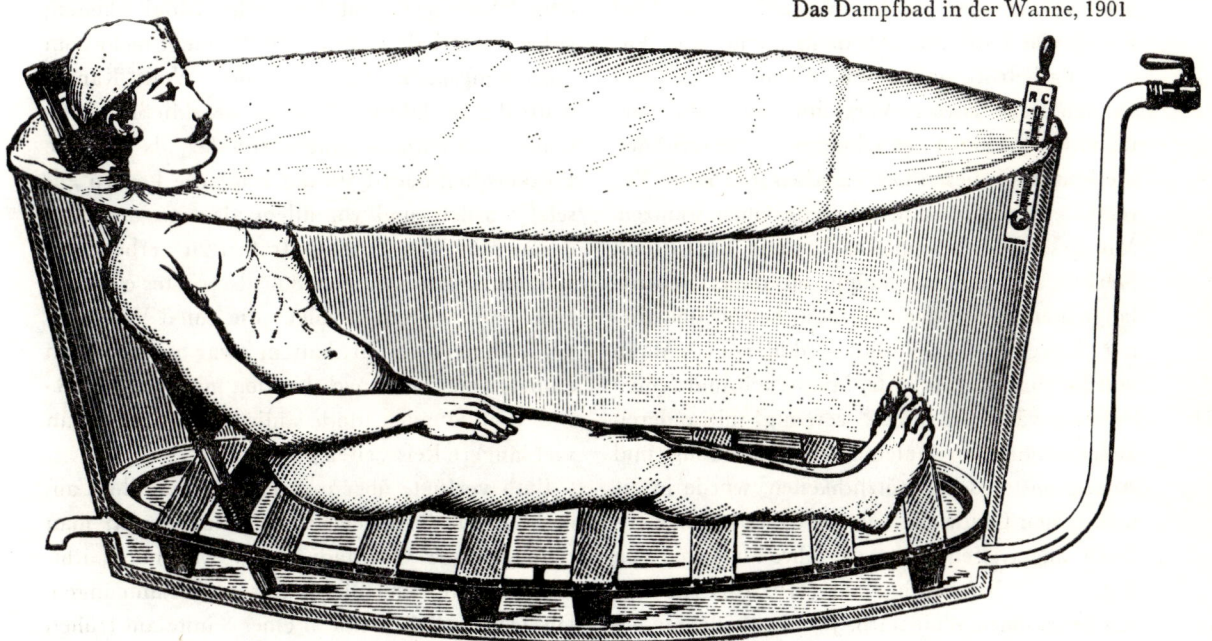

wärmste der drei gebräuchlichsten Schwitzbäder, wurde während des zweiten Weltkrieges im ganzen deutschen Sprachraum bekannt. Beispielgebend war die Schweiz. Schon 1941 erhielt Zürich das erste öffentliche Saunabad. Ende der vierziger Jahre gab es in der Schweiz etwa 150 öffentliche Saunen – zur gleichen Zeit in Finnland aber über 400 000. In den letzten Jahren hat sich die Sauna zur beherrschenden Schwitzbadeform entwickelt.

Kapitel VII Kur mit Brunnen und Roulette

Der König von Bath ■ «Es ist ein Versammlungsort nicht allein von kranken Personen, sondern auch von Gesunden, die durch die mannigfaltigen Vergnügungen dieses Ortes aus allen drei Königreichen hierher gezogen werden. Die eigentliche Jahreszeit zu den Lustbarkeiten ist der Anfang des Winters, und der Zufluß dauert, bis sich das Parlament versammelt. Er ist weit stärker, als in irgend einem Bad in Europa. Um die nötige Ordnung bei den Lustbarkeiten unter einer so großen Menge freier und reicher Menschen zu erhalten, befindet sich hier ein Mann, welcher den Titel König von Bath führt, dem in allem, was Anordnung betrifft, unbedingter Gehorsam geleistet werden muß. Diesen Vergleich haben die vornehmsten Personen des Königreichs unterzeichnet, die beständig diesen Ort besuchen und ihren Zeremonienkönig in seinen Gerechtsamen schützen. Mit dieser Würde sind Ansehen und 1600 Pfund Sterling Einkünfte verknüpft. Sie dauert lebenslang; man müßte denn Ursache haben, den König abzusetzen. Gewöhnlich wird hierzu ein Mann von Erfahrung, von Witz, Munterkeit und feinen Sitten erwählt. All dieses, vereinigt mit anderen außerordentlichen Talenten zur Erfindung und Anordnung neuer Ergötzlichkeiten, wurde in einem hohen Grade bei einem Engländer, namens *Tafel* Nash, angetroffen, der viele Jahre als König von *IV* Bath regiert hat und im Jahre 1761 zum Leidwesen der schönen Welt starb. Jetzt bekleidet ein bei der Armee gestandener Hauptmann diesen Posten.»

So schrieb *Johann Wilhelm von Archenholtz* in seiner 1787 erschienenen Reisebeschreibung «England und Italien» über das berühmte englische Thermalbad Bath, das zu jener Zeit bereits auf *Tafel* dem Wege zum weltbekannten Bad war. Zu Recht *61,* galt der Kurort schon damals als eine der schönsten Städte Englands. Mit seinen prächtigen, im gregorianischen Stil erbauten Häusern, seinen drei großen Bädern (dem Königs-, dem Königin- und dem Klosterbad) und den vielen Möglichkeiten, sich zu unterhalten, wurde Bath immer mehr zum Anziehungspunkt für die große Welt. Kamen Mitte des 18. Jahrhunderts fast ausschließlich Londoner nach Bath, so änderte sich das, als 1765 die Postkutschen nach Bath auf stählerne Federn gesetzt wurden, und vor allem als man um 1780 daran ging, die Zufahrtsstraßen zu verbessern. Immerhin galt Bath um 1800 als größtes europäisches Bad, wozu nicht zuletzt die guten Verkehrsverbindungen geführt hatten. Zwar brauchte man damals von Dover nach London mit der Postkutsche acht Stunden, doch schließlich war man an viel längere Reisezeiten gewöhnt.

Bath verfügte über mehrere Quellen, doch am meisten wurde die Thermalquelle besucht; man rühmte ihren Gebrauch gegen Rheuma, Gicht, Steinbeschwerden, Bleichsucht und Lähmungen. Die Damen ließen sich in einer Sänfte am frühen

Morgen zu den Bädern tragen. Sie badeten und tranken das Mineralwasser, dabei ständig unterhalten von einer Kurkapelle.

Etwa zwei Drittel aller Gäste reisten übrigens ausschließlich des Vergnügens wegen nach Bath, und den rund 8000 Fremden, die während der Hauptsaison gleichzeitig in Bath weilten, wurde allerhand geboten: der allabendliche Gang ins Spielkasino, Schauspielaufführungen, Tanzvergnügen, Kurmusik, aber auch Buchhandlung und Leihbibliothek fehlten nicht.

Den Rahmen für das gesellige Leben hatte der anfänglich erwähnte König von Bath, Richard Nash, als langjähriger Zeremonienmeister mit seinen 1742 unter allgemeiner Zustimmung erlassenen Verhaltensregeln («Rules of Conduct») abgesteckt. Bis ins kleinste war in ihnen beschrieben, was Damen und Herren von Stand erlaubt war und was zu unterbleiben hatte.

Ein Wort zur Hauptsaison: Im Gegensatz zu anderen Bädern fiel sie in Bath nicht in die Sommermonate. Dann galt der Ort als zu warm. Die meisten Gäste besuchten Bath im Herbst oder im Frühjahr, aber auch im Winter – und das war Anfang des 19. Jahrhunderts ungewöhnlich – ruhte der Badebetrieb nicht. Bath, um 1800 auf dem Kontinent höchstens mit Spa vergleichbar, bildete eine Ausnahme im englischen Badewesen, verfügen doch die britischen Inseln über eine verhältnismäßig geringe Zahl von Mineralquellen. Zu erwähnen wären für jene Zeit die Stahlquellen in Cheltenham, Brighton (damals schon ein besuchtes Seebad) und Tunbridge, die bedeutenden *Tafel* Schwefelquellen von Harrogate, das schon erwähnte Hotwell bei Bristol und die Quellen in Matlock und Epsom. Ob diese Bäder von großer medizinischer Bedeutung waren, sei dahingestellt. Im allgemeinen gilt wohl, was 1781/82 Johann Jacob Volckmann in seinen «Neuesten Reisen durch England» über Tunbridge schrieb:

«In den Monaten Juli, August und September

trifft man hier viele Gäste an, wovon ein großer Teil mehr um des Vergnügens, als um der Kur willen, kommt.»

Es ging nur langsam voran ■ Zwar kam es am Ende des 18. Jahrhunderts zu einem allgemeinen Aufschwung im Badewesen, doch Bäder von europäischem Rang blieben eine Seltenheit. Im weithin bekannten und berühmten Karlsbad weilten während der Sommermonate ständig nur etwa 600 Kurgäste, in Pyrmont zählte man pro Saison nicht mehr als 1400 Fremde, und Aachen, dessen Schwefelthermen in den siebziger Jahren Anziehungspunkt für die vornehmste Gesellschaft waren, hatte ebenfalls nicht mehr Besucher. Unbedeutend waren noch die späteren Weltbäder Baden-Baden, *Tafel* Kissingen, Ems und Wiesbaden. Bezeichnend ist 58 ein Brief, den Charlotte von Stein am 13. Mai 1789 an Karl Ludwig von Knebel schrieb; in ihm berichtete sie über ihren Aufenthalt in Wiesbaden:

«Gestern abend kam ich in der Kühlung an und ließ Mainz nebst dem schönen Rhein und den mit Blüten überschütteten Bäumen hinter mir, um nun in einem abscheulichen Nest zu wohnen. Die Wanzen verfolgten mich die Nacht, so daß ich mich endlich auf die Erde gelegt habe. Heute bin ich nun anders logiert, aber ich sehe schon, hier sind meine zwei Hauptfreunde, die Spinnen und Wanzen, zu Hause ... Heute habe ich Bekanntschaft mit der Quelle gemacht. Sie ist in dem Haus, wo wir wohnen, steckt in einem Winkel und präsentiert sich sehr unappetitlich. In den anderen Häusern muß sie hingeleitet werden. Die Bäder sind recht ekelhaft; das Beste aber ist, daß man sein Bad immer behält ...»

Besser konnte es den Fremden da schon in Pyrmont gefallen. Heinrich Matthias Marcard, der dort viele Jahre als Badearzt wirkte, meinte 1784 in seiner «Beschreibung von Pyrmont»:

«Ich wüßte nirgends eine Allee gesehen zu ha- *Tafel* ben, die es mit dieser an Schönheit aufnehmen 56, 63 könnte. Unter ihren Schatten durch erblickt man alsdann auch das artig gebaute, achteckige, mit einer Kuppel gezierte Brunnenhaus, welches die Hauptquelle bedeckt. Diese Allee ist der allgemeine Versammlungsort bei gutem Wetter und der Mittelpunkt von weiteren Alleen in Pyrmont ... Zu beiden Seiten liegen die Boutiquen daran herunter, in denen allerlei erdenkbare Dinge feil sind. Die Apotheke, der Buchladen, das Kaffeehaus, die beiden großen Säle, die den Lustbarkeiten und den Conversationscirkeln bestimmt sind und worin die Pharo-Bank ist, das Comödienhaus und der Brunnen selbst, alles ist hier dichte bei, auch die besten Wohnungen der Fremden sind fast allé ganz nahe um die Allee her, und sogar gewisse für Brunnentrinker sehr notwendige Bequemlichkeiten sind, zwar ungesehen, aber gleich dabei.»

Typisch für den unterschiedlichen Entwicklungsstand der Badeorte im ausgehenden 18. Jahrhundert ist das Nebeneinander von Luxusbädern, in die auch sehr viele wohlhabende Ausländer reisten, traditionsreichen, von den Medizinern empfohlenen Mineralbädern und einer Vielzahl kleiner Brunnen, die meist nur von den Bewohnern der umliegenden Ortschaften besucht wurden. Daß auch kleinere Bäder über bemerkenswerte Bauten verfügen konnten, beweist der Brunnen in Gradlitz (Choustnikovo Hradiště) in der Nähe von Königgrätz (Hradec Králové). Über dieses uralte an der Elbe gelegene Bad schrieb 1768 Johann Friedrich Zückert in seiner schon zitierten «Systematischen Beschreibung aller Gesundbrunnen und Bäder Deutschlands»:

«Diese drei Quellen sind in einem schönen steinernen Kasten gesammelt und mit einem steinernen Gewölbe bedeckt. Unweit davon steht das Haus, worin das geschöpfte Wasser in einer kupfernen, großen Braupfanne und zwei Kesseln gewärmt wird. Aus dieser Pfanne und den Kesseln wird es durch geöffnete Zapfen in hölzerne Bottiche gelassen, aus welchen es durch die unterirdischen metallenen Röhren in das prächtig erbaute Badehaus läuft. Von diesem Badehaus geht eine breite und bis sechzig Stufen lange Stiege herunter, zu dessen Seiten nebst den aus steinernen Muscheln gemachten Kaskaden ein angenehmer, abhängig gelegener und nur mit zwei Springbrunnen prangender Lustgarten ist, bei dessen Ende man rechts und links zwei gleiche von Quadersteinen ebenfalls erbaute Wohnhäuser für die Brunnengäste sieht. In der Mitte dieser zwei Gebäude ist ein ziemlich großer, mit schönen steinernen Platten gepflasterter Platz zur Belustigung der Kurgäste.»

Trotz mancher Rückschläge kam es in jener Zeit zu einer weiteren Ausbreitung des Bäderwesens. Hier soll auf den spürbaren Aufschwung in den vor allem vom ungarischen Adel besuchten slowakischen Bädern Bartfeld (Bardejov), Šliac und Sobrance hingewiesen werden. Berühmt waren auch die schon von den Römern benutzten Herkulischen Warmbäder (Mehadia) im Banat. Auch Bäder in Spanien und Portugal (wie Aranjuez bei Madrid oder Trillo am Ufer des Tagus) wurden bekannt. Man sprach von der Heilwirkung der heißen Quellen auf Island und kannte bereits eine ganze Reihe überseeischer Bäder: Saratoga und Warm Springs in Nordamerika, Agra in Hindustan und einige nordafrikanische Bäder.

Bemerkenswert ist die stärkere Benutzung der Quellen im Zarenreich am Ende des 18. Jahrhunderts. Zentren waren der Kaukasus mit Kislowodsk und der Baikalsee mit Bargusin und den Quellen bei Nertschinsk. Über die heißen Quellen von Bargusin, die den Burjäten, Mongolen und Tungusen schon sehr lange bekannt waren, heißt es in einer 1799 erschienenen «Systematischen Beschreibung aller Gesundbrunnen und Bäder», die Quellen seien mit einem einfachen Badekasten überbaut, man könne sich aber auch am Bachufer ein Bad graben, denn jede nahe Grube von einem

Fuß Tiefe fülle sich mit warmem Wasser. Wörtlich schrieb der Verfasser:

«Die Burjäten und Mongolen brauchen es, sie kampieren mit ihren Kranken in ihren Filzjurten und leben von mitgebrachtem Vieh; die Kranken baden nicht nur täglich, sondern trinken auch viel Wasser und bereiten ihre Speisen mit demselben. Die russischen Kranken machen sich Strauchhütten, die genesenen Russen errichten meistens ein kleines Kreuz. Die Burjäten und Mongolen hängen Zeugfetzen oder Pelzlappen in einen Birkenstrauch oder werfen auch einige Münzen ins Wasser. Die nicht besser werden, glauben auch kein Opfer schuldig zu sein.»

Über den Mineralbrunnen am Bach Pogromnaja im Gouvernement Irkutsk berichtete Peter Simon Pallas, der von 1768 bis 1774 Rußland bereiste, in seiner «Reise durch verschiedene Provinzen des Rußischen Reichs»:

«Die Burjäten bedienen sich desselbigen wider allerlei Krankheiten und trinken, nach Vorschrift ihrer Lamen, deren jährlich einige hierher kommen und den Quell mit Gebeten segnen, gemeiniglich sieben Tage lang, täglich drei- bis viermal, zu sieben Schalen, welche kleinen Spülkummen gleich sind. Sie werden von dem Genuß des Wassers matt und etwas fieberhaft, und viele genesen von allerlei Zufällen.»

Zu den bekanntesten russischen Bädern zählte auch das Bitterwasser von Sarepta (Krasnoarmejsk), das die Kalmücken schon in ältesten Zeiten als «heiligen Brunnen» verehrt hatten. Dazu kamen die Schwefelquellen im Gouvernement Orenburg, das Eisenwasser von Olonez und die Quellen bei Orel und Lipezk – ein beachtlicher Aufschwung seit der Zeit Peters des Großen.

Ausländer in Kissingen ■ Trotz seiner langen Geschichte als Badeort rechnete man das später weltberühmte Kissingen noch um 1800 zu den am meisten vernachlässigten Kurorten. Zückert hatte 1768 vom «Landstädtlein Kissingen» geschrieben, und auch 50 Jahre später bemängelten Ärzte die schmutzigen Straßen, das Fehlen eines Badehauses, ja aller Einrichtungen und Anlagen, die der Unterhaltung – vom Spiel bis zu Ausflügen in die nähere Umgebung – dienen konnten. Als es sich um 1820 in dem knapp 800 Einwohner zählenden Städtchen zu regen begann, kritisierte der Arzt Adam Elias von Siebold in seiner 1828 erschienenen «Ausführlichen Beschreibung der Heilquellen zu Kissingen»:

«Auch ist es eine ganz irrige Spekulation, statt einer geringen Anzahl von großen Zimmern mehrere kleine oder Stübchen einzurichten, um mehrere Kurgäste aufnehmen zu können und sich dadurch mehr Miete zu verdienen, ein Fehler, in den mehrere der Einwohner bei dem Bau ihrer Häuser verfallen sind.»

Und Johann Evangelist Wetzler äußerte sich 1821 zur Einrichtung der Zimmer in seiner «Beschreibung der Gesundbrunnen und Bäder Wipfeld, Kissingen, Bocklet und Brückenau im Untermainkreise des Königreichs Baiern»:

«Viele sind neu und schön tapeziert und mit Sophas versehen, hierzu ist der Brunnenarzt Herr Dr. Maas mit gutem Beispiele vorangegangen. Nur vermißt man da und dort Matratzen von Pferdehaaren und abgenähte Decken ungern.»

Noch bot Kissingen keine feudalen Unterkünfte, und die jährlich nur etwa 500 Kurgäste durften keine besonders hohen Ansprüche stellen. Doch ab 1830 änderte sich das Kissinger Badeleben; mehr und mehr Ausländer – Russen, Polen, Franzosen, Holländer und Dänen – zog es in den aufstrebenden Kurort. Die drei großen Quellen, der Ragozi, der Pandur und der Maximiliansbrunn, wurden schon am frühen Morgen umlagert. Mit dem Glockenschlag um sechs Uhr zog von der Mitte des Städtchens die Kurkapelle, einen Marsch spielend, in den Kurgarten, wo sich die Gäste nach und nach zum Trinken einfanden. Um acht Uhr gab es

Tafel
75

151

Frühstück, dann ruhte man sich aus, ging spazieren, besuchte zwischen zehn und elf das Bad, aß ab 12.30 Uhr Mittag, um sich am Nachmittag und Abend vielerlei Vergnügungen hinzugeben, ging ins Theater oder lauschte einem Konzert, und wer das nötige Geld hatte, besuchte das Kasino, wo von 15 bis 22 Uhr das Roulette in Bewegung war.

Wie gesottene Krebse ■ War das Baden und Trinken in den Mineralbädern jahrhundertelang kostenlos gewesen, galt doch das Quellwasser als Gabe Gottes, so ändert sich das nach 1800 gründlich. Mehr und mehr bemühten sich die Besitzer der Badeeinrichtungen, arme Kranke von den Brunnen fernzuhalten. Als Adam Elias von Siebold 1828 seine schon zitierte Schrift über Kissingen veröffentlichte, fand er beim Thema Skrofulose für diesen Zustand mahnende Worte:

«Wenn man bedenkt, wie allgemein gerade diese Krankheit sich über das Menschengeschlecht verbreitet, welch eine zahllose Reihe von Beschwerden und Nachkrankheiten durch sie erweckt wird, wie sie sich oft unaufhaltsam durch ganze Familien hindurchzieht und die gefährlichsten Krankheiten veranlaßt, mit einem Worte wie viele Opfer derselben, zumal in größeren Städten, allmählich anheimfallen, so verdient gewiß jene vortreffliche Heilkraft des Sauerbrunnens gegen diese Krankheit als die bei weitem vorzüglichste Eigenschaft desselben gepriesen zu werden, und es ist nur zu bedauern, daß diese böse Krankheit verhältnismäßig am häufigsten ein Erbteil der ärmeren Volksklasse ist und folglich die Anwendung einer zweckmäßigen Brunnenkur nur zu oft durch Nebenverhältnisse verhindert wird.»

Sehr bescheiden nahmen sich in den großen Kurorten wohltätige Stiftungen aus, die armen Kranken eine Benutzung der Quellen ermöglichten. Als man in Aachen um 1830 jährlich etwa 1200 Fremde zählte, sorgte der Verein zur Unterstützung bedürftiger Kurgäste dafür, daß 32 Arme freie Kur und unentgeltliche Verpflegung erhielten. Karlsbad besaß seit 1812 ein sogenanntes Fremdenhospital für arme Kurgäste, in dem 30 Betten zur Verfügung standen. Derartige Einrichtungen gab es auch anderswo, die aber einem Vergleich mit den mittelalterlichen Armenbädern nicht standhielten. Was im Mittelalter unter dem Einfluß der Kirchen ein ernstes soziales Anliegen gewesen war, diente jetzt nur noch als Feigenblatt für das Bestreben, durch die Aufnahme wohlhabender Gäste zu verdienen.

Im sehr gut besuchten böhmischen Teplitz gab es für arme Weiber und Männer je einen Raum im Stadtbad. Darüber schrieb 1802 Christian August Arndt in seiner «Reise von Dresden nach Töplitz ...»

«Hier baden Leute geringen Standes zu jeder Stunde des Tages gegen Erlegung eines Kreuzers. Dieses Bad ist so heiß, daß die Leute, die im Kessel des Sprudels liegen, wie gesottene Krebse aussehen. Man kann hineintreten, ohne unter den Badenden die geringste Störung zu verursachen; ins Weiberbad, dessen Fenster auf die Straße gehen, kann man sogar im Vorbeigehen von außen hineingucken.»

Es mehrten sich auch die Stimmen der Ärzte, die gegen Luxus, Tanz und vor allem Glücksspiel in den Bädern auftraten. Justus Fenner schrieb 1807 in den «Freimüthigen Briefen über Schwalbach, dessen Quellen und Umgebungen», es sei «die große Welt en miniature», und von Juni bis August seien schon am frühen Morgen die Spieltische umlagert. Fenner sprach vom «Pestübel der Spielsucht», aber während es mehr Vergnügungssuchende als Kranke gebe, fehle ein Hospiz für arme Kranke. Wie alle Ärzte seiner Zeit wandte sich Fenner gegen die Unsitte der rauschenden Feste und Bälle. Beschwörend schrieb er:

«Schwül und ekelerregend wird nun die Atmosphäre im Saal, vergiftet durch den feurigen mephistischen Odem und Schweiß der Tanzenden;

Wärme und Reizbarkeit des Körpers auf den höchsten Grad gesteigert! Man verläßt den Saal, an dessen Türe Schwindsucht und Flüsse schon auf ihre Beute in der kalten Nachtluft lauern.»

Doch die Worte der Ärzte verhallten ungehört; gerade in den größeren, berühmten Badeorten begann die medizinische Betreuung – trotz Entwicklung neuer Kurmethoden und Heilmittel – eine immer geringere Rolle zu spielen.

Merkwürdig mutet die Entwicklung Schlangenbads, eines der ältesten Bäder im Taunus, an. Im frühen 18. Jahrhundert galt der kleine Kurort als Luxusbad, dessen Quelle die Ärzte für wenig heilkräftig hielten. So verwundert es nicht, daß elegante Vergnügen wichtiger waren als ein strenges Kurregime. Ironisch schrieb noch 1813 Badearzt Konrad Anton Zwierlein in seiner «Allgemeinen Brunnenschrift»:

«Das seifenhafte Schlangenbad ist ein wahres Verjüngungsmittel für alle diejenigen, denen sich das erstarrende Alter nahet und die es wirklich drückt, besonders für alle sich steifsitzenden Gelehrten und Künstler. Der Haut teilt es eine solche Zartheit und ein solches Sammetgefühl mit, daß es sicher das beste Conservationsmittel für die Damen ist; und daher kann es den majorennen, noch nicht einrangierten, harrenden Jungfern, Demoisellen und Fräulein große Dienste tun und solche länger blühend erhalten.»

Aufschwung im Bäderdreieck ■ Eines der Zentren des europäischen Badewesens lag und liegt in Böhmen. Königin der Badeorte nannte man in der Tafel
VIII,
IX Mitte des 19. Jahrhunderts das elegante Karlsbad, damals eine Stadt mit etwa 4000 Einwohnern. Fast alle der über 550, meist zwei-, aber auch dreistöckigen Häuser waren zur Aufnahme von Kurgästen geeignet. Im Jahre 1801 hatte man als erstes großes Gasthaus den «Goldenen Löwen» erbaut; nun lockten überall Gaststätten und Kaffeehäuser Besucher an. Es gab ein Theater, in dem berühmte Schauspieler und Tänzer gastierten; aber auch Taschenspieler, Bauchredner und sogenannte Gymnastiker zeigten in Karlsbad ihre Kunst. Man ging zum Ball, vergnügte sich beim Scheibenschießen, machte Ausflüge in die nähere Umgebung. Glücksspieler aber kamen in Karlsbad nicht auf ihre Kosten. Wie in allen Bädern Österreich-Ungarns war auch dort das Hasardspiel verboten.

Mehr als zehn Quellen galten als heilkräftig. Doch man badete nicht nur in öffentlichen Badeanstalten, sondern auch in Privathäusern, so im «Halben Mond» und im «Goldenen Herz». Kurzeit war von Mitte Mai bis Mitte September. Die Kuren wurden unterschiedlich lange ausgedehnt; die kürzeste dauerte drei bis vier, die längste acht bis neun Wochen.

Welche Bedeutung man einer kürzeren Kur zuschrieb, geht aus den Sätzen hervor, die der berühmte Berliner Chemiker Emil Osann 1829 im ersten Band seiner «Physicalisch-medicinischen Darstellung der bekannten Heilquellen der vorzüglichsten Länder Europas» schrieb:

«Als eine besondere Art dieser kleinen Kur ist die sogenannte Vorbauungskur (Cura prophylactica) zu betrachten. Man läßt sie, um in gewissen Fällen die gefürchtete Wiederkehr von chronischen Krankheiten zu verhindern, am besten im Frühjahr oder Sommer gebrauchen, bestimmt ihre Dauer auf 14 Tage bis drei Wochen, beschränkt sie häufig zwar nur auf den inneren Gebrauch von Mineralwasser, oft ist aber auch der gleichzeitige Gebrauch von Bädern sehr anzuraten. Besonders zu empfehlen ist dieselbe bei eine sehr sitzende Lebensweise führenden Geschäftsleuten, welche vermöge des Mangels an der nötigen Bewegung dabei oft gleichzeitig sehr angreifenden Kopfarbeiten vorzugsweise zu Stockungen des Unterleibs geneigt sind, – bei Personen, welche an Vollblütigkeit, Neigung zu starken Congestionen nach dem Kopfe, der Haut und chronischen Hautausschlägen leiden, – ferner bei Personen, welche Anlage zu rheumatischen Krankheiten mindern oder die Entwicklung von gichtischen Leiden verhindern wollen.»

Um 1850 kamen jährlich etwa 6000 Kurgäste nach Karlsbad; zehn Jahre später waren es schon 10 000. Es braucht kaum gesagt zu werden, daß die Besucher Karlsbads nicht zu den ärmeren Schichten der Bevölkerung gehörten.

Abgesehen von den Eifersüchteleien der vornehmen Kurgäste muß es im Karlsbad jener Zeit sehr friedlich zugegangen sein. Während der Kurzeit «regierte» die Kaiserlich-Königliche Zivil- und Militär-Badeinspektion. Über die Ordnungshüter schrieb 1847 Eduard Hlawaczek in seinem schon erwähnten Buch «Karlsbad»:

«Die Polizeiwache besteht aus einem Polizeiwachtmeister und vier Gemeinen. Für die Dauer der Saison werden zur Aushilfe beim Polizeidienste noch einige Individuen aufgenommen, welche ihren Dienst in Zivilkleidern verrichten.»

Nicht unerwähnt bleiben sollen die 12 Nachtwächter, die wohl manch einem fröhlichen Zecher heimgeleuchtet haben. Denn bei allem auf ernsthafter medizinischer Arbeit beruhenden Ruhm, den Karlsbad in ganz Europa genoß, das Vergnügen kam nicht zu kurz – wie überall auch hier zum Leidwesen der Ärzte. Schon um 1825 meinte dazu Friedrich Ludwig Kreysig in der Schrift «Über den Gebrauch der natürlichen und künstlichen Mineralwässer von Karlsbad, Ems, Marienbad, Eger, Pyrmont und Spaa»:

«So sehr auch gesellige Freuden hierher gehören, so sehr verfehlen doch Kranke den Zweck ganz, wenn diese auf reich besetzte Tafeln oder auf den Tanz im Sommer, und zwar in die Nacht hinein, oder überhaupt nur auf nächtliche Gesellschaften ausgedehnt werden. Jede starke Erhitzung ist bedenklich beim Gebrauch von Mineralwassern, vielleicht am meisten bei den warmen Wassern von Karlsbad, und das Tanzen in überfüllten, mit Stickluft überladenen Sälen gewiß eins der wich-

tigsten Hindernisse der Kuren, ja der Grund unheilbarer darauf erfolgender Übel, zum Beispiel von Schwindsucht und organischen Herzfehlern; es sollte an Badeörtern durchaus eine strenge polizeiliche Aufsicht die Bälle beschränken, aus denen in mehrfacher Hinsicht sehr viel Unheil hervorgeht.»

Sicher konnten auch die Besucher von Franzensbad aus Kreysigs Schrift einiges lernen, aber ob sie es taten? Der schon seit Jahrhunderten unter verschiedenen Namen bekannte Brunnen galt Mitte des 19. Jahrhunderts als ausgesprochen vornehm. Besucher aus ganz Europa – von Frankreich bis Rußland –, ja sogar aus Amerika zog es nach Franzensbad. Ein beachtlicher Aufschwung, war doch erst am 27. April 1793 die Brunnen-Kolonie gegründet und nach Kaiser Franz I. benannt worden. Nun erst hatte man einen Badearzt angestellt, den uralten Brunnen neu gefaßt, Gärten, einen Park und Wandelbahnen angelegt, auch Wohnhäuser, ein Gasthaus und einen Speise- und Tanzsaal errichtet. Neue Quellen wurden erbohrt, 1827 entstand das erste Badehaus, dem schon 1842 ein Neubau folgte. Zwar konnte sich Franzensbad um 1850 mit etwa 1400 Besuchern jährlich nicht mit Karlsbad messen, doch besonders Zahlungskräftige zog es in den jüngeren Kurort.

Sehr lobende Worte hatte übrigens schon 1822 Hufeland im «Journal der praktischen Heilkunde» für Franzensbad gefunden:

«Wenn ich vom Egerer Wasser spreche, so ist mir, als wenn ich von einem alten Freunde spreche und es geschieht also mit Liebe, Achtung und dankbarer Erinnerung. Es ist eines der ältesten Mineralwässer, das seit Fr. Hoffmanns Zeiten in allgemeinen Gebrauch kam und seinen Ruf bei den Ärzten und bei dem Publikum behauptet hat;

Tafel 67

61
Trinkhalle in Bath (Ausschnitt). Kupferstich, um 1800

62
Nordpromenade in Bath (Ausschnitt). Kupferstich, um 1800

63

Blick in die Große Allee in Pyrmont. Kupferstich von Christian Gottlieb Geyser
nach einer Zeichnung von Johann Friedrich Weitsch, 1784

Das herzogliche Badhaus und der Weinbrunnen zu Langenschwalbach. Kupferstich von Johann Jakob Müller, um 1830

65
Das Kasino von Arcachon.
Xylographie
von Auguste Pontenier,
um 1860

66
Hauptstraße in Tunbridge (Ausschnitt). Kupferstich, um 1800

67
Franzensbad von der Gartenseite (Ausschnitt). Kupferstich von Georg Döbler
nach einer Zeichnung von Philipp Knieschek, 1822

Das Kurhaus und die untere Kolonnade in Gießhübl in der Mitte des 19. Jahrhunderts. Lithographie von Joseph Schäfler

Die Gießhübler König-Otto-Quelle bei Karlsbad in der Mitte des 19. Jahrhunderts. Lithographie von Joseph Schäfler

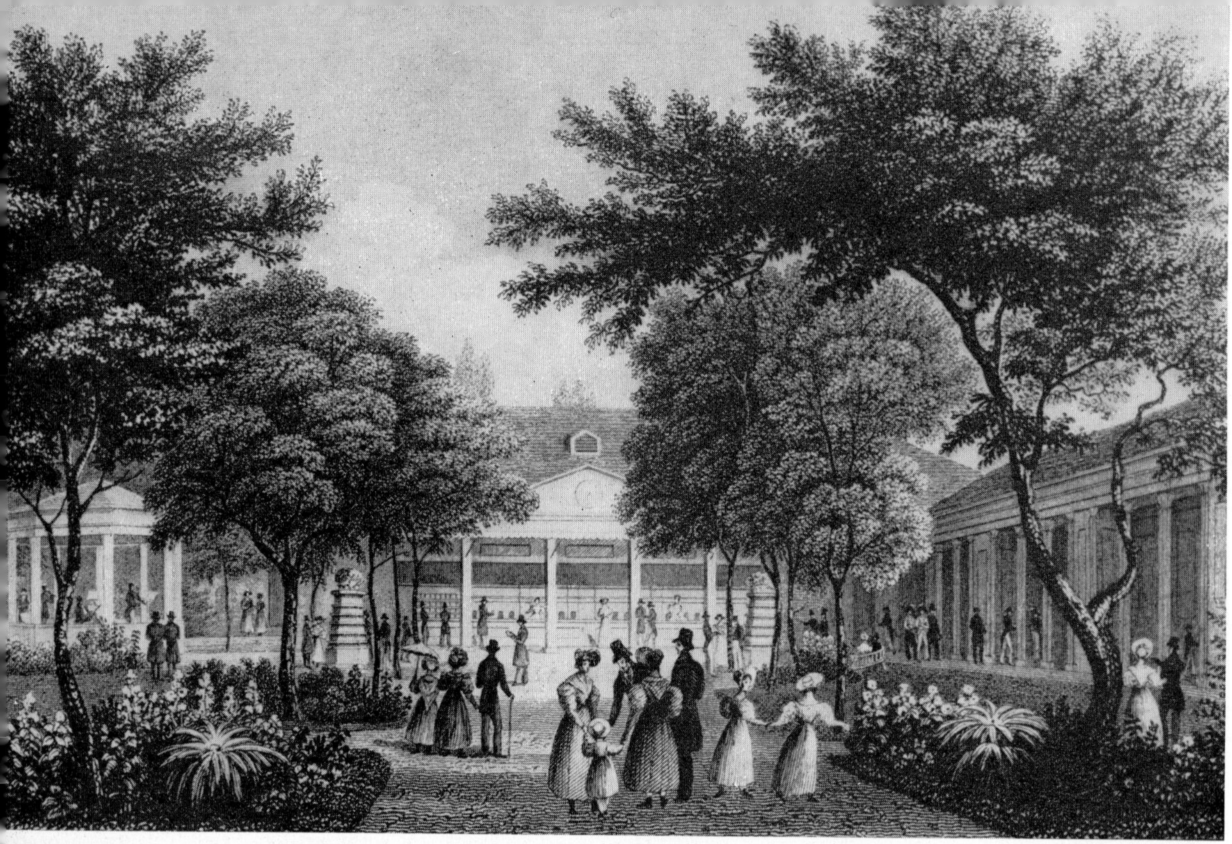

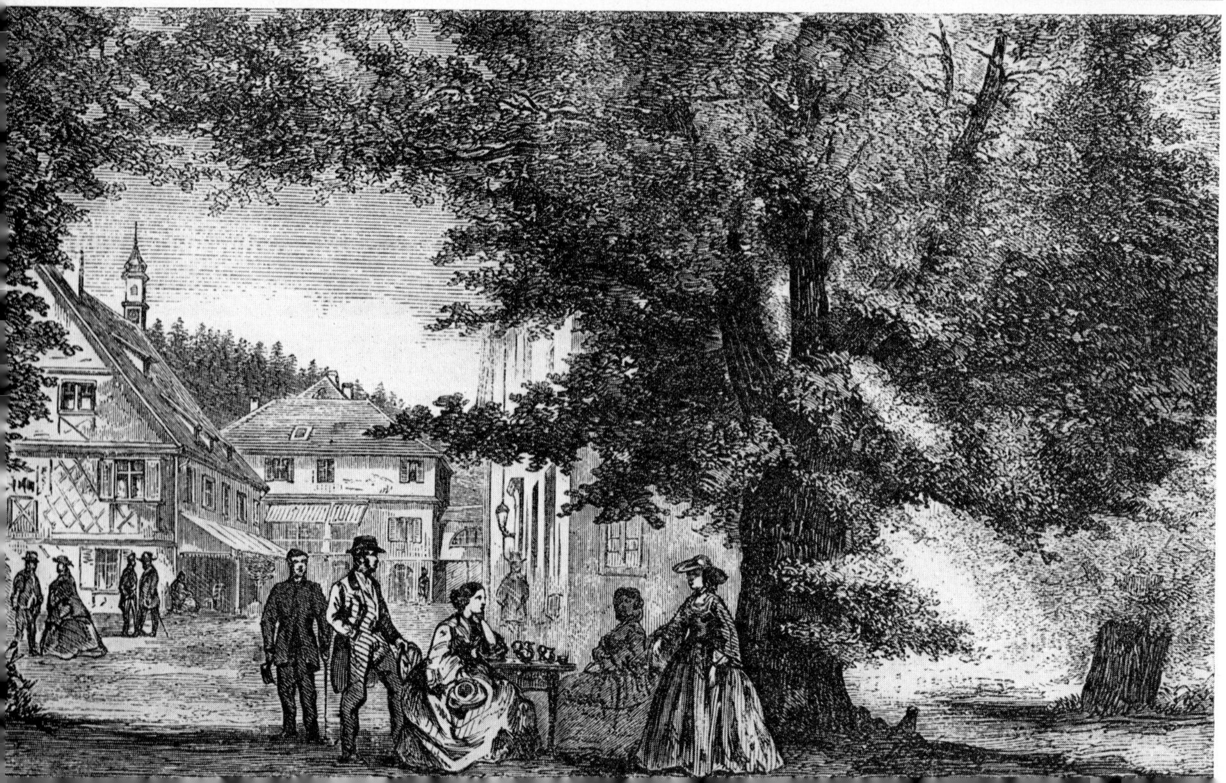

70
Mineral-Brunnen-Trinkanstalt in Berlin, eröffnet 1823.
Stahlstich von Barber nach einer Zeichnung von Heinrich Hintze
71
Rippoldsau im Großherzogtum Baden (Ausschnitt).
Stich nach einer Zeichnung von Charles Lallemand, um 1860

72
Thermal-Badeanstalt
von
Bagnères-de-Bigorre.
Lithographie von
Aubrun, um 1860

73
Das 1895 vollendete Kaiserbad in Karlsbad. Xylographie

Blick auf Gastein. Xylographie, um 1860

75
Kissingen, Dame, Brunnen trinkend. Zeichnung von Adolph v. Menzel, 1884

es ist dasjenige, was ich zuerst und von den frühesten Zeiten meiner Praxis an kennen und schätzen lernte und dem ich eine Menge herrlicher Wirkungen und glücklicher Kuren verdanke. Ein so lange bewährter Gebrauch ist etwas Großes, und man sollte, besonders in der Medizin, die alten bewährten Freunde in Ehren halten und sie nicht so leicht über jüngere vergessen.»

Noch stürmischer vollzog sich die Entwicklung eines Brunnens, der um 1780 völlig verfallen schien. Es war der Arzt Johann Joseph Nehr, der dafür sorgte, daß der alte Tepler Brunnen, den man nach dem nahen Dorf Auschowitz auch Auschowitzer Bad nannte, 1818 in den Rang eines Kurortes erhoben wurde – nun schon unter dem Namen Marienbad. Wie in den beiden benachbarten Bädern setzte auch in Marienbad in den zwanziger Jahren ein schneller Aufschwung ein. Um 1850 gab es in Marienbad bereits zwei Badehäuser, in denen übrigens seit 1822 auch Moorbäder genommen werden konnten, und 12 Gasthäuser. Bei nur etwa 1200 Einwohnern zählte man jährlich etwa 4300 Kurgäste. Hatte es im Jahre 1818 mit einer kleinen Kolonie von 16 Wohnhäusern begonnen, so gab es vier Jahrzehnte später 92 luxuriös eingerichtete Wohnhäuser – und die Entwicklung ging weiter ...

Der vogtländische Gesundquell ■ In der zweiten Hälfte des 19. Jahrhunderts verschärfte sich der Konkurrenzkampf unter den Kurorten. Die rasche wirtschaftliche Entwicklung erhöhte die Zahl der potentiellen Badegäste, und der Ausbau des Verkehrswesens machte die Fahrt ins Bad schneller und bequemer. Mit immer größerem Komfort, einem attraktiven Unterhaltungsangebot und wachsendem Reklameaufwand führten die Besitzer der Kureinrichtungen den Kampf um zahlungskräftige Kunden. Steigende Preise und eine fehlende Urlaubsregelung sorgten dafür, daß die «gute Gesellschaft» unter sich blieb. In Weltbä-

dern wie Wiesbaden (um 1900 jährlich etwa 136 000 Besucher) und Baden-Baden (zur gleichen Zeit jährlich etwa 72 000 Besucher) stieg der Prozentsatz wohlhabender Ausländer.

Insgesamt gab es in Deutschland um 1900 mehr als 200 Mineral-, Moor- und andere Bäder (ohne Berücksichtigung der Badeorte an der Nord- und Ostsee) und mehr als 100 Luftkurorte. Diese Bäder wurden um die Jahrhundertwende jährlich von etwa 600 000 Gästen aufgesucht; die Seebäder dagegen, die in unserer Zeit als der Inbegriff des Badevergnügens gelten, brachten es nur auf rund 300 000 Besucher. Schon aus der großen Zahl der Kurorte wird sichtbar, daß es neben den internationalen Luxusbädern eine Menge kleiner, nur wenig besuchter Orte gab, in denen häufig ernsthafte medizinische Arbeit geleistet wurde. Als Beispiel möge hier das kleine Bad Elster stehen.

Zwar taucht die Eisenquelle von Elster schon in Berichten aus dem 17. Jahrhundert auf, doch erst um 1850 trat der vogtländische Gesundquell in die Reihe der Kurorte. Dem Berliner Arzt Louis Posner, der 1863 in Elster weilte, verdanken wir einen farbigen Bericht unter dem Titel «Briefe über das Bad Elster im sächsischen Voigtland». Durchaus nicht bedauernd schrieb Posner:

«Elster bietet für die Berliner Emigration noch keinen derjenigen Anziehungspunkte dar, welchen sie mit besonderem Enthusiasmus aufsucht, keinen blendenden Toilettenglanz, keine strahlenden Reunions, keine mit Goldstücken besäete Roulette-Tafel.»

Dafür böte Elster einen friedlichen, ländlichen Aufenthalt, in zierlichem Stil errichtete Logierhäuser, die Möglichkeit zu Stahl-, Moor- und Solbädern, durchaus auch einige Vergnügungen, Bälle aber gebe es nicht, und um 21 Uhr sei allgemeine Nachtruhe.

Posner urteilte auch über die Besucher der berühmten Kurorte; in die süddeutschen Bäder käme die Aristokratie, Finanzwelt und Halbwelt aus aller Herren Ländern. Die Kurorte Hessens seien Anziehungspunkt für Abenteurer zweiter Klasse, welche nicht Gold, sondern nur Achtgroschenstücke haben, um die Gunst Fortunas zu erkaufen. Und nach Böhmen und Schlesien zöge es den älteren preußischen und österreichischen Grundbesitz, ungarische Magnaten und trauernde Polen. In Elster aber träfe man vor allem Erholungsuchende aus Sachsen und dann vorzugsweise Hamburger an. Wohlwollend, vielleicht zu optimistisch schrieb Posner:

«Jene liebenswürdige Unverschämtheit, mit welcher zum Beispiel in den Ostsee-Bädern für Wohnräume, die außerhalb der Saison dem Borstenvieh einen nützlichen Aufenthalt gewährt haben, die horrendesten Preise gefordert werden, ist hier vorläufig noch unbekannt und dürfte es auch bleiben ...»

Imitationen aus Dresden ▪ Die hohen Kosten für eine Bäderreise, andererseits aber der verbreitete Wunsch, das Wasser berühmter Brunnen zu trinken, führte seit dem 17. Jahrhundert zum Versand von Mineralwasser. Lange Zeit lag der Brunnen des nur etwa 800 Einwohner zählenden Dorfes Niederselters in Hessen beim Versand an der Spitze.

Hufeland schrieb 1820 in seiner «Praktischen Uebersicht der vorzüglichsten Heilquellen Teutschlands» über die Beliebtheit des Selterswassers:

Unter allen Mineralquellen ist wohl keines, was so allgemein auf dem ganzen Erdboden getrunken wurde als das Seltener Wasser. Nicht bloß in allen Teilen Europas, sondern in Amerika, auf dem Vorgebirge der Guten Hoffnung, in Batavia ist es bekannt und beliebt. Der Absatz hat manches Jahr eine Million 500 000 Krüge betragen.»

Die Nachfrage war derart stark, daß es Tage gab, an denen 12 000 bis 18 000 Krüge gefüllt, verpicht und auf die Reise gebracht wurden; 25 und mehr Personen waren hiermit beschäftigt. Der hohe Absatz führte bald zur Nachahmung des «Selterswassers»; in aufgekauften alten Krügen boten findige Brunnenbesitzer allerlei Mineralwasser als echte Selters an. Zur Verbesserung des Geschmacks trank man den Seltersbrunnen mit Eselsmilch, Ziegenmilch, ausgepreßten Kräutersäften oder gar einem Gelee von isländischem Moos.

Hoch im Kurs stand auch das Brunnenwasser aus Fachingen, das selbst nach Ostindien verschifft wurde. Bis nach Amerika gelangte zur gleichen Zeit Mineralwasser aus Ems.

Eine große Rolle spielte der Versand von Brunnenwasser auch in den böhmischen Bädern. «Egerwasser» wurde schon in den ältesten Zeiten überall in Deutschland verkauft; um 1860 gingen aus Franzensbad jährlich mehr als 200 000 Krüge auf die Reise, und in Karlsbad füllte man seit etwa 1840 Mineralwasser in Krüge. An der Spitze aber lag Marienbad; mit rund 600 000 Krügen «Kreuzbrunnen» wurde es um 1850 lediglich von Selters übertroffen.

Selbstverständlich waren auch andere traditionelle Brunnenländer am Vertrieb von Mineralwasser beteiligt, zum Beispiel Frankreich. So füllte man um 1860 in Vichy jährlich etwa 1,5 Millionen Flaschen, von denen nur 600 000 in Frankreich blieben. Zu jener Zeit gehörte Vichy zu den besuchtesten Badeorten Europas. Doch soll hier nicht die Rede sein von Vichys großen Badehäusern und dem prachtvollen Casino, sondern von einer Mitte des 19. Jahrhunderts entstandenen Fabrik zur Gewinnung und Verschickung von Badesalz und anderen Erzeugnissen. Das Salz gewann man durch Verdampfung des Brunnenwassers; es fand Absatz als Badesalz oder wurde mit Zucker vermischt und dann in Form von Bonbons und Pastillen verkauft.

Ähnliche Produkte sind bekannt: das Karlsbader Sprudelsalz, von dem um 1840 jährlich etwa 1700 Pfund verschickt wurden, oder die in Bilin

(Bilina) hergestellten «Pastilles digestives de Bilin».

Der Versand von Mineralwasser ermöglichte es zwar vielen Kranken, die weder Zeit, noch Geld für eine Reise ins Bad hatten, den gewünschten Brunnen zu trinken, doch Abfüllung und Transport machten die Flaschen oder Krüge sehr teuer. So lag der Gedank nahe, das Wasser berühmter Brunnen chemisch zu analysieren und es dann nachzuahmen. Derartige Versuche gab es bereits im ausgehenden 17. Jahrhundert, doch die Ergebnisse blieben infolge mangelnder chemischer Kenntnisse unbefriedigend. Erst an der Wende vom 18. zum 19. Jahrhundert ließ der Aufschwung der Chemie erfolgreiche Experimente erwarten. Vor allem deutsche und französische Wissenschaftler untersuchten das Wasser heilbringender Quellen und bemühten sich, es mit all seinen Bestandteilen in ihren Laboratorien herzustellen. Schon vor der Jahrhundertwende handelte man in Regensburg und Winterthur, in London und Paris mit natürlichem und künstlichem Mineralwasser. Berühmt waren das 1799 in Paris gegründete Etablissement von Tivoli und das 1810 angelegte Heilinstitut in Oleggio bei Turin.

Das Pariser Tivoli war ein von einem Garten umgebenes Gebäude, in dem man in künstlichem Mineralwasser baden konnte. Dazu stand das nachgeahmte Wasser der berühmtesten warmen und kalten Quellen Deutschlands, Frankreichs und Italiens zur Verfügung. In Oleggio bereitete Luigi Paganini Imitationen von Quellwasser zum Baden und Trinken. Eine ähnliche Einrichtung entstand wenig später auch in Stockholm.

Den entscheidenden Durchbruch aber erzielte der deutsche Mediziner Friedrich Adolf Struve. Der 1781 in Neustadt bei Dresden geborene Struve übernahm im Jahre 1805 nach dem Studium der Medizin in Leipzig und Halle und nach kurzer Tätigkeit als Arzt und Apotheker Salomons Apotheke in Dresden. Hier begann er, sich

mit technisch-naturwissenschaftlichen Problemen zu beschäftigen. Mehrfach holte man ihn als Arzt nach Karlsbad und Marienbad, um Patienten mit lebensgefährlichen Erkrankungen zu helfen. So trafen die ärztliche Tätigkeit in den Brunnenkurorten und sein Interesse an der Chemie zusammen; Struve begann, sich mit der Herstellung von Mineralwasser zu beschäftigen. Bald stellte er fest, daß sich das Brunnenwasser durch den langen Transport veränderte und äußerte die Meinung, nachgeahmtes Wasser würde weniger vom Original abweichen. Im Jahre 1818 legte er den Grundstein zu seiner sogenannten Mineralwasseranstalt, die im Jahre 1820 eröffnet wurde.

Struves Dresdener Anstalt bestand aus zwei Abteilungen: aus Räumen für die Bereitung verschiedener Mineralwasser und einer Trinkanstalt. Entscheidend war, daß Struve nicht nur die chemischen Bestandteile exakt ermittelte, sondern sich auch bemühte, Geruch, Geschmack und Temperatur des jeweiligen Wassers nachzuahmen. Auch wenn sich die Ärzte über den medizinischen Wert der Erzeugnisse Struves unterschiedlich äußerten, so sind doch sein Erfolg und die Ausstrahlung seiner Ideen auf weite Teile Europas unübersehbar. Unter Struves maßgeblichem Einfluß entstanden ähnliche Anstalten in Leipzig (1822), Berlin (1823) und in Brighton (1825), aber auch in Königberg, Warschau, Kiew, Moskau und vielen anderen Städten gab es bald Mineralwasseranstalten, die von Schülern Struves geleitet wurden. *Tafel 70*

Um 1830 besaßen diese Anstalten durchaus den Charakter kleiner Kurorte; meist verfügten sie neben den Trinkeinrichtungen über angenehme Gärten, Spazierwege, Wandelhallen und Kegelbahnen. Wie im Badeort spielte die Kurkapelle. In Dresden behandelte man jährlich etwa 700, in Berlin 500 bis 600 und in Warschau 800 bis 900 Kranke. Möglich war das nur, weil der innere Gebrauch des Quellwassers vorherrschte – Bäder wären zu teuer geworden.

Ausbreitung der Solbäder ■ Schon lange kannte man die Kochsalzquellen, doch selbst der berühmte Mediziner Friedrich Hoffmann bezeichnete sie in seiner 1743 erschienenen «Kurgefaßten Diätetik» als nutzlos. Erst als es zur Gründung von Seebädern kam, begannen sich in mehreren Ländern Mediziner mit den Solquellen zu befassen. So wies 1797 der englische Arzt James Currie auf den Wert einer vollgesättigten Sole aus aufgelöstem Seesalz hin, und vier Jahre später meinten Hamburger Ärzte, man könne im Binnenland das Seebad durch Solbäder ersetzen. Dieser naheliegende Vergleich spielte für die Nutzung der Solquellen eine große Rolle. Im Jahre 1803 veröffentlichte der Schönebecker Salinenarzt Johann Wilhelm Tolberg seinen Aufsatz «Über die Ähnlichkeit der Salzsoole mit dem Seewasser und den Nutzen der Solbäder», und auch Heiligendamms Badearzt Vogel verglich 1819 Solquelle und Meer und empfahl sie als milderen Ersatz. Schon Mitte des 19. Jahrhunderts galten Solquellen als derart wertvoll, daß zum Beispiel in der Apotheke am Heiligen Damm «Mutterlauge» aus dem nahen Solbad Sülze vorhanden war.

In knapp 50 Jahren – bereits um 1800 hatten Arbeiter der Salinen in Schönebeck und Salzungen vereinzelt Solbäder genommen – gewannen die Solquellen einen festen Platz im Bäderwesen.

Es begann im Jahre 1803 in der Nähe von Schönebeck. Zwischen dem Städtchen Salze und dem Dorf Elmen ließ Johann Wilhelm Tolberg das erste Badehaus mit vier Zimmern errichten, dem schon wenige Jahre später ein größerer Bau mit zehn Badezimmern folgte. Nach weiteren Neu- und Umbauten verfügte der neue Kurort um 1820 über ein Badehaus mit insgesamt 21 Badekammern, einem Schlammbad mit Spülwanne, einem Schwitzbad und dem dazugehörigen Abkühlungszimmer, sowie einem Versammlungsraum. Die Badewannen, runde oder viereckige hölzerne Behälter, waren in den Fußboden versenkt, so daß man

über Treppchen hineinsteigen mußte. Jede Wanne war etwa zwei Meter lang, 1,15 Meter breit und 1,30 Meter tief und faßte «189 gewöhnliche Eimer Wasser», wie Tolberg 1818 in seinem Bericht «Geschichte und jetzige Einrichtung des Sool- und Saltzbades zu Elmen bei Salze» schrieb. Durch das Ab- und Zufließen von Wasser erreichte Tolberg einen ähnlichen Effekt wie im Flußbad. Als Badewasser diente eine durch den Zusatz von warmem Flußwasser verdünnte und erwärmte Sole, da Tolberg reine Sole für zu scharf hielt. Neben den Kammern besaß Salzelmen ein 1814 eingerichtetes großes Bad, das etwa 20 Personen gleichzeitig benutzen konnten; in ihm badeten vielfach mit Krätze behaftete Soldaten.

Tolberg kümmerte sich aber nicht nur um die Badeeinrichtungen, sondern ließ auch Anpflanzungen machen, «so daß die Umgebung, welche vorher eine wahre Salzsteppe war, anfängt, ein freundliches Aussehen zu bekommen» (Tolberg 1818). Wie sehr im kleinen Salzelmen die medizinische Arbeit im Mittelpunkt stand, geht daraus hervor, daß Tolberg die Einnahmen des Bades benutzte, um die Kuranlagen zu verbessern und zu erweitern und den Überschuß in die sogenannte Knappschafts- und Unterstützungskasse der einfachen Salinenarbeiter überwies – so konnten Arme unentgeltlich behandelt werden. Die Zahl der Kurgäste war zwar nach heutigen Maßstäben nicht groß, doch zu Tolbergs Zeit wären auch namhaftere Badeorte mit dieser Zahl zufrieden gewesen; im Jahre 1827 kamen 586 und drei Jahre später 875 Patienten.

Verweilen wir noch in Salzelmen, dem ersten deutschen Solbad, und sehen wir uns Tolbergs

VIII
Ansicht von Karlsbad (Ausschnitt). Kolorierte Radierung von Johann Gottfried Jentzsch (1759–1826)
IX
Das Mühlbad und der Neubrunnen in Karlsbad (Ausschnitt). Kolorierte Radierung von Karl Postl (1763–1818)

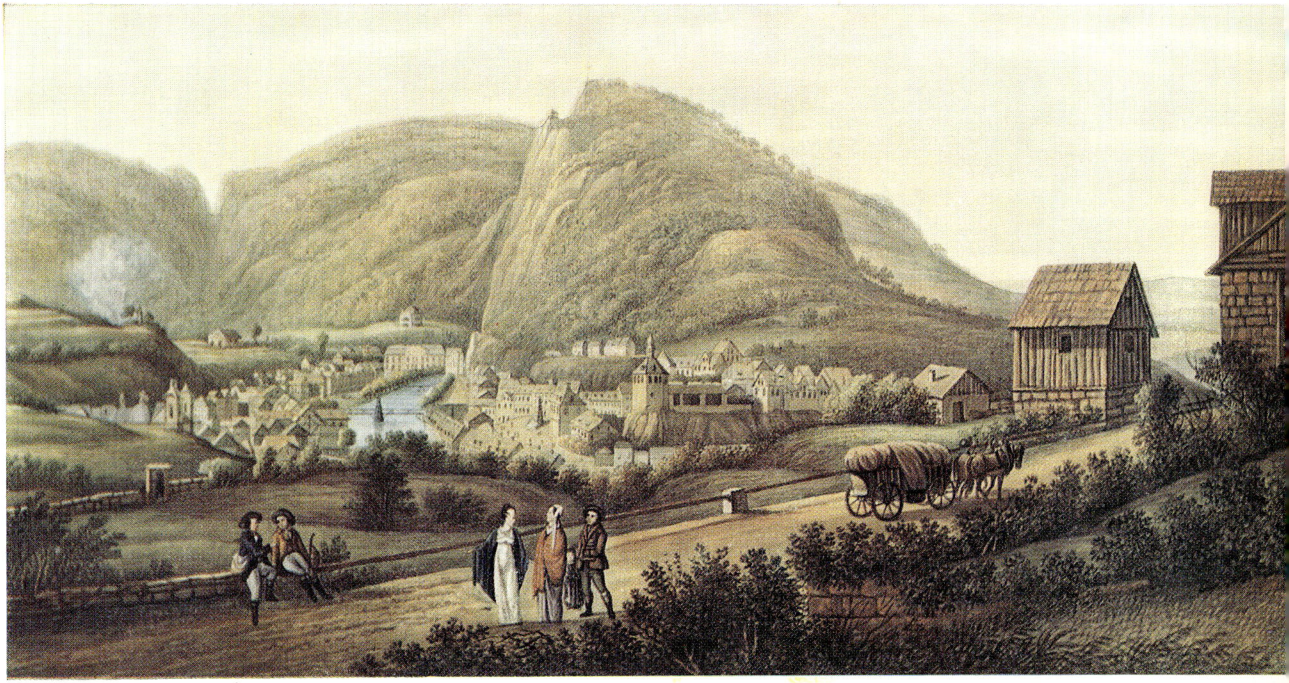

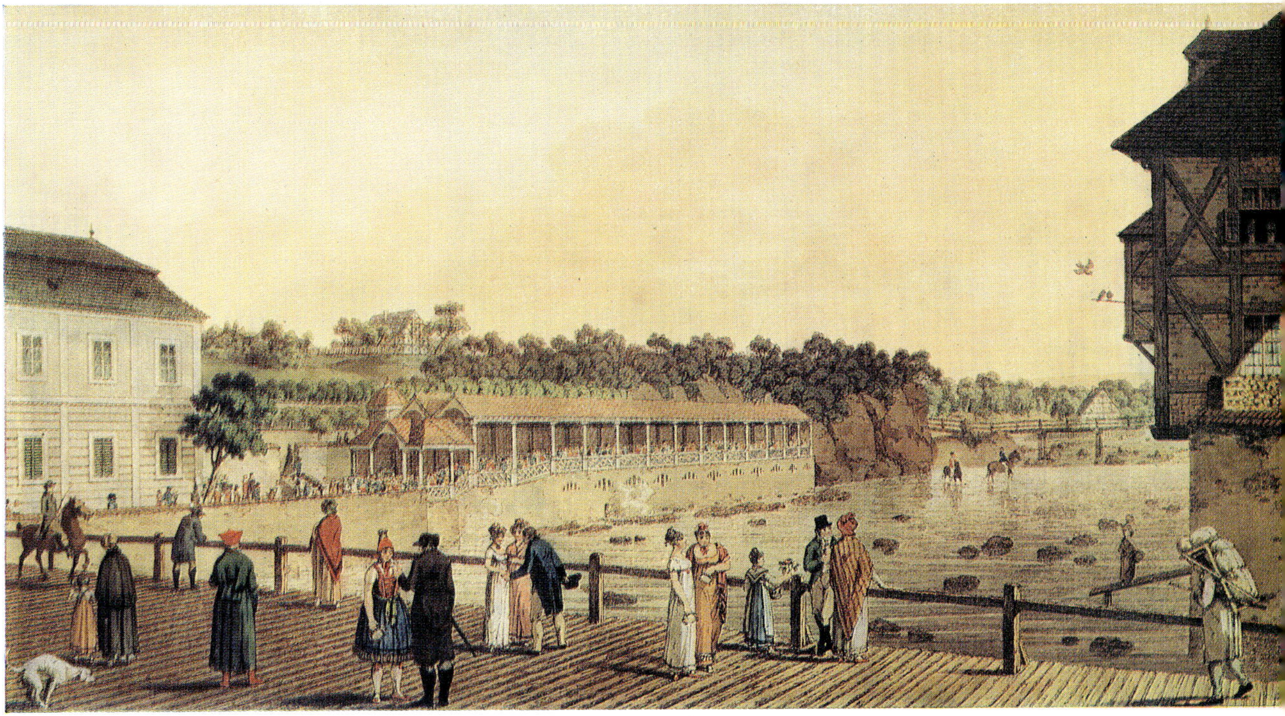

X
Warnemünde vom Bauhofe. Kolorierte Lithographie von J. G. Tiedemann, um 1840

Kurmittel an. Der schon erwähnte Chemiker Emil Osann schrieb 1832 im zweiten Band seiner «Physicalisch-medicinischen Darstellung» über Salzelmen:

«Das Badehaus besitzt außer guten Badekabinetten zu Wannenbädern die nötigen Vorrichtungen zu Wasserdusche- und Salz-Mineralschlammbädern, Kästen zu Dampfbädern und Schwefelräucherungen, einen Apparat, um die Elektrizität anzuwenden, und ein seit mehreren Jahren fleißig und mit gutem Erfolg benutztes russisches Dampfbad.»

Die Sole wurde aber auch getrunken, zum Beispiel gegen Erkrankungen des Unterleibes, bei Würmern und auch gegen Beschwerden, die Gries und Steine in der Blase verursachten. Tolberg meinte, es reiche aus, früh im Bade drei bis vier Weingläser mit verdünnter Sole zu trinken. Bekannt waren als Zusätze Milch, Honig und Fleischbrühe. Bäder galten als heilsam bei Gicht, Skrofulose, rheumatischen Leiden, Hauterkrankungen und Rachitis, der gefürchteten «englischen Krankheit». Ergänzt wurden die Bade- und Trinkkuren durch das Einatmen der salzhaltigen Luft beim Gradierwerk. Hier wird noch einmal die Parallele zum Seebad deutlich: Dort wie in den Seebädern sollte die mit Salzteilchen angereicherte Luft gegen Erkrankungen der Lunge – auch gegen Lungentuberkulose – helfen. Ein Wort noch zum Baden im Salzschlamm: Derartige Bäder in der seifenartigen, aus den vermoderten Salzkräutern entstandenen Erde erwähnte Tolberg schon 1818 mit dem Hinweis auf ihren guten Erfolg.

In den auf die Gründung Salzelmens folgenden drei Jahrzehnten kam es zur schnellen Ausbreitung der Solbäder. Sie gehörten bald zum festen Bestandteil der Bäderheilkunde. Es entstanden nicht nur neue Kurorte, sondern vielfach erbohrte man auch in bereits bestehenden Bädern Solquellen. Um 1830 gab es in Deutschland etwa 25 mehr oder minder bedeutende Solbäder – vom holstei-

nischen Oldesloe bis Reichenhall in Bayern. Zu den ältesten Solbädern gehören Halle (1809), Lüneburg (1814), das Günthersbad bei Sondershausen (1814), Frankenhausen (1817), Salzungen (1821) und Sülze (1822). Berühmte Solbäder wurden auch Kissingen, wo man 1822 einen Solesprudel erbohrte und 1834 Solbäder einführte, und Pyrmont. Zu diesen Bädern, die nun neben ihren älteren Heilquellen die Sole nutzten, ist auch das hessische Schwefelbad Nenndorf zu zählen. Dort entstand das eine Stunde von Nenndorf entfernte sogenannte Soldorf, dessen Sole seit 1842 direkt durch Röhren nach Nenndorf geleitet wurde. Auch im böhmischen Franzensbad kam 1819 eine Solquelle als neues Kurmittel zur Anwendung. Aus späterer Zeit soll Heringsdorf erwähnt werden, wo man 1928 eine Solquelle erschloß.

Zu den schon im ersten Drittel des 19. Jahrhunderts benutzten Solquellen gehören in Italien die Kochsalzthermen von Civitavecchia und mehrere heiße Quellen auf Sardinien, in Frankreich Bourbon-L'Archambault, Bourbon-Lancy und Rennesles-Bains, in der Schweiz Panex und Chamossaire, in England Leamington und Filey und in Österreich Hall und Ischl. Das letztgenannte Bad bietet ein Musterbeispiel für den schnellen Aufstieg eines kleinen Kurortes zum Weltbad durch die Nutzung der Solquellen. Ischl, wo man schon 1828 eine Solbadeanstalt erbaute, wurde zeitweise die Sommerresidenz der österreichischen Kaiser. Berühmter aber als die Heilwirkung seiner Quellen war am Ende des 19. Jahrhunderts sein Theater. Es galt als Sprungbrett nach Wien, und untrennbar ist sein Name mit dem Siegeszug der österreichischen Operette verbunden.

Hingewiesen werden muß auf die Rolle der Solquellen in der Kinderheilkunde. Der Ludwigsluster Pastor Krabbe gründete im Frühsommer 1876 im mecklenburgischen Solbad Sülze die «Sülzer Kinderpflege»; vom 15. Juni bis zum 15. September wurden dort die ersten 50 Kinder gegen Skrofulose behandelt. Aus bescheidenen Anfängen entwickelte sich das weit über Mecklenburg hinaus bekannte Kinderheim «Bethesda», in dem seit 1881 jährlich in drei bis vier Kurperioden je 50 bis 60 Kinder Aufnahme fanden.

In Schlamm, Moor und Sand ■ Neben dem Wasser der Quellen nutzte man auch schon seit ältesten Zeiten den Schlamm, der sich durch Ablagerungen der verschiedensten Mineralien gebildet hatte. Schon Plinius berichtete in seiner «Naturalis historia», daß es üblich sei, die leidenden Teile des Körpers mit Mineralschlamm zu bestreichen, den Schlamm an der Sonne trocknen zu lassen und ihn dann abzuwaschen. Später rühmte Galen die heilende Wirkung des Nilschlammes.

Die ersten europäischen Schlammbäder gab es in Italien, so schon um die Wende vom 15. zum 16. Jahrhundert an den Schwefelthermen von Abano und bald auch in Padua (Bagno di fango), Acqui, Battaglia und San Pietro. Berühmt für seine Schlammbäder war im 17. Jahrhundert St. Amand in Flandern. Von den ältesten französischen Schlammbädern sind Bourbon L'Archambault, Bourbonne-les-Bains, Plombières und Barèges zu erwähnen.

Merkwürdig mutet der 1743 von dem französischen Arzt Sauveur François Morand gemachte Vorschlag an, künstliche Schlammbäder aus Steinkohle und Wasser anzufertigen. Morand vertrat die Auffassung, die Wirkung der Schlammbäder zu St. Amand beruhe auf dem hohen Anteil an Harz und Schwefel, den sie aus den reichen Steinkohlevorkommen erhielten. Nachdem in Paris und Lille derartige Kohlebäder mit Erfolg benutzt wurden, empfahl Morand, das Pflaster auf den am Ufer der Bäche liegenden Gassen aufzuheben und die darunter liegende Erde für Schlammbäder zu nutzen. Sie habe einen hohen Anteil an feinem Eisen, welches die Hufe der Pferde und die Räder der Wagen auf den Gassen zurückließen.

Dieser Idee bediente sich sein Kollege Malaval bei allerlei Verstauchungen.

Seit dem Anfang des 18. Jahrhunderts spielten auch in Schweden, in Medewi und in der berühmten Loka-Quelle bei Örebro, Schlammbäder eine Rolle; ebenso alt sind auch die hochgerühmten Schlammbäder bei den am Fuße der Karpaten gelegenen Schwefelthermen von Pieštʼany. Sehr interessant sind alte Berichte über die Nutzung des Kochsalzschlammes auf der Krim. Emil Osann beschrieb in seiner «Physicalisch-medicinischen Darstellung» derartige Bäder an einem etwa 50 Kilometer von Simferopol entfernt gelegenen Salzsee. Durch die große Hitze verdampfe im Juli und August ein Teil des Wassers; beim Sinken des Wassers entstünde ein gut 500 Meter breiter Uferstreifen, auf dem sich die kristallisierten salzigen Bestandteile befänden. Wörtlich schrieb Osann:

«Früh morgens wird an einer Stelle, wo sich vorzüglich fetter und weicher, von harten Körpern und festen Salzkristallen freier Schlamm befindet, eine Grube gegraben, drei Schuh tief, drei Arschin lang. In diese legt sich gegen Mittag, wenn sie von der Sonne gehörig durchwärmt, der Kranke der Länge nach und läßt sich mit dem ausgegrabenen Kochsalzmineralschlamm bis an den Kopf ganz bedecken. Gegen die Sonne und den häufig gegen Mittag entstehenden Wind schützt man sich durch ein ausgespanntes Tuch, Schirm oder Zelt. Man verweilt in derselben zwei bis drei Stunden, läßt während dieser Zeit den Salzschlamm über den Körper mehrere Male erneuern und genießt wegen der drückenden Hitze Wein und Wasser, Kwas und dergleichen. Nach jedesmaligem Schlammbad wird der auf Strohmatten ausgestreckte Körper mit Wasser und vorzüglich mit dem Salzwasser vom nahen See abgewaschen. In dem nur eine halbe Stunde vom See entfernten Dorf Sak finden sich Wohnungen zur Aufnahme von Kurgästen.»

Um 1820 kamen Kranke aus der Krim und den

angrenzenden Provinzen zum Saker Salzsee und blieben etwa drei bis acht Tage. Neben den Unterkünften im Dorf gab es auch am See ein Logierhaus, in dem 15 bis 20 Personen Aufnahme fanden. Das merkwürdige Schlammbad unter freiem Himmel half angeblich bei Gliederschmerzen, Knochenbrüchen, Neigung zu Katarrh, Unterleibsbeschwerden, aber auch bei Zahnweh. Ähnlich nutzte man die Salzseen bei Astrachan.

In Deutschland bereitete man Schlammbäder zuerst in Nenndorf und Eilsen. Beide Orte waren bekannt durch ihre kalten Schwefelquellen; Ende des 18. Jahrhunderts machte man die ersten Versuche mit Schlammbädern. Im Gegensatz zu den bisher genannten Bädern mußte in Eilsen und Nenndorf wie in allen deutschen Schwefelschlammbädern der Schlamm künstlich erwärmt werden. Eilsen verfügte um 1815 über ein Badehaus mit 14 Schlammbadezimmern, in denen sich steinerne Wannen befanden, und besaß seit 1805 ein Logierhaus.

Als die ersten Seebäder entstanden, begannen die Ärzte, auch mit Seeschlamm zu experimentieren, vor allem in Schweden, Norwegen, Livland und am Schwarzen Meer.

Zwar kannte man bereits in Babylonien und im Römischen Reich die heilende Wirkung des Moores, doch begann es im europäischen Badewesen erst wesentlich später eine Rolle zu spielen als der Mineralschlamm. Unter den böhmischen Bädern kann Franzensbad den Ruhm für sich in Anspruch nehmen, als erstes seinen Gästen die Möglichkeit zu Moorbädern geboten zu haben. Seit etwa 1810 nahm man Moorbäder in einigen Privathäusern, vor allem in Form von Teilbädern und Umschlägen, aber als 1827 ein öffentliches Badehaus entstand, wurden auch Vollbäder genommen. Noch vor 1830 folgte Marienbad, und im Jahre 1836 richtete man in Karlsbad zwei Moorbäder ein. Eine stärkere Entwicklung nahm das Moorbad trotz einiger Ausnahmen erst am Ende des 19. Jahrhunderts.

Schon im Altertum bedeckte man Kranke mit von der Sonne erwärmtem Sand. Nach vereinzelten Versuchen, auf diese Weise Rheumapatienten zu helfen, errichtete Ferdinand Flemming 1873 in Blasewitz bei Dresden eine sogenannte Sandbadeanstalt. In Dresden und etwa zur gleichen Zeit im Solbad Köstritz nutzte man reinen, warmen Flußsand zu Bädern, denen man ähnliche Wirkungen wie den Heißluftbädern zusprach. Sandbäder gab es am Ende des 19. Jahrhunderts auch in Berka und dem an der Elbe gelegenen Tetschen-Bodenbach (Děčín).

Aber auch an Ost- und Nordsee galt heißer Sand als vorzügliches Kurmittel. So grub man um 1880 in Travemünde und auf Norderney Kranke bei höchstem Sonnenstand in den Sand ein. Ähnliche Bäder waren auch an den Stränden Italiens, Griechenlands und Kleinasiens üblich.

Kapitel VIII   # Die wechselvolle Geschichte der Wasserkur

Verspottet als «Wasser-Hähne» ■ Der Gebrauch des kalten Wassers als Heilmittel, schon den Stämmen der Urgemeinschaft bekannt und hochgepriesen von den berühmtesten griechischen, römischen und arabischen Ärzten, schien im 17. Jahrhundert in Vergessenheit geraten zu sein. Der äußere Schein aber trügt; auch zu jener Zeit gab es Ärzte, die auf seinen Wert hinwiesen. So finden sich Beispiele für den Versuch, mit Waschungen, Duschen und Tropfbädern einzelne Krankheiten zu bekämpfen. Man benutzte kaltes Wasser gegen hohes Fieber, bei der Behandlung von Geisteskranken, in der Chirurgie, ganz besonders aber bei der Bekämpfung von Epidemien, die oft verheerende Auswirkungen hatten. Einer jener Mediziner, die den Gebrauch des kalten Wassers empfahlen und damit die Grundlagen der Hydrotherapie legten, war der mehr als 50 Jahre in Gent als Arzt wirkende Herman van der Heyden – er soll im Jahre 1643 während einer verheerenden Ruhrepidemie 360 Kranke mit Hilfe von kaltem Wasser geheilt haben.

Wort und Tat einzelner Ärzte, das Fortwirken uralter Volksbräuche, ja auch weit verbreitete abergläubische Vorstellungen von der Wunderwirkung des Wassers und nicht zuletzt die Beschäftigung mit der Antike führten zu einer Neubelebung des medizinischen Kaltbades. Die entscheidenden Impulse hierzu gingen von englischen Ärzten aus. Sie versuchten, mit den verschiedensten hydrotherapeutischen Mitteln die unter der armen Bevölkerung in den rasch wachsenden Städten auftretenden Krankheiten – wie Skrofulose und Rachitis – zu bekämpfen.

Großen Widerhall fand John Floyer, als er 1697 seine Schrift «An inquiry into the right use of the hot, cold and temperate bath in England» veröffentlichte. In ihr empfahl er kalte Bäder gegen Rachitis und Rheumatismus. Seine «Psychrolusia», eine Geschichte des kalten Bades, hatte in London von 1702 bis 1732 sechs Auflagen und wurde 1749 ins Deutsche übersetzt. Auch Edward Baynard, seit 1675 Arzt in Bath, und der berühmte niederländische Arzt Hermann Boerhaave, Professor an der Universität Leiden, waren begeisterte Anhänger der Hydrotherapie; Boerhaave benutzte vor allem Übergießungen bei der Behandlung gelähmter Patienten. Gerard van Swieten, der Leibarzt Maria Theresias, führte Mitte des 18. Jahrhunderts Boerhaaves Methoden in Wien ein.

In Deutschland waren es besonders die «Wasser-Hähne», die ein System der Wasserbehandlung schufen, sicher beeinflußt von Floyer, Baynard und Boerhaave. Johann Sigmund Hahn (Senior) hatte Medizin in Leipzig und Leiden studiert, war dann Stadtphysikus im schlesischen Schweidnitz geworden und veröffentlichte 1737 seine Schrift «Psychrolusia veterum renovate, iam recocta oder wiederaufgewärmtes alt kalt Baden und Trinken». Er vertrat darin die zu jener Zeit weitverbreitete Theorie vom Eindringen des Wassers durch die Poren in den Körper. Leidenschaftlich, oft in derber Sprache stritt er für den Gebrauch des kalten Wassers, erklärte die lindernde Wirkung des Wassertrinkens bei Fieber, verwies auf Waschungen und nannte Beispiele für die Anwendung von Wasserkuren gegen Podagra, Rachitis und andere Krankheiten.

Bekannter noch wurde Johann Sigmund Hahn (Junior), auch er Arzt in Schweidnitz, dessen 1738 veröffentlichte Schrift «Unterricht von der wunderbaren Heilkraft des frischen Wassers bei dessen innerlichem und äußerlichem Gebrauch durch die Erfahrung bestätigt» ein ganzes System der Wasserheilkunde bot. Gemeinsam wirkten Vater und Sohn gegen alle Widerstände, auch gegen Spott und Hohn (der Name «Wasser-Hähne» war keinesfalls nur liebevoll gedacht) bei der Durchsetzung ihrer Heilverfahren und konnten auch auf Erfolge bei der Bekämpfung einer furchtbaren Typhusepidemie in Breslau (Wrocław) im Jahre 1737 verweisen. Hahn, der wie sein Vater auch bei rauher Witterung kalt badete, kannte seine Pappenheimer, wenn er das französische Sprichwort zitierte: «Dix yvrognes ne valent pas en amoureuse affaire un buveur d'eau» (Zehn Trunkenbolde vermögen im Liebeshandel nicht soviel wie ein Wassertrinker).

Ähnliches Aufsehen wie die beiden Schweidnitzer Ärzte erregte Friedrich Hoffmann, seit 1693 Professor der Medizin an der damals gerade gegründeten Universität Halle, mit seiner Schrift «De medicina simplicissima summae efficaciae», in der er, angeregt durch den Gebrauch der Bäder bei den Halloren, auf den Wert des kalten und warmen Wassers hinwies. Ein anderer Hallenser Mediziner, Johann Gottlieb Krüger, war es, der über die Halloren schrieb, sie ließen ihre Kinder, kaum daß sie gehen könnten, ins Wasser laufen. So gab es Mitte des 18. Jahrhunderts in Deutschland bereits eine große Zahl von Schriften zur Hydrotherapie, lange bevor Vincenz Prießnitz mit seiner Wasserkur berühmt wurde.

Kur mit Eis und Schnee ■ Zu einem wahren Mekka der Leidenden wurde in den zwanziger Jahren des 18. Jahrhunderts die Insel Malta; dort wirkte der aus Sizilien stammende Kapuziner Bernardo als Wasserarzt. Bernardo, der ein Medizinstudium nicht beendet hatte, erregte in Europa ungeheures Aufsehen durch seine seit 1724 durchgeführten Kuren mit kaltem Wasser, Eis und Schnee. Er empfahl Eiswasser als Getränk und Klistier und versuchte, mit kalten Umschlägen und durch Bestreichen des Körpers mit Eisstücken zu heilen. Vor allem wandte er seine mit einer strengen Diät verbundene Kur gegen die Pocken an. Bernardo pries auch das Barfußgehen auf nassem Boden und frischem Schnee.

Zwar hatte schon der 1680 verstorbene dänische Arzt Thomas Bartholin über die Anwendung von Schnee als Heilmittel – beispielsweise bei Pest, hitzigem Fieber, Typhus, Lungensucht, Magenkrampf, Kolik, Verstopfung, Gicht, Verbrennungen und Erfrierungen – geschrieben, doch erst auf Malta und gleichzeitig in Italien kam es zu einer bisher nicht gekannten Ausbreitung der Kaltwasserkur, wobei Scharlatanerie und Mißbrauch den Widerspruch der Ärzte herausforderten.

Besonders dreist gingen um 1720 die Italiener Todano und Sangez vor. Todano nannte sich Medicus per aquam und behauptete, alle Krankheiten durch kaltes, mit Schnee und Eis vermischtes Wasser heilen zu können. Seine Patienten mußten es im Übermaß trinken, alle drei Stunden zweieinhalb Liter, durften sich nicht zudecken, da er das Frieren für gut hielt – wie übrigens auch den Hunger. Wer sich Todano anvertraute, mußte mit täglich zwei bis drei Eigelb auskommen. Wasserarzt Todano, der über keine medizinische Ausbildung verfügte, versuchte sich mit seiner harten Kur sogar an Kindern und Schwangeren. Sangez – er ließ sich Medicus per glaciem nennen – meinte, alles ließe sich mit Schnee und Eis heilen. Bei hohem Fieber legte er den Kranken auf ein an seinen vier Enden aufgehängtes Bettlaken, bedeckte ihn ringsum bis an den Mund mit Schnee und ließ den Patienten dann solange schaukeln, bis er in Schweiß geriet. Wenn auch Bernardo einige Zeit als der gesuchteste Wasserarzt Europas galt und Todano und Sangez starken Zulauf hatten, so geriet doch bei ihnen die Kaltwasserkur durch ihre Einseitigkeit zur Kurpfuscherei. Einzelne Heilmittel aber waren durchaus wirkungsvoll und spielten in der späteren Wasserheilkunde wieder eine Rolle, so zum Beispiel Bernardos Barfußgehen in der Kneippkur.

Gerade bei der Bekämpfung von Epidemien, und an erster Stelle stand da die Pest, versuchten mehrfach Ärzte, mit kaltem Wasser, Schnee und Eis zum Erfolg zu kommen. So wandten die neapolitanischen Ärzte Nicolaus Cyrillus und Michele Sarcone durch Schnee und Eis abgekühltes Wasser innerlich und äußerlich an. Der Moskauer Arzt D. Samoilowitz schilderte in einer 1783 erschienenen Abhandlung, wie er im Spital des Klosters Ugreschinsky Pestkranke mit Eis abrieb und im Wechsel Eis und schweißtreibende Mittel benutzte. Der Pest, die 1770 bis 1772 in Moskau wütete, fielen mehr als 133 000 Menschen zum Opfer. Bedenkt man, wie machtlos die Medizin solchen verheerenden Seuchen gegenüberstand, so wird verständlich, daß immer wieder auf die uralte Kaltwasserkur zurückgegriffen wurde.

Patienten im Schwungbad ■ Im ausgehenden 18. Jahrhundert fand die Wasserkur in weiten Teilen Europas immer mehr Beachtung. In England erwarben sich hierbei vor allem William Wright und James Currie große Verdienste. Wright, zunächst Arzt auf Jamaika, später bei der englischen Armee in Westindien, berichtete 1786 in einer Londoner medizinischen Zeitschrift über Erfolge mit kalten Abwaschungen bei Fieber. Durch ihn lernte James Currie die Wirkung des kalten Wassers kennen. Currie wandte 1787 in Liverpool Übergießungen gegen Typhus an, und als er von deren Nutzen überzeugt war, versuchte er, so auch Pocken und Scharlach zu bekämpfen.

Auch in Frankreich waren Kuren mit kaltem Wasser in Gebrauch. So stellte 1755 die Akademie in Dijon eine Preisaufgabe über die Wirkung des gemeinen Wassers. Im Ergebnis einer ähnlichen Umfrage der Akademie in Bordeaux erschien 1767 Pierre-Antoine Marteaus berühmte Schrift «Traité de l'analyse des eaux minérales». Der größte Einfluß aber ging von dem bereits erwähnten, in Lausanne praktizierenden Arzt Simon André Tissot aus, dessen Werk «Avis au peuple sur la santé» (1761) schon zwei Jahre später in Deutschland unter dem Titel «Anleitung für das Landvolk in Absicht auf seine Gesundheit» herauskam und ihn in ganz Europa berühmt machte.

Der Schwede Peter Jonas Bergius schilderte 1763 als erste die Anwendung des sogenannten Schlangenbades, bei dem durch einen Schlauch das Wasser von einer bestimmten Höhe aus auf den Körper oder einzelne Teile gegossen wurde. In Polen war es der königliche Leibarzt Christian Jakob Moneta, der kaltes Wasser gegen die verschiedensten Erkältungskrankheiten anwandte.

Wertvolle Anregungen für die weitere Entwicklung der Wasserheilkunde gingen von Joseph Pascal de Ferro aus. Er nutzte kaltes Wasser gegen Schwäche und Kränklichkeiten, meinte, es gebe Gesundheit, eine frische Farbe und den Frauen Schönheit. Ferro sprach sich auch für das kalte Baden der Säuglinge und Kinder aus und schrieb, bei Gewöhnung könne man auch im Winter zwischen den Eisschollen baden. Nach dem Beispiel Curries behandelte Johann Peter Frank im Wiener allgemeinen Krankenhaus Typhuskranke mit Übergießungen. Als es im Gefolge der Befreiungskriege 1813/14 zu einer Typhusepidemie kam, wurden kalte Sturzbäder im Berliner Provinzial-Lazarett mit gutem Erfolg angewandt.

Lange bevor Vincenz Prießnitz durch seine Kaltwasserkuren in ganz Europa bekannt wurde, verfügten die Badeärzte über ein umfangreiches Arsenal von hydrotherapeutischen Kurmitteln. Anfang des 16. Jahrhunderts war auch in den deutschen Mineralbädern die aus Italien stammende Dusche aufgetaucht. Der schon erwähnte Johann Dryander bezeichnete in seinem «Artzenei Spiegel» das Tropfbad als «Ducia», und der in seiner Zeit berühmte Aachener Badearzt Franciscus Blondel beschrieb 1688 eine Duschanlage in seiner Schrift «Außführliche Erklärung und augenscheinliche Wunderwirkung deren heylsamen Badt- und Trinckwässeren zu Aach»:

Tafel 76–78

«... in diesen wird das Wasser in die Höhe gezogen und dann durch dazu verordnete Krane das frische mineralische Wasser auf die beschädigten Glieder abgelassen, desto besser selben ohne Schaden der inneren Glieder und Eingeweide zu helfen. Dieses ist besser als behen (warme Umschläge machen, d. Verf.), bisweilen auch als baden.»

Seit Jahrhunderten benutzte man in der Medizin Teilbäder und feuchte Umschläge. Schreger nannte 1803 in seiner «Balneotechnik» Sturz-, Schwung-, Regen-, Tropf-, Spritz- und Duschbäder. Beim Schwungbad wurde der Patient durchs Wasser geschaukelt, wobei er in der Mitte völlig untertauchte. Auch Vogel beschrieb 1800 ein Regenbad, das bei Kopfschmerzen Linderung verschaffen sollte, und benutzte Tropfbäder. Die Anwendung von Regenbädern ist auch um 1800 in

England und Frankreich nachweisbar. Und doch: Trotz häufiger Erwähnung hydrotherapeutischer Mittel, trotz des Einsatzes anerkannter Ärzte, gelang es erst einem medizinischen Laien, die Wasserkur wirklich populär zu machen.

Prießnitz in Gräfenberg ■ Als Vincenz Prießnitz im Jahre 1799 geboren wurde, war Gräfenberg (Gräfenberk), im österreichischen Teil Schlesiens gelegen, eine noch junge Ansiedlung von nicht mehr als 20 Häusern, deren Bewohner sich vom Ackerbau ernährten. Vincenz, der später den Hof seines Vaters übernehmen sollte, wuchs ohne jede Schulbildung auf. Als er bemerkte, daß viele seiner Landsleute kleinere Verletzungen ihrer Pferde und Rinder erfolgreich mit kalten Umschlägen behandelten, begann er, sich für die Wasserkur zu interessieren. Nachdem er selbst mit einem feuchten Wickel gute Erfahrungen gemacht hatte – er war vom Pferd gestürzt und hatte sich zwei Rippen gebrochen – war er endgültig von ihrem Wert überzeugt. Bald verbreitete sich sein Ruf als «Wasserdoktor», und schon mit 19 Jahren wurde er in entfernte Ortschaften gerufen, wo viele Kranke – vor allem aus der ärmeren Klasse – seine Hilfe in Anspruch nahmen.

Tafel 79

Im Jahre 1826 fanden sich erstmals Kranke in Gräfenberg ein. Prießnitz erbaute das erste Badehaus. Doch drei Jahre später klagten ihn mehrere Ärzte als Kurpfuscher an. Prießnitz verließ Gräfenberg, kehrte aber sehr bald zurück und erhielt 1829 von der österreichischen Regierung die Erlaubnis, Kranke in seiner Anstalt aufzunehmen.

Hatte Prießnitz zunächst seine Patienten vorwiegend mit Waschungen und kalten Umschlägen behandelt, so begann er um 1830, immer neue Kurmittel anzuwenden, wobei unbekannt ist, inwieweit er Hinweise aus der umfangreichen Literatur über das Wasserheilverfahren übernahm.

Prießnitz nahm an, daß alle Krankheiten, die nicht von äußerlichen Verletzungen herrührten, durch schlechte Säfte entstünden, die zur Erkrankung einzelner Teile oder zum allgemeinen Übelbefinden führten. Daher richtete er seine Methode darauf, die schlechten Säfte aus dem Körper zu entfernen und sie durch gute zu ersetzen. Prießnitz hatte auch eine Antwort auf die Frage, wie die schlechten Säfte entstünden: durch den Genuß schädlicher und zu vieler Nahrungsmittel, Mangel an Bewegung und unterdrückte Hautausatmung, aber auch durch auf den Körper gewaltsam wirkende Affekte wie Zorn, Ärger, Sorgen und Kummer. So lag es denn nahe, daß der junge Heilpraktiker nicht nur kaltes Wasser, sondern auch gesunde Luft, Bewegung und Diät für wesentliche Heilfaktoren hielt.

Daß Prießnitz in seinem Bemühen um eine gesunde Lebensweise anfänglich ein übermäßig strenges und der Gesundheit kaum zuträgliches Regime einführte, deutet der Brief eines Patienten vom Januar 1830 an. Der Ansbacher Gymnasialprofessor Oertel, der sich seit etwa 1820 selbst mit der Wasserkur beschäftigt hatte, veröffentlichte ihn im Heft 3 seiner «Allerneuesten Wasserkuren» unter der Überschrift «Noch ein Wasserdoktor! Vincenz Preßnitz.» Der Patient, ein Beamter I. Knur, beklagte sich darin:

«In der Stube, worin ich wohnte, war es eiskalt, so wie das Essen Früh und Abends in kalter Milch, zu Mittag in kaltem Braten und das alleinige Getränk in kaltem Wasser bestand.»

Oertel, der beim Abdruck des Briefes noch nicht einmal den Namen des Gräfenberger Wasserarztes richtig geschrieben hatte, wurde übrigens bald zu einem begeisterten Verfechter der Prießnitzschen Methoden. Seine 1834 erschienene Schrift «Vincenz Prießnitz oder ein Aufruf an alle Staatsregierungen Deutschlands zur Einrichtung von Wasserheilanstalten» half, die Gräfenberger Anstalt überall im deutschsprachigem Raum bekanntzumachen.

In den 30er Jahren, als Gräfenberg dann Anziehungspunkt für Ärzte und Kranke aus ganz Europa war, nutzte Prießnitz bereits eine ganze Palette von Kurmitteln. Man badete in großen Wannen, deren Umfang etwa sieben bis zehn Meter betrug. Nachdem der Patient Kopf und Brust benetzt hatte, stürzte er sich mit dem Kopf zuerst in das kalte Wasser. Prießnitz empfahl viel Bewegung beim Baden; so rieben die Patienten während des Badens kräftig den Körper oder schwammen auch. Die Badezeit betrug sechs bis acht Minuten, und schwächere Kranke blieben sogar nur drei Minuten im Wasser. Neben den Vollbädern kannte Prießnitz Halbbäder und die unterschiedlichsten Teilbäder für die spezielle Einwirkung auf einzelne erkrankte Körperteile. Für das beste Abhärtungsmittel – und Abhärtung spielte eine große Rolle bei Prießnitz – hielt er die Dusche, wobei eisiges Wasser im dicken Strahl aus einer Höhe von zwei bis sechs Metern auf die Patienten niederfiel. Die Trinkkur (Prießnitz empfahl, pro Tag 12 bis 30 Gläser Wasser zu trinken), Abwaschungen, Umschläge, Klistiere und Spülungen ergänzten die Behandlung.

Tafel 83, 84

Anstrengend war seine Schwitzkur. Der Kranke wurde bis zur Kinnspitze fest in Decken eingewickelt, darüber kamen Betten, damit die Körperwärme nicht entweichen konnte. Nun blieb er oft stundenlang liegen, bis es zum Schweißausbruch kam. Sobald der Patient tüchtig schwitzte, wurden die Fenster geöffnet, und er bekam kaltes Wasser zu trinken; ein anschließendes kaltes Bad beendete die Schwitzkur. Als Prießnitz am Ende seines Wirkens vorsichtiger wurde, gab er die den Kreislauf belastenden Schwitzpackungen auf.

Welche Krankheiten behandelte nun Prießnitz in seiner Anstalt? Im Grunde kannte er nur zwei Ausnahmen: Epilepsie und Lungentuberkulose. Dagegen versuchte er sich an Magen- und Darmleiden, an Unterleibserkrankungen, Frauenleiden, Gicht, Rheuma, Syphilis, Geschwüren, Krebs, auch an Nervenleiden wie Hysterie und Hypochondrie,

an Scharlach, Masern, Pocken, Krätze, Flechten, Rachitis und Skrofulose. Schon diese Aufzählung läßt erkennen, wie fern die Wasserheilkunde noch von wissenschaftlich begründeten Indikationen war.

Werfen wir einen Blick auf die Einrichtung der Gräfenberger Anstalt in ihrer Blütezeit um 1840. Im großen, 1826 erbauten Bretterhaus befanden sich der Speisesaal, die Küche, 12 Zimmer und fünf Kammern für die Familie Prießnitz, die Bediensteten und die Kranken. An dieses ältere Gebäude war das Badehaus angebaut, worin die größte Wanne von Gräfenberg stand; ihr Umfang betrug gut zehn Meter, und sie war tief genug, um darin schwimmen zu können. Den sich dahinter befindenden Hauptbrunnen nutzte Prießnitz für die Trinkkur. Das schnelle Steigen der Patientenzahl hatte dazu geführt, daß schon 1832 ein zweites Haus, das sogenannte «Steinerne Haus» gebaut werden mußte. In ihm gab es 18 Zimmer und Kammern für Kranke, einen kleinen heizbaren Saal, in dem man im Winter das Essen einnahm, eine Küche und im Keller zwei Badewannen. Ergänzt wurde das Anwesen durch ein kleineres Bretterhaus, in dem – wie auch in der Scheune – im Sommer ebenfalls Kranke untergebracht wurden. Insgesamt reichten die Häuser für die gleichzeitige Aufnahme von etwa 100 Heilungsuchenden, und außerdem fanden noch rund 150 Kranke im Dorf Unterkunft. Luxuriöse Zimmer konnte und wollte Prießnitz nicht bieten, obwohl er sehr reiche Patienten hatte. Zur Ausstattung der Zimmer und Kammern gehörten Bettstellen mit Stroh, eine Kommode, ein Tisch, einige Stühle, Spiegel, Stiefelknecht, Leuchter, eine große Wasserschale und eine Wasserflasche mit Glas. Extra verliehen und berechnet wurden Bettwäsche, Handtücher und Federbetten.

76
Der Aachener Badearzt Franciscus Blondel (1613–1703). Kupferstich, 1688

FRANCISCUS·BLONDEL·MEDICINÆ·DOCTOR·& THERMOPOTATIONUM HARUM·INSTITUTOR·

NATVRA   ARTE

Dan von dem falleuden Waſſer wird die Hauth
roth / die Schweißlöcher werden mehr erdffnet / vnd
daß remedium, oder mittel tringt mehr durch. Bey
deneu ſeint auch Bett zum ſchwitzen. Alhier iſt auch
ſchdn zu ſehen / daß das eſtrich bey dieſen Waſſer=

Anwendung verschiedener Duschbäder in Aachen Mitte des 17. Jahrhunderts.
Kupferstich, 1688

Gebrauch der Dusche in Aachen.
Kupferstich, um 1730

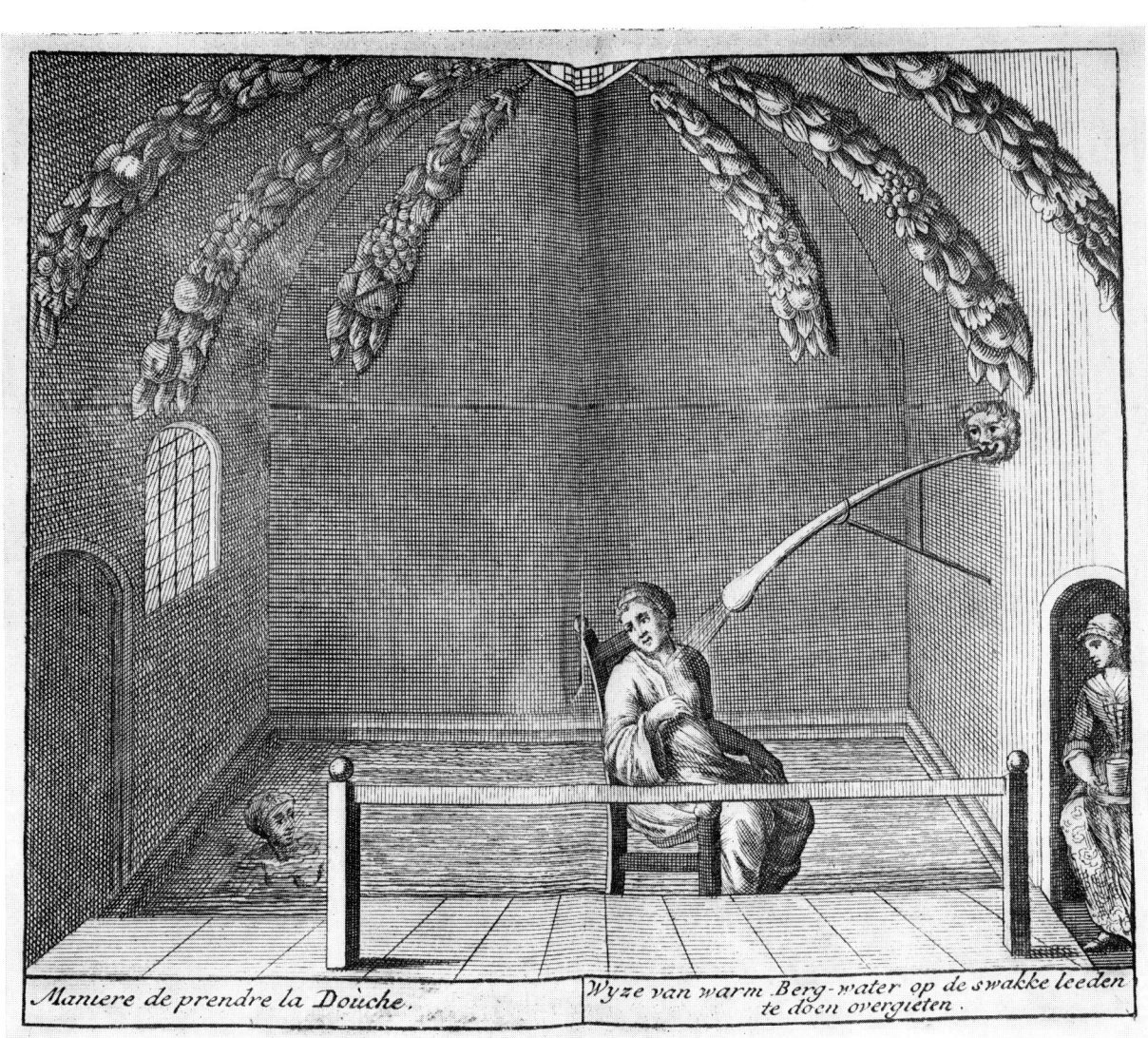

Maniere de prendre la Douche.

Wyze van warm Berg-water op de swakke leeden te doen overgieten.

79
Gräfenberg
von der Westseite. Kupferstich, um 1830
80
Die Walddusche
in Gräfenberg. Kupferstich, um 1830

81
Elgersburg um 1840.
Lithographie von E. Sachse nach einer Zeichnung von E. John
82
Kurgebäude zu Elgersburg um 1840.
Lithographie von E. Sachse nach einer Zeichnung von E. John

Staubbad.   Douche.   Tropfbad.

83
Staubbad, Dusche
und Tropfbad um 1835.
Kupferstich

84
Verschiedene
Wasseranwendungen
um 1835.
Kupferstich

85
Thermal-Badeanstalt der Fregatte «La ville de Paris». Xylographie von Antoine Valérie Bertrand, um 1860

Am bekanntesten war wohl neben dem noch heute in der Medizin angewandten Prießnitzumschlag seine Walddusche. Sie lag mitten im Wald, etwa 30 Minuten Fußweg von den Häusern entfernt. Aus sechs Duschen, von denen vier für Männer und zwei für Frauen bestimmt waren, fiel das kalte Wasser durch etwa 15 Zentimeter starke Rohre aus beträchtlicher Höhe auf den nackten Leib. Dieses Sturzbad war keine Erfindung von Prießnitz, und anderswo ließ man das Wasser sogar aus zehn und mehr Metern Höhe auf die Kranken strömen. Über das Duschen schrieb 1890 Franz Carl Müller in seiner «Hydrotherapie»:

«Eine Bretterhütte mit rohgezimmerten Bänken und das frische, reine Quellwasser, das genügte den damaligen bescheidenen Ansprüchen. Ohne Rücksicht auf das Wetter wurde im Sommer und Winter geduscht, so daß es besonders eingefleischten Wasserfreunden begegnete, daß ihnen während des Gebrauchs die Zugangstür festfror.»

Kein Ort für Schlemmer ■ Vincenz Prießnitz gab seinen Patienten sehr genaue Hinweise für die Kur und sorgte auch dafür, daß sie sie einhielten. So modern die Wasserbehandlung auch wurde, in dieser Hinsicht unterschied sich Gräfenberg grundsätzlich von einem Modebad. Verboten waren zum Beispiel alle Nahrungs- und Genußmittel, die Prießnitz für schädlich hielt: Branntwein, Wein, Bier, Kaffee, Tee, scharfe Gewürze, Pökelfleisch und gesalzene Fische. Es gab eine sehr einfache, kräftige Kost – zum Frühstück und Abendessen nur Schwarzbrot, Butter und Milch, auch zum Mittag meist kalte Gerichte. An Gewürzen erlaubte er nur Kümmel, Majoran, Meerrettich und Senf. Nein, für Schlemmer war das nichts. Sehr viel Wert legte Prießnitz auch auf Bewegung. Bei gutem Wetter standen lange Spaziergänge auf dem Programm, und im Winter ließ Prießnitz seine Patienten Holz hacken und Korn dreschen – wer denkt da nicht an die moderne Arbeitstherapie?

Auskunft über das Kurregime gibt die Hausordnung vom 1. Juli 1835. In ihr hieß es:

«§ 1 Jeder Kurgast unterwirft sich in allem den Landesgesetzen. Hasardspiele sind in dieser Hinsicht sowohl, als wegen des nachhaltigen Einflusses, den sie auf die Gesundheit ausüben, verboten.

§ 4 Das Baden geschieht in Bezug auf Zeit, Ort und Anwendung nur auf meine (Prießnitz') Anordnung.

§ 9 Hunde zu halten ist nicht erlaubt. Auch wird für diese unter keiner Bedingung Futter gegeben.

§ 11 Tabak zu rauchen ist im Saale, nur nachdem die Speisen nach dem Abendessen abgetragen worden, erlaubt.

§ 16 Vor halb 6 Uhr früh ist alles Geräusch zu vermeiden, um die Ruhe der Kranken nicht zu unterbrechen. Der Gebrauch von Medizin ist ein für alle Mal untersagt.»

Übrigens, die Raucher machten ihren Mitmenschen schon vor 150 Jahren zu schaffen. In Theodor Brands 1833 erschiener Schrift «Die Wassercuren des Vincenz Prießnitz zu Gräfenberg in Oesterreichisch-Schlesien» lesen wir:

«Des Abends drängen sich (besonders die Damen) in dem Saale zusammen, wo heitere Spiele und Musik die Zeit vertreiben. Hier fehlen nur zu oft die Tabakraucher, diese garstigen Menschen, die alles vollqualmen. Sie, die Unzufriedenen, schleichen sich dann hinüber in das Wohnzimmer und rauchen der herzensguten Frau Prießnitz die Stube voll, zum Ärger der kleinen schreienden Therese und zur Lust der beweglichen Sophie, der lieben Kinder des Hausherrn.»

Beachtlich ist das rasche Ansteigen der Besucherzahl. Im Jahre 1832 kamen erstmals über 100 Kranke, im folgenden Jahr schon 200, 1836 etwa 500 und um 1840 fast 2000, aber längst nicht mehr wie in Prießnitz' Anfangsjahren Bauern und Handwerker aus der Nachbarschaft, sondern wohlhabende Patienten aus ganz Deutschland, England, Frankreich, Italien, Rußland, Polen, Norwegen und Schweden, ja sogar aus Asien und Amerika. Insgesamt behandelte Prießnitz in Gräfenberg etwa 36 000 Kranke. Nach seinem Tode im Jahre 1851 aber nahm der Besuch der weltberühmten Wasserheilanstalt schnell ab.

Skepsis der Ärzte ■ In kürzester Zeit breitete sich die Wasserkur in Europa aus. Die erste Wasserheilanstalt Deutschlands wurde im thüringischen *Tafel* Dorf Elgersburg gegründet. Der gelernte Flei-
81, scher Jacob Gräser hatte schon 1828 in seinem
82 Haus ein Dampfbad einrichten lassen und errichtete 1837 nach dem Muster von Gräfenberg eine Wasserheilanstalt. Dem ersten Kurhaus, einem zweigeschossigen Bau mit 30 Zimmern, folgte schon 1845 ein größeres Gebäude. Zu jener Zeit verfügte die Anstalt über acht Badestuben mit 19 Wannen, in denen die verschiedensten Bäder genommen werden konnten. Dazu kamen sechs Sturzbäder, wobei die Fallhöhe etwa drei bis sieben Meter betrug. Die Patienten badeten in reinem Quellwasser, besuchten ein nahegelegenes Fluß-Wellenbad, gingen im Park spazieren, wanderten durch die stille Berglandschaft oder vergnügten sich beim Kegeln. Interessant ist, daß die Elgersburger Anstalt von Anfang an unter ärztlicher Aufsicht stand; besondere Verdienste erwarb sich der aus Ohrdruf stammende Hermann Piutti, der 25 Jahre in Elgersburg wirkte.

Thüringen mit seinen Bergen, Wäldern und Quellen bot sich bestens an für die schnell populär gewordene Prießnitzsche Kur. Erwähnt seien hier nur die Wasserheilanstalten in Ilmenau (1838), im Stahlbad Liebenstein (1839) und in Sonneberg (1843). Auch die mecklenburgische Seenplatte schien geeignet. So kam es zur Gründung mehrerer derartiger Anstalten, unter anderem in Stuer (1845), Lehsen (1847) und Feldberg (1855). In Stuer und Lehsen praktizierte übrigens Heinrich Franke, ein Forstpraktikant, der 1839 unter dem Namen J. H. Rausse die Schrift «Der Geist der Gräfenberger Wasserkur» veröffentlichte und darin ironisch schrieb, das Verfahren helfe nicht «von Säbelbeinen oder einem Höcker oder der Dummheit».

Allein in Deutschland waren bis etwa 1850 mehr als 20 Anstalten nach dem Vorbild Gräfenbergs entstanden – von Rostock (1841) bis Alexandersbad im Fichtelgebirge (1839). In der Nähe von Wien machten Kaltenleutgeben und Laab auf sich aufmerksam. Ähnliche Einrichtungen gab es zu jener Zeit auch in Italien, zum Beispiel in Carnebbio am Comer See, in der Schweiz (die älteste seit 1839 in Albisbrunn am Zuger See), in Frankreich (Paris, Longchamps, Château-Thierry), in *Tafel* England (Stanstead Bury, Sudbrook-Park), in *85* Rotterdam und Petersburg.

Es fällt auf, daß sich der Aufschwung der Wasserheilanstalten sogar auf die Seebäder auswirkte. Auch dort hatten jahrzehntelang Mediziner mit einzelnen Elementen der Wasserkur gearbeitet. Doch im Jahre 1863 stellte Heiligendamms Badearzt August Kortüm in seiner Schrift «Die warmen Seebäder und der heilige Damm» fest:

«Der kurmäßige Gebrauch der Seebäder hat sich jedoch ohne Zweifel wesentlich vermindert.»

Kortüm meinte, die Patienten gingen eher zu den Mineralquellen oder in die Wasserheilanstalten, während sich die Seebäder mehr und mehr zu allgemeinen Erholungsorten entwickelten.

Aber obwohl Prießnitz und seine Schüler unzweifelhaft auf Erfolge ihrer Kur verweisen konnten, die durch ihr Bemühen um eine gesunde Lebensweise weit über die einfache Wasserbehandlung hinausging, verhielt sich ein großer Teil der Ärzte skeptisch, ja sogar feindlich gegenüber den Wasserheilanstalten. Dafür gibt es mehrere Gründe. Zum einen besaß eine ganze Reihe von «Wasserdoktoren» keine medizinischen Kenntnisse, so daß immer wieder der Vorwurf der Scharlatanerie und Kurpfuscherei erhoben wurde.

Oft war er sicher berechtigt, versuchten sich doch anfänglich Gastwirte, ehemalige Lehrer, Handwerker und auch allerlei gescheiterte Existenzen in diesem Metier. Zum anderen dauerte es Jahrzehnte, bis auf der Grundlage gesammelter Erfahrungen exakte Indikationen geschaffen wurden. Als Prießnitz auf der Höhe seines Ruhmes stand, behandelte man vorwiegend chronische Leiden wie Ernährungsstörungen, Unterleibserkrankungen und Syphilis mit Wasser, seit Ende der vierziger Jahre dann vor allem Nervenleiden, und erst im letzten Drittel des 19. Jahrhunderts wandte man sich den physiologischen und chemischen Wirkungen der Wasserkur zu. Ein Name muß hier genannt werden: Wilhelm Winternitz, der 1861 in Gräfenberg gewirkt hatte und als Professor für Wasserheilkunde (er besaß übrigens den einzigen Lehrstuhl dieser Art in allen deutschsprachigen Ländern) an der Universität Wien unermüdlich an einem wissenschaftlichen System der Hydrotherapie arbeitete.

Barfuß durch die Wiesen ■ Die Geschichte der Hydrotherapie erscheint wie ein ständiges Auf und Ab. Auf übertriebene Begeisterung folgte ebenso übertriebene Skepsis. Zeitweise schienen ihre Anhänger den Stein der Weisen gefunden zu haben, breitete sich der Ruhm einzelner Anstalten (wie etwa Gräfenbergs) in aller Welt aus, dann wieder gerieten durchaus positive Erfahrungen in Vergessenheit. Neue Heilmethoden, vor allem medikamentöse Behandlungen im Gefolge der sprunghaften Entwicklung der chemischen Industrie im ausgehenden 19. Jahrhundert, liefen der Wasserkur den Rang ab. Und dann war es wieder ein Laie, der dem Wasserheilverfahren erneut zum Durchbruch verhalf – nach dem Bauern Prießnitz nun der Priester Sebastian Kneipp.

Kneipp, geboren 1821 in Stephansried, einem Dorf im bayrischen Allgäu, hatte als Sohn armer Eltern bis zu seinem 18. Lebensjahr hart am Webstuhl gearbeitet. Es war ihm schwergefallen, die notwendige Schulbildung zu erwerben, um Theologie studieren zu können. Als ihn im Jahre 1846 ein Lungenleiden befiel, versuchte er, sich selbst mit kaltem Wasser zu kurieren. Es sei dahingestellt, ob es wirklich die Wasserkur war, die zur Heilung führte. Sebastian Kneipp jedenfalls war davon überzeugt, gab manchem Amtsbruder nützliche Ratschläge und – erhielt 1854 in Augsburg die erste Rüge wegen unbefugter Ausübung der Heilkunst. Im folgenden Jahr kam Kneipp als Beichtvater des dortigen Klosters der Dominikanerinnen nach Wörishofen.

Die Waschküche des Klosters wurde für viele Jahre zum Badehaus; von hier aus breitete sich sein Ruf als Wasserdoktor aus. Im Jahre 1881 schuf er dann eine Wasserheilanstalt. Sie wurde zur Grundlage für den Aufschwung Wörishofens vom stillen Städtchen zum bekannten Bad.

Im Gegensatz zu Prießnitz konnte Kneipp jahrzehntelange Erfahrungen und eine umfangreiche Literatur für die Entwicklung seiner Methode nutzen. Vieles von dem, was Kneipp für seine Erfindung ausgab oder seine Anhänger ihm zuschrieben, war längst bekannt. Aber als 1886 sein Buch «Meine Wasserkur» erschien, wurde Kneipp populärer, als Prießnitz je gewesen war – schon nach acht Jahren war die 50. Auflage vergriffen.

Kneipp empfahl Abhärtung, Einfachheit und Mäßigung. Bei der Anwendung des Wassers war er vorsichtiger und vielseitiger als Prießnitz. Eine besondere Rolle spielten in seiner Wasserkur die kalten Güsse, deren positive Wirkung auf Kreislauf, Stoffwechsel und Nervensystem auch heute unumstritten ist.

Dabei lassen sich die Kneippschen Güsse kaum mit Prießnitz' Dusche vergleichen. Kneipp praktizierte mit einer Vielzahl unterschiedlicher Güsse, wobei er versuchte, nicht auf den gesamten Körper, sondern auf einzelne erkrankte Glieder einzuwirken. Ebenso gezielt setzte er Bäder, Wa-

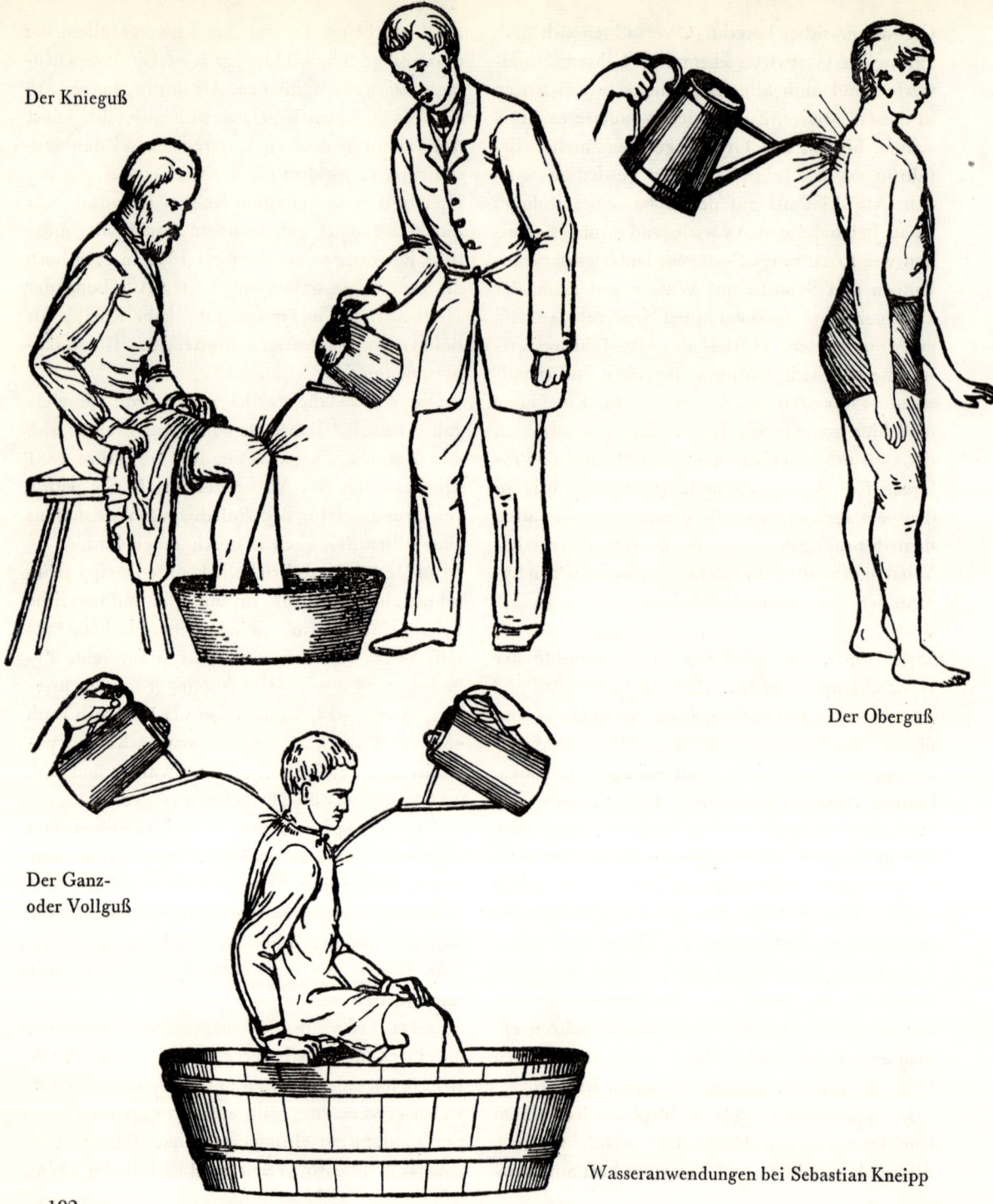

Der Kniguß

Der Oberguß

Der Ganz-
oder Vollguß

Wasseranwendungen bei Sebastian Kneipp

schungen, Umschläge, Wickel und die Trinkkur ein. Neu war, daß er sich zum einen gegen lange Behandlungen aussprach und sich zum anderen nicht einseitig auf kaltes Wasser beschränkte. Bekannt sind noch heute Wassertreten und Barfußgehen auf einer feuchten Wiese.

In seiner Schrift «Meine Wasserkur» wandte sich Kneipp nachdrücklich gegen jede Übertreibung bei der Anwendung von Wasser. Wörtlich schrieb er:

«Gar nichts nämlich bringt das Wasser als Heilmittel so sehr in Verruf und Mißkredit als indiskretes, maß- und vernunftloses Anwenden, scharfes, strenges, schroffes Verfahren. Diejenigen, ja allein diejenigen, ich kann es nicht oft genug wiederholen, welche sich als Sachverständige im Wasserheilverfahren aufspielen, aber mit ihrem endlosen Wickeln, ihren fast das Blut austreibenden Dämpfen u. A. jeden Patienten abschrecken, richten den größten Schaden an, der nur überaus schwer wieder gut zu machen ist. Ich heiße das nicht das Wasser zu Heilzwecken gebrauchen, ich heiße solche Gewalttaten – man verzeihe den Ausdruck – dem Wasser Schande antun!»

Als Kneipp im Jahre 1897 starb, bezeichneten sich in Deutschland, vor allem in Bayern, schon mehr als zehn Kureinrichtungen als «Kneippsche Wasserheilanstalt». Nach und nach sollte dann die Bezeichnung Kneippbad den alten Begriff Wasserheilanstalt ablösen.

Die Erfolge Sebastian Kneipps, dessen Lehre die Tagespresse bis in den entferntesten Winkel verbreitete, führten noch einmal zu einem Aufschwung des Wasserheilverfahrens. Am Ende des 19. Jahrhunderts zählte man in Mitteleuropa mehr als 100 größere Wasserheilanstalten, dazu eine Vielzahl kleinerer Einrichtungen und außerdem Ambulatorien für Wasserbehandlungen in den größeren Städten, so in Berlin, Dresden, Karlsruhe und München; auch Neugründungen waren keine Seltenheit. Sie alle aber standen unter ärztlicher Aufsicht, und man legte großen Wert auf eine die Kur unterstützende gesunde Lebensweise. So gab Franz Carl Müller in seiner «Hydrotherapie» exakt an, wie eine Wasserheilanstalt eingerichtet sein sollte. Müller empfahl eine mittlere Höhenlage. Der Ort müsse die nötige Ruhe bieten, dürfe aber nicht zu weit von der Eisenbahn entfernt liegen. Wichtig für den Kurerfolg sei Wald, um ausgiebige Spaziergänge machen zu können. Zum Kurregime sollten unbedingt Sport, Gymnastik, Bewegung jeder Art, die verschiedensten medizinischen Bäder – vom einfachen Bad bis zum Moor-, Sand- oder Solbad – und Massage gehören. Sichtbar wird, wie sich in nicht viel mehr als einem halben Jahrhundert seit Prießnitz' Kuren in Gräfenberg die Hydrotherapie entwickelt und verändert hatte, wie sie zu *einem* Kurmittel in einem ganzen System von Behandlungen geworden war, wie sie aber auch gerade dadurch einen gesicherten Platz in der Medizin erhalten hatte.

Kapitel IX Stadtbäder, Duschen und Schwimmhallen

Ärzte forderten Stadtbäder ■ Die im ersten Drittel des 19. Jahrhunderts an Flüssen und Binnenseen entstandenen Badeanstalten reichten bei weitem nicht aus, allen Einwohnern der ständig größer werdenden Städte ein regelmäßiges Baden zu ermöglichen. Naturgemäß blieben die meisten von ihnen im Winter geschlossen; vor allem aber waren sie zu klein und zu teuer. Unzureichende hygienische Verhältnisse und der Mangel selbst an einfachsten Waschgelegenheiten beschworen besonders in den Industriegebieten die Gefahr von Epidemien herauf. Immer nachdrücklicher wiesen Ärzte auf die unhaltbaren Zustände hin und forderten den Bau städtischer Badeanstalten.

Es verwundert nicht, daß die Anfänge des modernen Volks- oder Stadtbades in England zu finden sind. Wie auch in anderen europäischen Städten grassierte im Jahre 1832 in Liverpool, einer Hochburg der Textilindustrie, die Cholera – am schlimmsten in den übervölkerten Wohngebieten der Arbeiter. Neben den verschiedensten gesundheitspolizeilichen Maßnahmen gegen die Epidemie kam es darauf an, endlich die allgemeine Hygiene zu verbessern. Aber nicht die Stadtverwaltung, sondern eine arme Frau tat, unterstützt von einigen wohlhabenden Damen, den ersten bescheidenen Schritt. Sie mietete den Schuppen eines abgelegenen Hinterhauses, stellte einen Waschkessel auf, schaffte die notwendigsten Geräte an und ließ ihre Nachbarinnen gegen ein geringes Entgelt ihre Wäsche reinigen und auch ein Bad nehmen. Da der Kundenkreis dieser wenig komfortablen Anstalt schnell wuchs, kam es zur Gründung ähnlicher privater Einrichtungen.

Entscheidend für die weitere Entwicklung von Stadtbädern wurde der Bau der ersten öffentlichen «Bade- und Waschanstalt für die arbeitende Klasse» in Liverpool. Die im Mai des Jahres 1842 eröffnete Anstalt bestand aus je einer Männer- und Frauenabteilung mit zusammen 28 Badekammern, von denen sechs außer Wannen auch Duschen besaßen. Dazu kamen zwei kleine Schwimmbassins und ein Waschhaus zum Reinigen verschmutzter Kleidung. Das den Männern vorbehaltene größere Schwimmbecken war 8,23 Meter lang, 5,38 Meter breit und 1,44 bis 3,00 Meter tief.

Wenig später erhielt auch London, damals schon eine Stadt von fast 1,5 Millionen Einwoh-

nern, zwei ähnliche Bäder. Nachdem im Jahre 1844 im Rahmen einer gut besuchten Volksveranstaltung in der britischen Hauptstadt auf die Bedeutung jener ersten Bade- und Waschanstalten für das Wohl des Volkes hingewiesen wurde, begann sich das Parlament mit diesem Thema zu beschäftigen. Eine diesbezügliche Parlamentsakte konnte nach der erfolgten königlichen Zustimmung im Jahre 1846 Gesetz werden. Die Gemeinden erhielten das Recht, öffentliche Mittel für den Bau derartiger Einrichtungen zu verwenden, und waren gehalten, zwei Drittel der Bäder für Arbeiterfamilien einzurichten. Wenn sich auch dadurch die Situation in den Städten nicht schlagartig verbesserte, so wurde doch ein Anfang gemacht, und es verdient festgehalten zu werden, daß bis zum Jahre 1854 in England bereits 12 Bade- und Waschanstalten entstanden waren.

Als vorbildlich galt das Bade- und Waschhaus in der Londoner George Street, das 94 Badekammern und 96 Waschplätze besaß und in dem man wöchentlich etwa 30 000 Besucher zählte. Bald folgten auch Anstalten mit größeren Schwimmbädern, wie die Paddington-Bäder und -Waschhäuser in London, von deren vier Schwimmbassins das größte immerhin 250 Quadratmeter maß. *Tafel 89*

Badehalle mit Schwimmbassin ■ Völlig unzureichend waren zur gleichen Zeit die Badeeinrichtungen in Deutschland. Zwar gab es hier und da private Bäder, die auch Duschen oder Räumlichkeiten für Dampfbäder besaßen, aber große Badeanstalten wie etwa das Pariser Vauxhall-Badehaus oder das Wiener Dianabad bestanden nicht. So hatten die Einwohner Berlins zum Beispiel die Möglichkeit, noch immer Welpers Badehaus an der Friedrichsbrücke zu benutzen. *Tafel 88*

Sie konnten sich auch in Pochhammers Mariannenbad, im Carlsbad oder im Albertinenbad reinigen, doch die meisten der etwa 265 000 Berliner mußten wie die große Mehrheit der Bewohner

194

anderer Städte mit der Waschschüssel auskommen.

Seit den fünfziger Jahren des vorigen Jahrhunderts beschäftigten sich mehrere deutsche Mediziner eingehend mit dem Badewesen, so auch Friedrich Oesterlen, der in seinem 1851 erschienenen «Handbuch der Hygiene» bemängelte, daß sich die Polizei zu wenig um die Badegelegenheiten der Fabrik- und Landarbeiter kümmere, die «samt ihren Familien in Schmutz und Unrat dahinleben».

Auch die ersten, nach englischem Vorbild errichteten Bade- und Waschanstalten änderten an diesem mißlichen Zustand wenig. Voran ging Hamburg, wo im Jahre 1852 am Schweinemarkt eine Wäscherei mit Badegelegenheit für Männer und Frauen fertiggestellt wurde. Es folgten Berlin (1855), Fürth (1857) und Magdeburg (1860).

Von den in den 60er und 70er Jahren erbauten größeren Stadtbädern seien hier noch die Hannoversche Badehalle (1865), das Hedwigsbad in Chemnitz (1868), das Sophienbad in Leipzig (1869), und die Bäder in Bremen (1877) und Dortmund (1878) genannt.

Die Hannoversche Badehalle, die von einem Aktienverein in den Gartenanlagen der Friedrichstraße erbaut worden war, besaß zwei sogenannte Salonbäder, 16 Badekabinette für alle Arten von Wannenbädern, ein «Russisches Dampfbad» und ein «Römisch-irisches Bad». Dazu kam ein Schwimmbassin von etwa 220 Quadratmetern.

Tanz im Wiener Dianabad ◼ In anderen europäischen Ländern kam es in der Mitte des 19. Jahrhunderts ebenfalls zum Bau größerer Bäder, finanziert teils aus privaten, teils aus öffentlichen Mitteln. In Frankreich erhielten Städte wie Paris, Lyon und Reims durch ein Gesetz vom Mai 1850 staatliche Zuschüsse zum Bäderbau. Die erste belgische Bade- und Waschanstalt entstand in Brüssel (1854) und die erste Schweizer in Basel (1866).

Zu den größten derartigen Bädern gehörte das Wiener Dianabad. Der älteste, im Jahre 1804 errichtete Teil des Bades verfügte nur über Kammern für Wannenbäder. Doch nach seinem Umbau im Jahre 1842 besaßen die Wiener eine auf dem europäischen Festland einmalige Badeanstalt. Eine mit Glas gedeckte Eisenkonstruktion bildete das Dach der etwa 58 Meter langen, 22 Meter breiten und 16 Meter hohen Halle. Unten und auf der Galerie befanden sich 104 Kabinen für Wannen- und Dampfbäder. Beachtlich war das Schwimmbad. Mit seinem 36 Meter langen, 12,50 Meter breiten und 0,95 bis 2,21 Meter tiefen Bekken konnte es sich durchaus mit ähnlichen englischen Anlagen messen.

Der Stadt an der Donau gebührt auch der Ruhm, als erste Stadt außerhalb Englands zwei große Stadtbäder besessen zu haben. Neben dem Dianabad verfügte auch das im Jahre 1838 erbaute Sophienbad über ein Schwimmbecken. Im Jahre 1855 öffnete die Leopoldstädtische Bade- und Waschanstalt als erstes Wiener Volksbad ihre Pforten. Mit 19 Wannenbädern für Frauen, 30 für Männer, einem Schwimmbad und einer Waschanstalt gehörte auch sie zu den größten ihrer Art.

Kurios mutet heute an, daß sowohl das Dianabad, als auch das elegante Sophienbad im Winter völlig umgestaltet wurden – dann präsentierten sich beide als Konzert- und Ballsäle. Aus späterer Zeit soll noch auf das vor der Weltausstellung des Jahres 1873 im Renaissancestil erbaute Bad am Wiener Nordbahnhof hingewiesen werden, das Raum für 700 Personen bot und sowohl als Heil- wie auch als Luxusbad galt.

Seite 195

Tafel 86

Tafel 87

Eines der schönsten Badehäuser des 19. Jahrhunderts war nach seinem Umbau im Jahre 1860 das alte Raitzenbad in Buda. Schon zu Zeiten des berühmten ungarischen Königs Matthias I. nannte man es das «Königliche Bad», und mit seinen Schwimm- und Wannenbädern, dem im maurischen Stil erbauten Herrenbad und dem luxuriösen Dampfbad für die Damen gebührte ihm auch jetzt dieser Beiname.

Tafel 90

Zu klein und zu teuer ■ Es dauerte lange, bis das billige und leicht zu installierende Brausebad seinen Siegeszug antreten konnte. Schon im Jahre 1832 hatte Friedrich Ludwig Meissner in seiner Schrift «Abhandlung über die Bäder im Allgemeinen und über die neuen (Köberlinschen) Apparate zu Sprudel,- Sturz- und Dampfbädern insbesondere» als Ersatz für Flußbäder den Bau transportabler Duschen unter dem Namen «Militärbad» empfohlen. Doch erst ein halbes Jahrhundert später gelang es dem Berliner Dermatologen Oscar Lassar, Meissners Gedanken zu verwirklichen. Im Rahmen der Berliner Ausstellung auf dem Gebiet der Hygiene und des Rettungswesens, die in den Jahren 1882 und 1883 viele Schaulustige anlockte, zeigte Lassar sein Volksbrausebad. Das acht Meter lange und fünf Meter breite Wellblechhäuschen enthielt je fünf Duschzellen für Männer und Frauen, die von mehr als 10 000 Besuchern benutzt wurden. Zwei Jahre später erhielt die deutsche Hauptstadt das erste Brausebad.

Im gleichen Jahr stellte Oscar Lassar in seiner Schrift «Bade- und Waschanstalten» fest:

«Verglichen mit der eigenen Vergangenheit ist Deutschland zur Jetztzeit in beklagenswerter Weise arm an öffentlichen und privaten Bädern. Während vor dem Dreißigjährigen Krieg jedes Dorf seine eigene Badestube besaß und derselben in dem Kultur- und Sozialleben eine geradezu hervorragende Rolle zufiel, sind nunmehr die

Badegewohnheiten der Gesamtheit auf ein mehr als bescheidenes Maß herabgegangen.»

In der im Jahre 1887 veröffentlichten Schrift «Über Volksbäder» nahm Lassar dieses Thema erneut auf. Er schrieb darin, daß in Deutschland auf etwa 50 000 Einwohner nur eine einzige Warmbadeanstalt käme. Die meisten dieser Bäder seien zu klein, nur dürftig ausgestattet und wären wegen der hohen Preise wenig besucht. Der durchschnittliche Preis von 50 Pfennig sei «unerschwinglich für den Arbeiter». Zur Zeit könne etwa ein Sechstel der Einwohner nie ein warmes Reinigungsbad nehmen. Besonders katastrophal seien die Verhältnisse auf dem Lande. Lassar schlug vor, in den großen Städten und in Fabriken billige Brausebäder zu schaffen. Seine Losung «Jedem Deutschen wöchentlich ein Bad» zeigt, wie

schlimm es um die hygienischen Verhältnisse bestellt war.

Lassar ließ sich nicht entmutigen. Unter seiner Leitung entstand im Jahre 1899 die «Deutsche Gesellschaft für Volksbäder», die sich für den Bau von Stadtbädern und Schwimmhallen einsetzte. Oft aber blieb der Erfolg aus. So bemühte sie sich zum Beispiel um den Bau einer Schwimmhalle in Rostock. Nach ersten Vorschlägen im Jahre 1906 und einem Projekt von 1910, dem durch Brause- und Wannenbäder ergänzten Schwimmbad auch eine Volksbibliothek anzuschließen, kam es endlich in den zwanziger Jahren zu Probebohrungen und sogar zur Veröffentlichung von Ansichten des Bades, bevor der Plan im Jahre 1938 dem Rotstift zum Opfer fiel.

Doch werfen wir noch einen Blick auf das Jahr

1906. Eine Statistik wies aus, daß es in jenem Jahr in Deutschland 2847 Badeanstalten mit etwa 250 Schwimmbädern und insgesamt rund 19 000 Badewannen gab – eine Badewanne für 3200 Einwohner! Dabei muß berücksichtigt werden, daß noch 25 Jahre später nur etwa 50 Prozent der Beamten, 30 Prozent der Angestellten und zehn Prozent der Arbeiter eine Badegelegenheit in ihrer Wohnung besaßen.

Wie bereits erwähnt, entstanden in einigen größeren europäischen Städten im Zusammenhang mit dem Bau der Stadtbäder auch die ersten Schwimmhallen. Zwar gab es schon vorher Schwimmbecken in geschlossenen Räumen, so etwa im 1828 eröffneten Hamburger Wilhelminen-Bad, doch als erstes deutsches Hallenschwimmbad gilt die im Jahre 1855 fertiggestellte Badeanstalt in der Berliner Schillingstraße.

Tafel 91 Als vorbildlich wurde das im Juni des Jahres 1869 nach einem Umbau wiedereröffnete Leipziger Sophienbad angesehen. In der 19,50 Meter langen, 20,25 Meter breiten und 6,50 Meter hohen Halle befand sich ein 18 Meter langes und sieben Meter breites Bassin. Ein Teil des Bekkens war durch Taue für Nichtschwimmer abgeteilt, während der größere Teil, dessen Tiefe 0,85 bis 2,75 Meter betrug, den Schwimmkundigen vor-

behalten blieb. Da das Sophienbad wie sein Wiener Namensvetter Gasbeleuchtung besaß, herrschte dort auch in den späten Abendstunden fröhliches Treiben, und zu jeder Jahreszeit konnte Schwimmunterricht erteilt werden.

Ein besonderes Bad stand den Kurgästen in Baden-Baden zur Verfügung. In der Mitte des um 1880 gebauten Hallenbades befand sich ein kreisrundes Schwimmbecken, ausgekleidet mit weißem Marmor. Zwar betrug seine Tiefe nur 1,22 Meter, dafür badete man aber in stets erneuertem Thermalwasser, das durch einen Wasserstrahl bewegt wurde. Auch in anderen Kurorten entstanden Thermal-Hallenschwimmbäder, so in Bad Landeck das im Jahre 1880 vollendete «Marienbad». Selbst Wellenbäder spielten hier und da eine Rolle. Schon um 1875 konnten sich zum Beispiel die Badelustigen auf Helgoland in einem Seewasserschwimmbecken mit künstlich erzeugtem Wellenschlag tummeln.

Vergleicht man aber die Zahl der Bäder in Deutschland und England, so fällt der riesige Vorsprung auf, den das Mutterland des Sports besaß. Um 1890 gab es in Deutschland insgesamt 52 überdachte Schwimmbecken in 39 Städten, aber allein in der britischen Hauptstadt zählte man zu jener Zeit 70 ...

Kapitel X   Von der Luftkur zum Nacktbaden

In einfachen Gasthöfen ■ Der Aufschwung des Bäderwesens im ausgehenden 19. Jahrhundert ist untrennbar verbunden mit dem raschen Entwicklungstempo in Industrie, Handel und Verkehr. In wenigen Jahrzehnten verdoppelte sich die Einwohnerzahl Deutschlands. Dabei nahm vor allem die Bevölkerung der Städte sprunghaft zu. Der verstärkte Bau von Chausseen und Eisenbahnli-

nien seit den achtziger Jahren ermöglichte es den Feriengästen, nicht nur die traditionellen Urlaubs- und Erholungsgebiete schneller zu erreichen, sondern erschloß auch bisher abgelegene Dörfer für den Fremdenverkehr.

Doch so stümisch sich die Entwicklung des Bäderwesens zu jener Zeit auch ausnahm, bedenkt man etwa, daß sich die Zahl der Gäste in den

Ostseebädern zwischen 1880 und 1890 verdreifachte, so nimmt sich die Gesamtzahl von jährlich rund 50 000 Besuchern doch immer noch recht bescheiden aus. Selbst die Zahl von 700 000 Erholungsuchenden, die unmittelbar vor dem ersten Weltkrieg in die deutschen Ost- und Nordseebäder reisten, zeigt, daß die große Zeit des Tourismus noch nicht gekommen war.

Die Masse der Bevölkerung besaß weder das Recht auf Urlaub noch das nötige Geld für eine Ferienreise. Einen bescheidenen Anfang gab es im Jahre 1873 – im Reichsbeamtengesetz wurde den Beamten jährlich eine Reihe bezahlter freier Tage gewährt. Sie konnten aber nur genommen werden, wenn es die dienstlichen Belange zuließen. Um die Jahrhundertwende erhielten kaufmännische Angestellte und Handlungsgehilfen das Recht auf unbezahlten Urlaub. Nur etwa zehn Prozent der Arbeiter hatten vor dem ersten Weltkrieg Anspruch auf Urlaub. So erklärt sich, daß im letzten Drittel des vorigen Jahrhunderts noch immer Angehörige des wohlhabenden Bürgertums, des Adels und Vertreter freier Berufe das Gros der Kur- und Sommergäste bildeten. Erst um die Jahrhundertwende konnte es sich ein Teil der Beamtenschaft leisten, in den Urlaub zu fahren. Ihm folgten dann noch vor dem ersten Weltkrieg mittlere und höhere Angestellte und kleine Beamte.

Diese neue Besucherschicht, die nicht in die renommierten Bäder reiste, schuf eine neue Form der Erholung: die billige Sommerfrische. Man reiste mit der ganzen Familie in eine nicht allzu weit vom Wohnort gelegene ländliche Gegend, mietete sich in einem einfachen Gasthof oder in einem Privathaus ein und blieb dort einige Wochen zur Erholung. Die Sommerfrischler, die ans Meer, in die Berge oder an einen idyllisch gelegenen Binnensee fuhren, kamen oft Jahr für Jahr zu «ihrem» Vermieter zurück, und einige von ihnen bauten dort schließlich ein eigenes Sommerhaus.

So entstanden mit der Zeit Urlaubsorte, die über keine Tradition als Kurort verfügten, die keine Mineralquelle oder andere medizinische Einrichtungen besaßen. Vielfach bezeichneten sie sich später als Sommerfrische oder Luftkurort.

In anderen Fällen wieder begann für alte Badeorte, deren Quelle sich als medizinisch wertlos erwiesen hatte oder deren Wasserheilanstalt kaum noch besucht wurde, ein neuer Abschnitt ihrer Geschichte. So bezeichnete zum Beispiel Theodor Gsell-Fels in seiner von 1885 bis 1887 erschienenen Übersicht «Die Bäder und Klimatischen Kurorte Deutschlands» nicht nur Kitzbühel, sondern auch das Solbad Berchtesgaden als Sommerfrische und Luftkurort. Zu dieser Kategorie zählte er auch die thüringischen Orte Eisenach, Ruhla, Frauensee, Schmalkalden und Ilmenau. Als typisch für die Verbindung von Heilung und Erholung sei hier auf das Harzstädtchen Thale verwiesen, das als Luftkurort mit einer Wasserheilanstalt und einer Solquelle um Besucher warb.

Handwerker, Lehrer, Pastoren und Künstler waren es, die sich in bisher völlig weltabgeschiedenen Gegenden an der Ostsee erholen wollten. So kamen die ersten Feriengäste in die Dörfer von Darß und Fischland, auf die Insel Hiddensee und um 1880 auch nach Brunshaupten und Arendsee (seit 1934 zum Ostseebad Kühlungsborn zusammengeschlossen). Zum anderen wuchs die Zahl der Ausflügler und Wochenendbesucher in den Bädern, die in der Nähe großer Städte lagen.

Eine eigentümliche Art von Sommerfrische, im Grunde ein Überbleibsel aus der Vergangenheit, existierte zur gleichen Zeit noch in den Bergen Tirols: die sogenannten «Badeln». Es handelte sich um eine Mischung von Gesundbrunnen, klimatischem Kurort und Badestube, wie man sie kaum anders schon im Mittelalter kannte. Nicht sonnen- und lufthungrige Städter reisten in die Tiroler «Badeln», sondern in ihnen vergnügten sich die Bauern der näheren Umgebung. Die in stillen Tälern gelegenen Badestuben besaßen meist zwei Reihen von Wannen, in denen die Bauern plaudernd, viele auch rauchend saßen. Bis an die Brust der Badenden waren die Wannen mit Brettern zugedeckt, um den aus dem heißen Wasser aufsteigenden Dampf nicht so schnell entweichen zu lassen. Manche dieser bäuerlichen Sommerfrischler hatten auch auf den Brettern ein Glas Wein stehen. Nach dem geruhsamen Bade konnte man sich Bewegung beim Kegeln verschaffen – die Bahn befand sich meist direkt vor der Tür des Badehauses.

Luftkur ohne Hemd ■ Die bisher kaum vom Strom der Fremden berührten Dörfer und Kleinstädte, die sich im ausgehenden 19. Jahrhundert den Beinamen Luftkurort zulegten, warben Besucher mit dem Hinweis auf ihre angenehme Lage im Wald, auf Möglichkeiten zum Baden und Wandern. Im allgemeinen handelt es sich nicht um Kur-, sondern um Ferienorte. Doch soll nicht übersehen werden, daß sich auch Ärzte verstärkt mit den Klimafaktoren beschäftigten und Licht, Luft und Sonne in ihr therapeutisches Arsenal aufnahmen. Die positive Wirkung der Luft auf den menschlichen Körper war seit langem bekannt. So schrieb zum Beispiel Benjamin Franklin am 28. Juni 1768 aus London an seinen französischen Übersetzer Dubourg:

«Sie wissen, daß kalte Bäder hier lange als ein stärkendes Mittel im Gange waren; mir hingegen ist der Schreck des kalten Wassers, im Ganzen, immer zu heftig vorgekommen, und ich habe es für meinen Körper weit angenehmer gefunden, in einem anderen Elemente, ich meine in kalter Luft, zu baden. In dieser Absicht stehe ich fast jeden Morgen früh auf und setzte mich ohne alle Bekleidung, je nachdem die Jahreszeit, eine halbe Stunde oder Stunde in mein Zimmer, wobei ich lese oder schreibe.»

Als dieser Brief im fünften Band von Franklins «Nachgelassenen Schriften und Correspondenz» in Weimar 1819 veröffentlicht wurde, merkte der Übersetzer an:

«Auch der bekannte Sonderling, der schottische Lord Monboddo, ließ seine Töchter täglich ein solches Luftbad nehmen. Sie mußten alle Morgen eine bestimmte Zeit auf einem freien Altane seines Landhauses ohne Hemd spazierengehen; der Vater gab ihnen ihre Kleider nicht eher zurück, als er mit seinem Luftbade, das er auf der anderen Seite des Hauses nahm, fertig war.»

Den schottischen Lord hatte übrigens auch schon Georg Christoph Lichtenberg in seinem 1795 erschienenen, höchst ironischen Aufsatz «Das Luftbad» erwähnt.

Der Tübinger Professor Wilhelm Gottfried Plouquet stellte im Jahre 1798 den Wert des Luftbades über den des Seebades. Wenige Jahre später führte Schreger auch «gemeine Luftbäder» an, denen er eine günstige Wirkung auf den menschlichen Organismus zusprach.

Als Bahnbrecher für die verstärkte Nutzung der klimatischen Mittel wirkte der Schweizer Arnold Rikli, der im Jahre 1855 seine Heilanstalt im slowenischen Veldes (Bled) eröffnete und dort auch Luft- und Lichtbäder einrichtete.

Unter ärztlicher Aufsicht nutzte man seit Juli 1887 im thüringischen Berka die reine Waldluft zur Behandlung von Tuberkulosekranken. Inmitten hochstämmiger Kiefern standen die sogenannten Waldliegehütten, deren Schlafräume an drei Seiten offen waren. Selbst bei windigem und regnerischem Wetter wurden die Rollwände nur teilweise geschlossen. Endgültig zum Durchbruch verhalf der Luftkur in Deutschland der Arzt Johann Heinrich Lahmann. Er gründete im Jahre 1887 das Sanatorium «Weißer Hirsch» bei Dresden, das weltberühmt wurde. An den deutschen Seeküsten setzte sich die Luftkur erst nach der Jahrhundertwende durch. Spezielle Lichtluftbäder

Schlafstätten für Kranke im Harthwalde bei Berka, 1887

gab es zum Beispiel bereits im Jahre 1902 im holsteinischen Büsum und in Warnemünde. Im allgemeinen waren derartige Strandabschnitte eingezäunt, und Männer und Frauen sonnten sich getrennt, aber nicht etwa nackt, sondern in hochgeschlossener Badebekleidung.

Als Sonderfall sind vereinzelte Sonnenbäder anzusehen, die man unter ärztlicher Aufsicht nahm. Auf ihren Wert bei der Bekämpfung bestimmter Hautausschläge hatte schon im Jahre 1803 Schreger hingewiesen. In seiner «Balneotechnik» heißt es:

«Das Sonnenbad (Insolatio), eine schon von Celsus angerühmte Badekur, besteht darin, daß man den nackten Körper des Kranken mit Olivenöl bestreicht und an die Sonne legt. Noch jetzt macht man unter andern davon, doch ohne Öleinreibungen, bei den von Kälte erstarrten oder erfrornen Scheintoten und auch in diätetischer Hinsicht guten Gebrauch, indem man vor und nach dem Baden im Flusse etc. nackt eine Zeit lang an den besonnten Ufern verweilt.»

Das medizinische Sonnenbad geriet nie völlig in Vergessenheit. Im Jahre 1816 entwickelte der Jenenser Chemiker Johann Wolfgang Döbereiner wesentliche Gedanken der modernen Lichttherapie.

Genannt werden sollen hier auch zwei physiologische Heilmittel, die ihre Entwicklung ebenfalls dem Besinnen auf die Heilkräfte der Natur verdanken: die Terrainkur und die Heilgymnastik. Zwar gehörten Ausflüge, Sport und Spiel –

201

etwa Reiten, Kegeln und Ballspielen – schon seit langem zum Alltag der Kurorte, doch von einer gezielt zur Heilung bestimmter Krankheiten eingesetzten Bewegungstherapie kann man erst seit der zweiten Hälfte des 19. Jahrhunderts sprechen.

Eine maßgebliche Rolle bei der Schaffung von Terrain-Kurorten spielte der Münchener Mediziner Max Joseph Oertel. Er schlug vor, die Wege in den betreffenden Orten nach ihrer Steigung zu klassifizieren und zu bezeichnen, um eine Art ärztlich geregeltes Wandern und Bergsteigen zu ermöglichen. In Verbindung mit geeigneter Diät sollten Kreislaufstörungen und bestimmte Herzerkrankungen günstig beeinflußt werden.

Auch Oscar Maas wies in seiner im Jahre 1886 veröffentlichten Schrift «Die Terrainkuren» auf den Wert des Turnens, Schwimmens, Reitens, Schlittschuhlaufens, des Bergsteigens und der Heilgymnastik hin. Da gerade das Wandern im Gebirge – mit seinem ständigen Wechsel von Belastung und Erholung – als besonders nützlich galt, verwundert es nicht, daß die ersten Terrainkuren in den Südtiroler Orten Meran, Bozen und Arco durchgeführt wurden. Man kannte aber auch um 1880 in Thüringen, zum Beispiel in Berka, und zwanzig Jahre später im weltberühmten Wiesbaden Terrainkuren nach Oertel.

Die ersten Anregungen für die moderne Heilgymnastik gingen am Anfang des 19. Jahrhunderts von dem Schweden Pehr Henrik Ling aus. Sehr bald spielte die Gymnastik, besonders in den Wasserheilanstalten, später in Kneippbädern und klimatischen Kurorten, eine Rolle als wertvolles Heilmittel. Ganz am Rande sei vermerkt, daß auch die Strandgymnastik keine Erfindung unserer Tage ist, sondern zum Beispiel schon um 1880 in Warnemünde ihre Anhänger fand.

Für die Gesundheit der Kinder ■ Bereits bei der Gründung der ersten Seebäder galt das besondere Interesse einiger Ärzte der Heilung erkrankter Kinder. Denken wir nur an Richard Russels Bemühungen, im alten Brighthelmstone den Gesundheitszustand skrofulöser Jungen und Mädchen zu verbessern. Als früher Markstein auf dem Wege zum Meeressanatorium kann die Gründung des Königlichen Seebadehospitals in Margate (1792) durch den englischen Arzt John Latham angesehen werden. Neben Erwachsenen behandelte er dort junge Patienten. Später entstanden derartige Seehospize in Viareggio (1842) und Sète (1847). Doch die frühen Kindersanatorien, meist von Privatleuten gegründet, reichten längst nicht aus, um ein umfassendes System der Kindererholung zu schaffen. Wirkungslos blieb auch die im Jahre 1833 erschienene Schrift des Ludwigsburger Arztes August Hermann Werner «Sollten wir nicht auch eine Heilanstalt für arme Kinder haben?»

Zu einem neuen Anfang kam es, als Pastor Georg Albrecht Rodenbäck im Jahre 1876 auf Norderney das «Marienheim» gründete, eine evangelische Diakonissenanstalt zur Pflege skrofulöser Kinder. Die Schwierigkeiten, die bei der Errichtung des «Marienheims» auftraten, wiederholten sich auch bei späteren Projekten. Vielfach wandten sich die Kurverwaltungen aufstrebender Badeorte gegen den Bau von Kindersanatorien, da sie eine Schädigung der Bäderkasse befürchteten.

Zwei Ärzte waren es schließlich, die den Gedanken der Heilung von Kindern an der See durchsetzten: der Marburger Professor Friedrich Wilhelm Beneke und der viele Jahrzehnte in Schwerin wirkende Arzt Carl von Mettenheimer. Beneke, der von 1849 bis 1852 in Margate die Heilkräfte der See kennenlernte, gehörte zu den maßgeblichen Gründern des «Vereins für Errichtung von Kinderheilanstalten an der Nordsee» (1880). Mettenheimer schuf gemeinsam mit Beneke das erste deutsche Seehospiz im damals noch wenig besuchten Graal. Dort fanden am 1. Juli 1880 erstmals vier Kinder im kleinen Hotel «Ana-

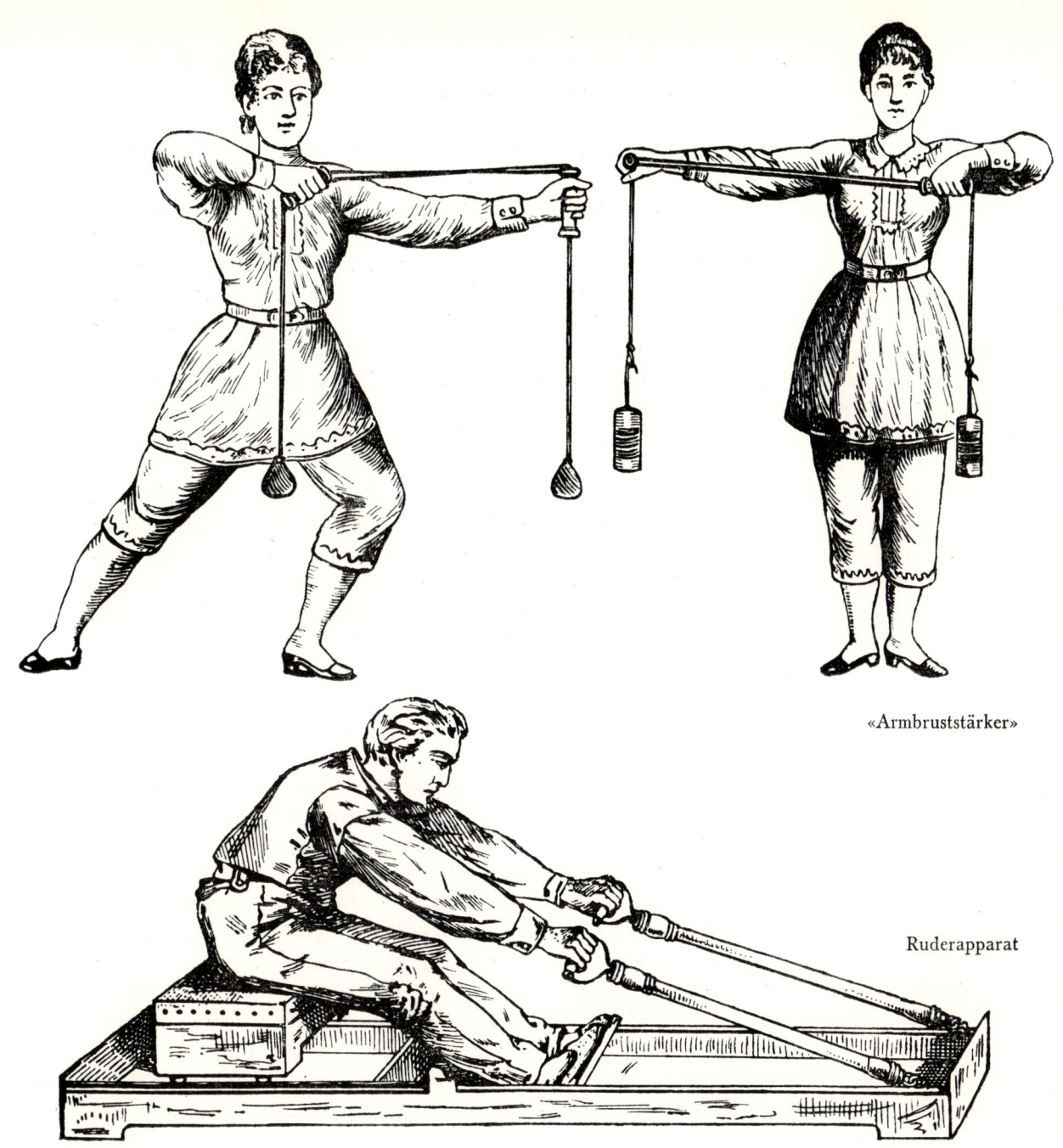

«Armbruststärker»

Ruderapparat

Geräte zur Heilgymnastik, um 1890

stasia» Unterkunft und Pflege. In den folgenden Jahrzehnten entstanden an den Küsten mehrerer Länder Kinderheilstätten. Die meisten von ihnen konnten nur in der warmen Jahreszeit genutzt werden. Zu den frühen ganzjährigen Einrichtungen gehörten in Deutschland Heime in Swinemünde (seit 1901), Borkum (1907) und Büsum (1908).

Parallel zum Bau von Sanatorien gab es Versuche, den allgemeinen Gesundheitszustand der Großstadtkinder zu verbessern. Im Jahre 1876 schuf der Züricher Pfarrer Walter Bion im Kanton Appenzell die erste sogenannte «Ferienkolonie»; ähnliche Bestrebungen führten im Jahre 1878 in Frankfurt am Main und bald darauf in Wien, Stuttgart und Dresden zum Erfolg.

Ebenfalls unter dem Namen Ferienkolonie existierten seit den achtziger Jahren des vorigen Jahrhunderts vielfach in Dörfern und Kleinstädten Schülerlager, deren Besucher sich mehrere Wochen auf dem Lande erholen sollten. Der schon erwähnte Carl von Mettenheimer unterstützte diese Bewegung, indem er in einem 1883 veröffentlichten Aufsatz schrieb, tüchtige Lehrer hätten sich erboten, in den Schulferien Kinder aufzunehmen und zu beaufsichtigen. Zwischen Seehospiz und Ferienlager standen die Kinderheime, die in den schweren Jahren nach dem Ersten Weltkrieg eine besondere Rolle spielten.

Auch durch die sich im ausgehenden 19. Jahrhundert entwickelnde Wanderbewegung kam eine neue Besucherschicht in die Badeorte. Sichtbar wurde das vor allem nach dem Ersten Weltkrieg, als nicht nur Jugendherbergen, sondern auch vielerorts Heime der den Sozialdemokraten nahestehenden «Naturfreunde» gebaut wurden. Zeltplätze dagegen blieben eine Ausnahme, zeltete man doch bis in die dreißiger Jahre lieber allein oder mit Freunden an ruhigen, abgelegenen Stellen. Erst seit der Mitte unseres Jahrhunderts, als die Campingbewegung von den USA aus als

mächtige Modewelle Europa erfaßte, gehören große Campingplätze zum gewohnten Bild vieler Urlaubsorte.

Winter auf Norderney ■ Trotz wachsender Besucherzahlen blieb die Saison in den deutschen Seebädern lange Zeit auf wenige Monate begrenzt. Das gilt, wenn auch in geringerem Maße, ebenso für die Kurorte im Binnenland. Zu den Ausnahmen zählten zum Beispiel Kreuth am Tegernsee und Wiesbaden, wo schon um 1820 einige Kurgäste im Winter ein Unterkommen fanden. Wenn auch hier und da Badeärzte versuchten, die medizinische Winterkur einzuführen, so etwa um 1860 in Ems, setzte sich doch der ganzjährige Kurbetrieb in Deutschland erst am Ende des vorigen Jahrhunderts durch. Noch später geschah dies in den deutschen Nord- und Ostseebädern. Große Verdienste um die Winterkur erwarb sich Friedrich Wilhelm Beneke. Nach dem ersten Versuch im Winter 1880 auf 1881 blieb Beneke vom September 1881 bis zum März 1882 mit 53 Kranken auf Norderney. Auf Grund seiner dabei gemachten Erfahrungen schlug Beneke vor, die allgemein vom 15. Juni bis zum 1. Oktober während Kurzeit um drei Monate zu verlängern. Er meinte, es sei falsch, den Heilungsprozeß abzubrechen, da doch Seeklima und Bäder in erwärmtem Seewasser als kräftige therapeutische Mittel auch im Winter genutzt werden könnten. Zumindest in Deutschland war Beneke seiner Zeit voraus. Wenn auch um 1905 einige Nordseebäder für ärztlich geleitete Winterkuren warben, so gewann doch der Winteraufenthalt an der See erst in den fünfziger und sechziger Jahren unseres Jahrhunderts an Bedeutung.

86
Die 1855 errichtete Bade- und Waschanstalt in der Wiener Leopoldstadt. Zinkographie
87
Der Saal des Wiener Sophienbades. Lithographie, um 1870

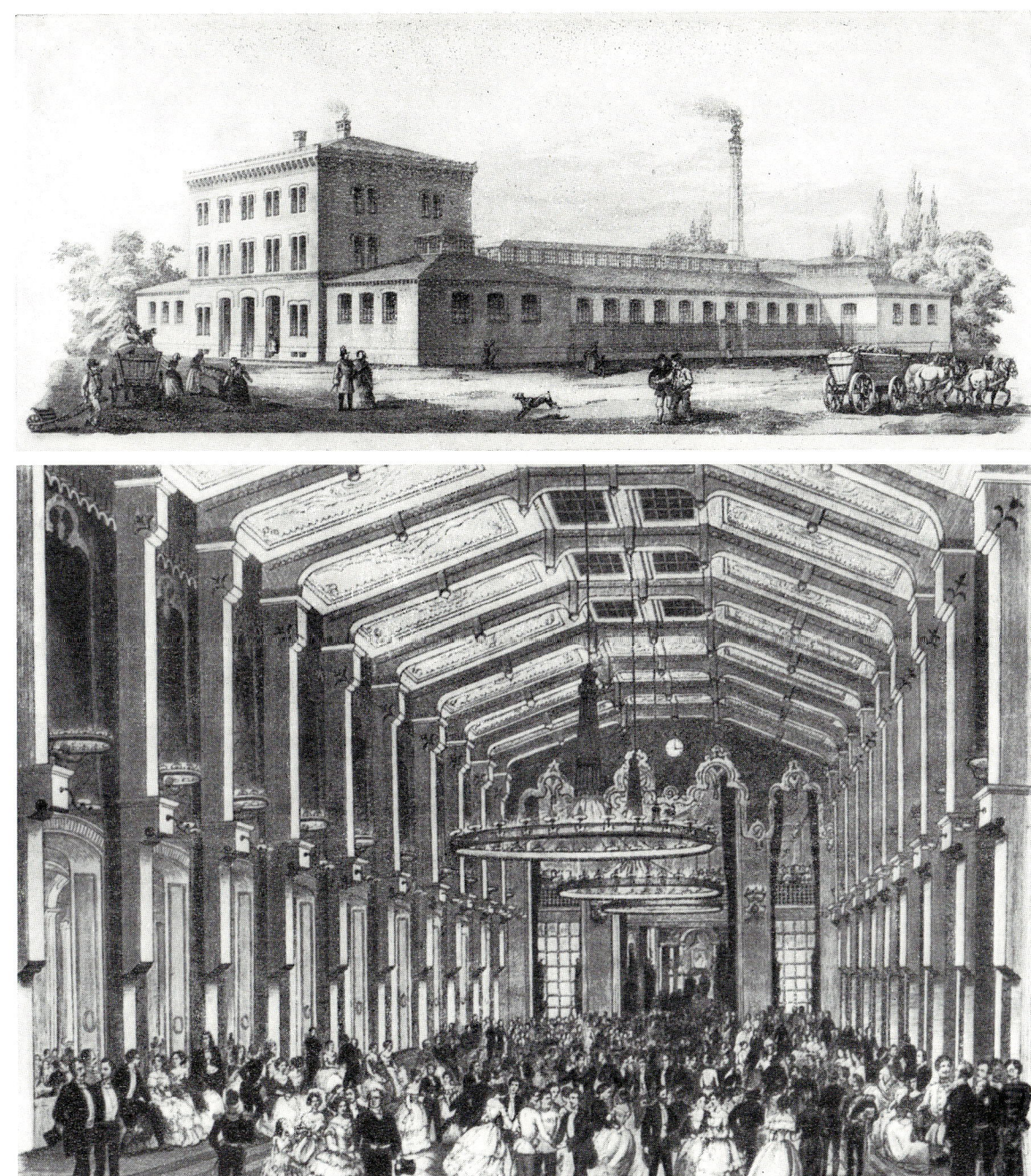

Aussicht von der Burgstraße nach dem Badehaus der Friedrichsbrücke in Berlin, errichtet 1802 von C. A. Welper. Kupferstich von J. D. Laurens und Friedrich Christoph Dietrich nach einer Zeichnung von F. A. Calau, 1827

Die um 1870 erbauten Paddington-Bäder und -Waschhäuser in London. Xylographie, 1874

Warmes Bassinbad für Frauen im 1860 umgebauten Raitzenbad
zu Ofen (Buda). Xylographie, 1867

Ein Winterabend im Sophienbad zu Leipzig.
Xylographie, 1875

92
Badeleben an der Ostsee.
Radierung
von Johannes Plato, um 1910

93
Kaiserstraße in Helgoland. Xylographie, um 1890
94
Westerland auf Sylt. Xylographie, um 1890

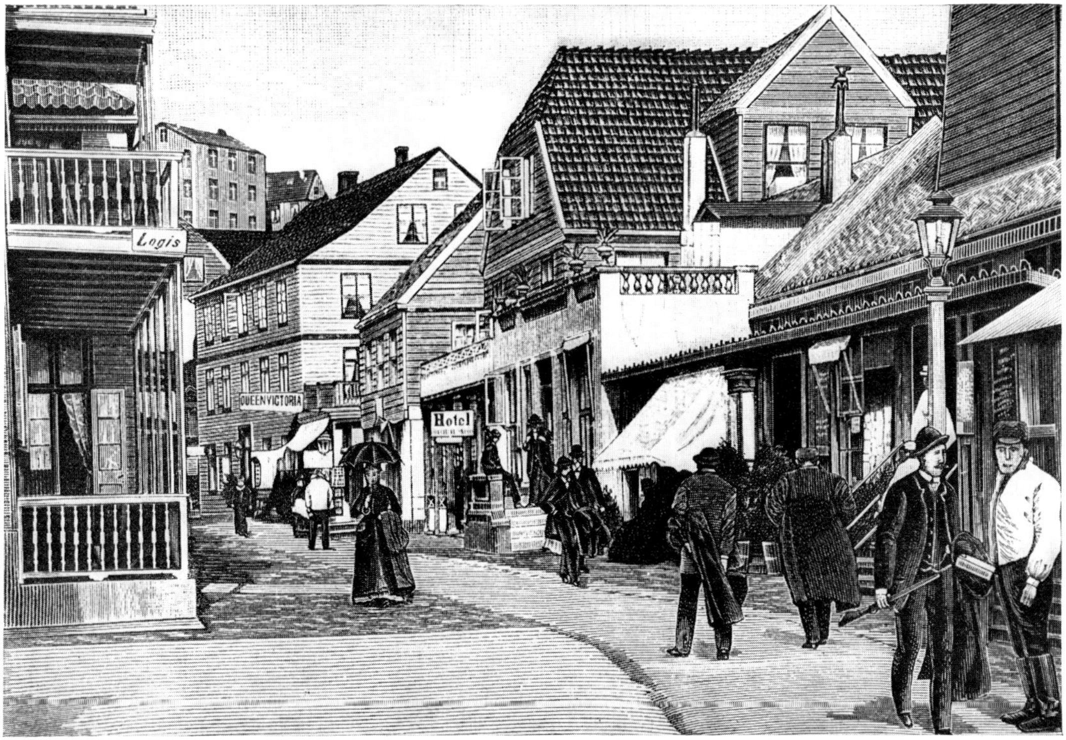
Logis
QUEEN VICTORIA
Hotel

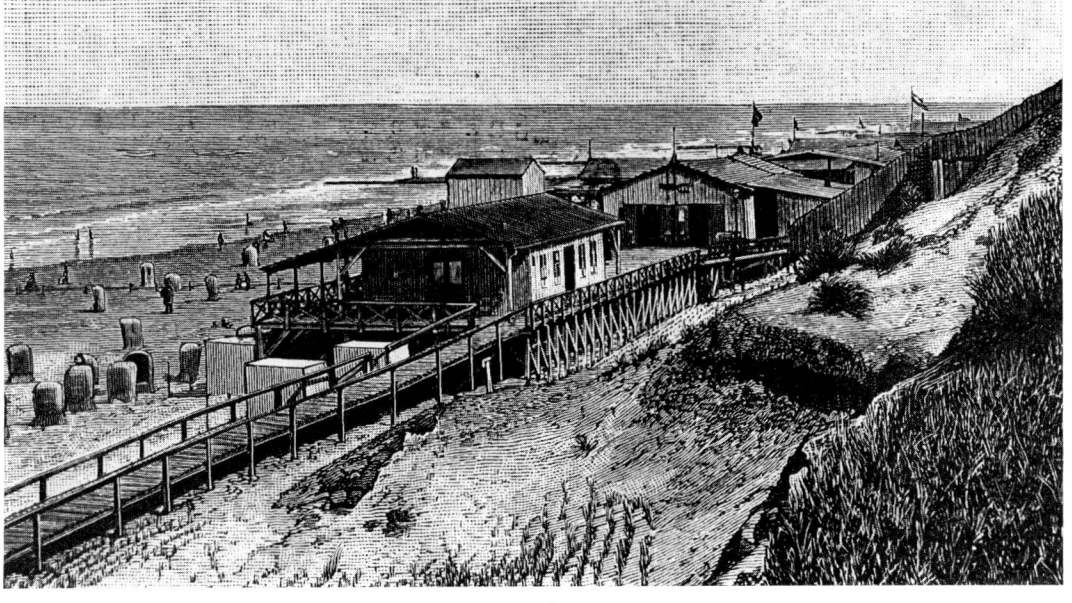

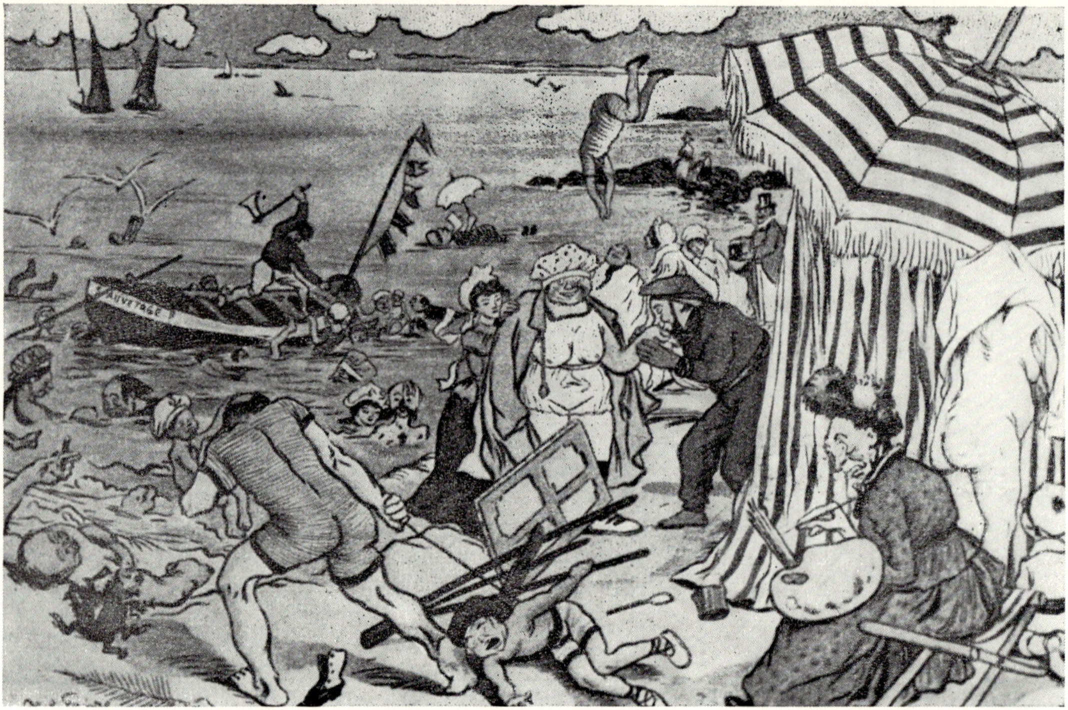

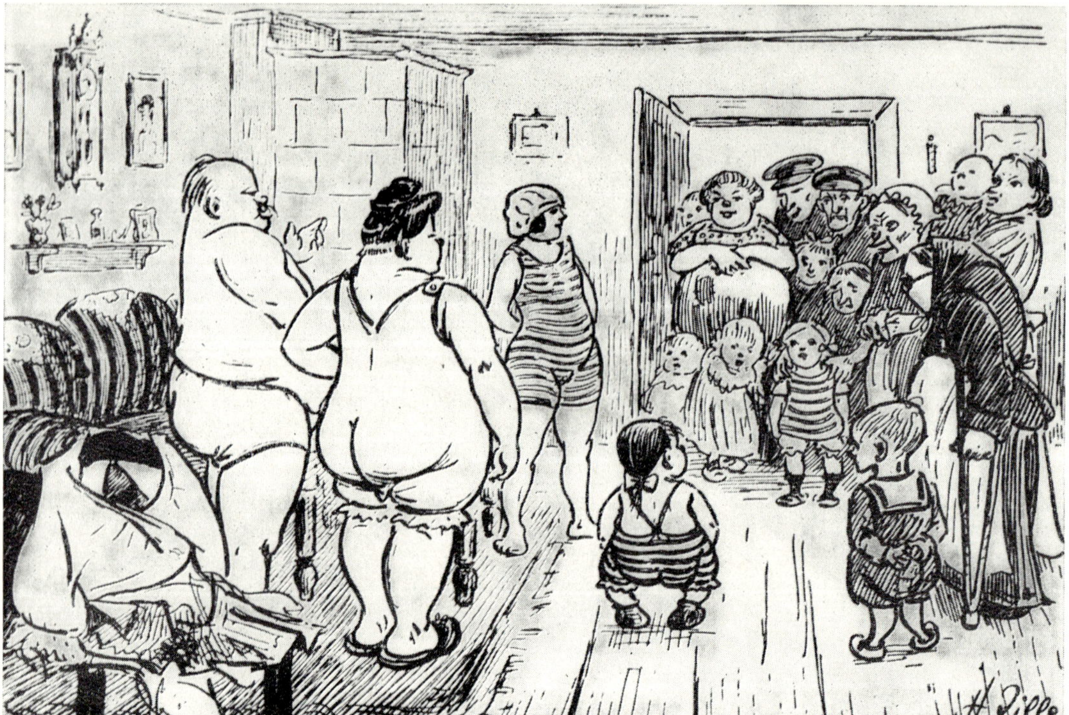
H. Zille. 09.

Daß die Entwicklung der Kurzeit in den Mittelmeerländern auf Grund günstigerer klimatischer Bedingungen anders verlief, ist verständlich, doch selbst in England kannte man vor hundert Jahren nicht nur die traditionelle Winterkur in Bath, sondern besuchte auch vom Herbst bis tief in den Winter hinein das Seebad Hastings. Zu den bekanntesten «Winterstationen», wie man damals sagte, gehörten um 1880 Cannes, das südfranzösische Pau, die Schweizer Kurorte Lugano und Montreux, die auf Sizilien gelegenen Orte Palermo und Catania, Ajaccio auf Korsika und die an der afrikanischen Westküste gelegene Insel Madeira mit ihrer Hauptstadt Funchal. Ebenso wie Cannes besaß Funchal bereits eine jahrzehntelange Tradition als Winterkurort. Seit Mitte des 19. Jahrhunderts besuchten vor allem Engländer, später in zunehmendem Maße auch Franzosen die afrikanische Insel, die wegen ihrer reinen Luft und der gleichmäßigen Temperatur als besonders heilsamer Aufenthalt für Lungenkranke galt. Während im französischen Seebad Biarritz die Winterkur nur vereinzelt gebraucht wurde, schuf man im Jahre 1883 im kroatischen, damals zur Donaumonarchie gehörenden Abbazia (Opatija) Kureinrichtungen, die von vornherein für den Winterbetrieb gedacht waren. Es liegt auf der Hand, daß mit der stärkeren Verbreitung des Wintersports nach und nach eine Reihe von Gebirgsorten zu beliebten Urlaubszentren wurde.

Im verhängten Strandkorb ■ Schon seit den ersten Anfängen des Seebadens gingen Damen und Herren entweder von getrennten Badeplätzen aus ins Wasser oder badeten separat mit Hilfe von Badekarren und -schaluppen. In den dreißiger Jahren des 19. Jahrhunderts entstanden die ersten kleinen Damen- und Herrenbäder. Mit der zunehmenden Besucherzahl erhielten sie immer größere Ausmaße, bis schließlich hufeisenförmige, auf Pfählen in die See gebaute Badeanstalten das Bild der Strände beherrschten. In einigen Ostseebädern konnte man sie noch bis in die vierziger Jahre unseres Jahrhunderts bestaunen, bevor sie dann dem Brennstoffmangel in den ersten Nachkriegsjahren zum Opfer fielen. Derartige Badeanstalten, zu denen meist auch Gaststätten, Kioske und Frisierstuben gehörten, gab es auf Usedom zum Beispiel in Bansin, Heringsdorf und Ahlbeck. Das letztgenannte Ostseebad besaß um 1905 gar fünf große Bäder mit insgesamt etwa 400 Umkleidekabinen. Zur gleichen Zeit standen an der deutschen Nordseeküste noch mehr als 1500 Badekarren, davon allein etwa 400 auf Sylt und 300 auf Norderney, die durch Vorspannen von Pferden als bewegliche Umkleidekabinen dienten. Sicher gab es auch bescheidenere Badeeinrichtungen, wie etwa auf Hiddensee, das seinen Gästen nur einige am Strand stehende Badehütten bot, doch das nach Geschlechtern getrennte Baden war noch vor 100 Jahren überall gang und gäbe.

Wesentlich unkonventioneller ging es in den französischen Mittelmeerbädern zu. Auch im vielbesuchten Ostende war es längst möglich, mit der Familie gemeinsam zu baden und sich anschließend zu sonnen. Nach belgischem und holländischem Vorbild entstanden um 1900 auch an den deutschen Küsten sogenannte Familienbäder, zuerst auf Helgoland und Sylt, dann in Kolberg, Misdroy (Miedzyzdroje), Zoppot, Swinemünde und in den Bädern auf Usedom. Nicht überall aber war es erlaubt, gemeinsam die Badeanstalt zu betreten und sich am gleichen Strandabschnitt zu tummeln. So durfte man sich zum Beispiel im 1904

95
Am Strande. Karikatur von Abel Faivre, um 1900
96
Familie Panke, Berlin O. (Schlächter und Hauswirt) zeigt sich ihren Mietern, die keine Ahnung vom Freibad haben, in ihrem Badekostüm: «Und so jehn wir ans Ufer spazier'n, un denken uns jarnischt dabei!»
Zeichnung von Heinrich Zille, 1909

errichteten Warnemünder Familienbad erst direkt im Wasser treffen, und jahrelang war es in einigen Familienbädern verboten, sich auf den Stegen aufzuhalten.

Als sich hier und da gar Badegäste erdreisteten, direkt vom Strand aus zu baden, verbot die Generalversammlung des Verbandes Deutscher Ostseebäder im Jahre 1912 generell das Baden außerhalb der Badeanstalten. Denen, die beim Freibaden erwischt wurden, drohten Geld- und Haftstrafen. Sicher ging es bei diesem Verbot weder um die Moral, noch um die Sicherheit der Badegäste, sondern um handfeste wirtschaftliche Interessen.

Erst in der zweiten Hälfte der zwanziger Jahre setzte sich das Freibaden vom Strande aus überall durch. In einem Warnemünder Reiseführer aus dem Jahre 1926 findet sich dazu folgender Satz:

«Einem modernen Zeitanspruch und den gegenwärtigen Heilsbestrebungen entsprechend ist unter Beachtung der Strandordnung, nach welcher vor allem ein geschlossener Badeanzug getragen werden muß und das Aus- und Ankleiden nur im verhängten Strandkorb erfolgen darf, das Freibaden am Strande gestattet.»

Streit um das Nacktbaden ■ Spricht man heute von Freikörperkultur, denkt man an große Seebadestrände. Doch was jahrzehntelang die Gemüter erregte, zu gegenseitigen Beleidigungen und zu Gerichtsverfahren führte, eine Welle von Vereinsgründungen und eine wahre Flut von Kampfschriften hervorrief, nahm seinen Anfang im Binnenland, in abgelegenen Gebirgstälern und einsamen Wäldern.

Im Jahre 1888 begann der Maler Karl Wilhelm Diefenbach, in Bayern Vegetarismus und natürliche Lebensweise zu predigen. Seine Kinder ließ er nackt auf der Alm umhertollen. Trotz aller Anfeindungen malte sein Schüler Fidus den nackten

Menschen und setzte sich für Diefenbachs Ideen ein. Um die gleiche Zeit genossen in aller Heimlichkeit einzelne Personen in der Nähe Berlins unbekleidet Luft und Sonne. Später badeten hier und da kleine Gruppen nackt in Flüssen und Seen.

An der Ost- und Nordseeküste taten einzelne mutige Damen und Herren erst um 1900 splitternackt den Schritt ins Wasser. Sie waren wohl weniger von Diefenbach und Fidus als von dem in Schweden allgemein üblichen Nacktbaden beeinflußt. Deshalb bezeichnete man die neue, von der überwiegenden Mehrheit der Badegäste als zutiefst unmoralisch angesehene Art zu baden auch als «schwedisch baden».

Zu den Pionieren der Freikörperkultur (ein Begriff, der übrigens erst in den zwanziger Jahren geprägt wurde) gehörte Richard Ungewitter. Seine im Jahre 1905 geschriebene Broschüre «Wieder nacktgewordene Menschen» erlebte in wenigen Jahren eine Gesamtauflage von fast 100 000 Exemplaren. Ungewitter begann auch mit Erfolg, die Anhänger der Freikörperkultur zu organisieren. Dem von ihm geschaffenen «Treubund für aufsteigendes Leben» gehörten im Jahre 1913 immerhin mehr als 50 Verbände in Deutschland, Österreich und der Schweiz an. Vor dem Ersten Weltkrieg bestanden für die Anhänger der Freikörperkultur bereits die mehr als fünf Hektar große Anlage Klingberg bei Lübeck, ein ähnliches Gelände am Donauufer in Wien und eine Siedlung für Freunde des gemeinsamen Nacktbadens in der Nähe des Schweizer Kurortes Ascona.

Die große Zeit der FKK-Organisationen brach in den zwanziger Jahren an. In Deutschland veröffentlichte Robert Laurer seine Werbeschriften «Lichtland» und «Lachendes Leben»; er gründete auch die «Liga für freie Lebensgestaltung». Gleichzeitig entstand der «Reichsverband für Freikörperkultur», dem zeitweise etwa 50 Organisationen angeschlossen waren. Aber ihre Mitgliederzahl nimmt sich für heutige Verhältnisse doch recht bescheiden aus; zum «Reichsverband» zählten nur etwa 1000 Jungen und Mädchen. Zum Aufbau ähnlicher Vereinigungen kam es im Jahre 1927 in der Schweiz («Schweizer Lichtbund») und 1931 in Österreich («Bund österreichischer Freikörperkulturvereine»).

Die Anhänger des Nacktbadens erreichten schließlich, daß ihnen in Berlin, Wien und anderen großen Städten zu bestimmten Stunden die Hallenschwimmbäder offenstanden. Ebenfalls in den zwanziger Jahren entstanden die ersten inoffiziellen Nacktbadeplätze an der Nord- und Ostsee, natürlich nicht am Strand der großen Seebäder, sondern an der Nordküste der Insel Sylt, auf Hiddensee, wo man die Hucke wegen der Nacktbader auch «Affenfelsen» nannte, und auf Wollin. Der Ruhm, den ersten offiziellen FKK-Strand besessen zu haben, gebührt dem kleinen Nordseebad St. Peter-Ording. Dort gab man im Jahre 1932 einen Strandabschnitt zum Nacktbaden frei. Auch anderswo zollten Kurverwaltungen der neuen Bewegung Tribut, doch dürften derartige Sonnenbäder, wie sie zum Beispiel in Warnemünde bestanden, kaum im Sinne der organisierten Nudisten gewesen sein. In einem Reiseführer aus dem Jahre 1932 hieß es nämlich:

«Außerdem sind für Damen und Herren getrennte Sonnen- und Luftbäder für Nacktkulturen vorhanden.»

Schon vor dem Ersten Weltkrieg bemühten sich konservative Vereine und Badedirektionen, den zaghaften FKK-Bestrebungen einen Riegel vorzuschieben. Es schien, als hätten sich «sittenstrenge» und prüde Gruppen aller Schattierungen verschworen, nicht nur das Nacktbaden zu verbieten, sondern auch das Ganztrikot als einzig erlaubte Badebekleidung zu verteidigen. Bis etwa 1905 war in den meisten Familienbädern der bis oben geschlossene Badeanzug auch für Herren Vorschrift. In Ulm verbot die Polizei im Jahre 1914 das Nacktgehen im Luft- und Sonnenbad; außer-

dem durfte ein derartiges Bad nicht länger als zwei Stunden benutzt werden. Auch in Berlin versuchten einige Vereine im Jahre 1912, die Regierung zum Vorgehen gegen die Familienbäder zu bewegen. Doch der damalige Regierungspräsident von der Schulenburg ließ sich davon nicht beeinflussen. Er erwiderte auf die entsprechende Eingabe:

«Die Erfahrungen der letzten Jahre haben nicht den Beweis erbracht, daß die vorgebrachten Bedenken gegen die Familienbäder gerechtfertigt sind. Daß hin und wieder in Ausnahmefällen Unannehmlichkeiten und Ausschreitungen vorgekommen sind, wird nicht bestritten; doch ist die große Zahl der Badebesucher daran schuld. Zu dem Verbote des Zutritts Jugendlicher habe ich mich nicht entschließen können, denn ich kann grundsätzlich nicht zugeben, daß durch das Familienbad die allgemeine Sittlichkeit gefährdet ist.»

Während also am Berliner Wannsee wenigstens das gemeinsame Baden geduldet wurde, gingen in Sachsen die Amtshauptmannschaften gegen die Familienbäder vor. Sie durften nur noch an abgelegenen Plätzen errichtet werden. Als Voraussetzung galten hohe Umzäunungen und undurchsichtige Badebekleidung. Verboten war nicht nur die Badehose, sondern auch das Fotografieren.

Auch die katholischen Bischöfe wandten sich gegen «wildes und gemischtes Baden», wie Prälat Joseph Mausbach in seiner um 1930 mehrfach aufgelegten Schrift «Sittlichkeit und Badewesen» formulierte. Er verwies darin auf die aus dem Jahre 1925 stammenden «Leitsätze und Weisungen» der deutschen Bischöfe und schrieb:

«Die Bischöfe verlangen daher mit Recht für die öffentlichen Fluß- und Seebäder, einschließlich der Licht- und Luftbäder, die Trennung der Geschlechter, sowie getrennte Aus- und Ankleideräume, sodann eine anständige Badebekleidung und eine wirksame Aufsicht zur Verhütung der ebengenannten schweren Anstößigkeiten.»

Ende der zwanziger Jahre verschärften sich die Auseinandersetzungen um das Nacktbaden. Schließlich erließ im August des Jahres 1932 der Reichskommissar für Preußen, Franz Bracht, eine Anweisung an die Polizei, «an unseren Strömen und Seen gegen Ärgernis erregendes Benehmen einzuschreiten». Im Oktober 1932 folgte dann der vielbelachte und in satirischen Zeitschriften verspottete «Zwickel-Erlaß». Dieses wohl bekannteste Zeugnis prüder Gesinnung lautete:

«§ 1 Das öffentliche Nacktbaden ist untersagt.

§ 2 Frauen dürfen öffentlich nur baden, falls sie einen Badeanzug tragen, der Brust und Leib an der Vorderseite des Oberkörpers vollständig bedeckt, unter den Armen fest anliegt sowie mit angeschnittenen Beinen und einem Zwickel versehen ist. Der Rückenausschnitt des Badeanzuges darf nicht über das untere Ende der Schulterblätter hinausgehen.

§ 3 Männer dürfen öffentlich zur baden, falls sie wenigstens eine Badehose tragen, die mit angeschnittenen Beinen und einem Zwickel versehen ist. In sogenannten Familienbädern haben Männer einen Badeanzug zu tragen.»

Damit war das Ende der wohl stürmischsten Etappe der deutschen FKK-Bewegung gekommen. In der Schweiz dagegen gründete man im Jahre 1937 in Thielle am Nordende des Neuenburger Sees ein großes sogenanntes Lichtgelände mit einem ausgedehnten Nacktbadestrand, und in Großbritannien schlossen sich die Anhänger der Freikörperkultur im Kriegsjahr 1943 zu einer Vereinigung zusammen. In den fünfziger Jahren kam es dann in den meisten Nord- und Ostseebädern zur Freigabe gekennzeichneter Strandabschnitte für Freunde des Nacktbadens, und es scheint, als sei zumindest auf diesem Gebiet das Seebadewesen wieder am Anfang seiner Geschichte angelangt, die schließlich vor mehr als 200 Jahren mit dem Nacktbaden begonnen hatte.

Benutzte Literatur (Auswahl)

A Guide to all the watering and sea-bathing places, London 1815

BARNEWITZ, Friedrich, *Geschichte des Hafenortes Warnemünde unter besonderer Berücksichtigung der Volks- und Bodenkunde,* Rostock 1919

BARTELS, Max, *Die Medicin der Naturvölker,* Leipzig 1893

BIEHN, Heinz / Johanna Baronin HERZOGENBERG, *Große Welt reist ins Bad,* München 1960

BLONDEL, Franciscus, *Außführliche Erklärung und augenscheinliche Wunderwirckung deren heylsamen Badt- und Trinckwässeren zu Aach,* Aachen 1688

BRUCKMEYER, Friedrich, *Das deutsche Rettungswesen,* Berlin 1931

CRANTZ, Heinrich Johann von, *Gesundbrunnen der Österreichischen Monarchie,* Wien 1777

De balneis, Venedig 1553

Deutsches Bäderbuch, Leipzig 1907

Die vorzüglichsten Heilquellen Europas. In chemischer und therapeutischer Beziehung nach den neuesten Erfahrungen vollständig zusammengestellt, Berlin 1842

DRYANDER, Johann, *Artzenei Spiegel,* Frankfurt am Main 1557

FABIAN, Dietrich, *Bäder,* München 1960

FERRO, Pascal Joseph de, *Vom Gebrauch des kalten Bades,* Wien 1781

FISCHER, Alfons, *Geschichte des deutschen Gesundheitswesens,* Berlin 1933

GENTH, Adolf, *Kulturgeschichte der Stadt Schwalbach,* Wiesbaden 1858

GENZMER, Felix August, *Bade- und Schwimm-Anstalten,* Stuttgart 1899

GSELL-FELS, Theodor, *Die Bäder und Klimatischen Kurorte Deutschlands,* Zürich 1885, 1888

GÜNTHER, Johann Arnold, *Geschichte und itzige Einrichtung der Hamburgischen Rettungs-Anstalten für im Wasser verunglückte Menschen,* Hamburg 1794

HAAS, Alfred, *Die Insel Hiddensee,* Stralsund 1896

HÄBERLIN, Carl, *Lehrbuch der Meeresheilkunde,* Berlin/Wien 1935

Handbuch der Bäder- und Klimaheilkunde, Stuttgart 1962

HARTMANN, Alfred, *Badereise durch fünf Jahrtausende,* Mainz 1969

HATHAM, A. H. A., *Schloß und Dorf Elgersburg am Fuße des Thüringer Waldes mit seiner Wasserheilanstalt und nächsten Umgebung,* Arnstadt/Elgersburg 1841

HIRSCHEL, Bernhard, *Hydriatica oder Begründung der Wasserheilkunde auf wissenschaftliche Principien, Geschichte und Literatur,* Leipzig 1840

HLAWACZEK, Eduard, *Karlsbad,* Karlsbad 1847

HOPF, Ludwig, *Die Heilgötter und die Heilstätten des Altertums,* Tübingen 1904

HUFELAND, Christoph Wilhelm, *Praktische Uebersicht der vorzüglichsten Heilquellen Teutschlands.* Berlin 1820 (2. Auflage)

KIND, Richard, *Das Seebad zu Swinemünde,* Stettin 1828

KNEBEL, Hans-Joachim, *Soziologische Strukturwandlungen im modernen Tourismus,* Stuttgart 1960

KNEIPP, Sebastian, *Meine Wasser-Kur,* Kempten 1886

KÖHLER, R. Justin, *Allgemeines Heilquellen-Lexikon oder alphabetisches Verzeichnis der bekanntesten Heilquellen, Bade-, Molken- und Kräuter-Kuranstalten der ganzen Erde,* Wien 1847

KRÜCHE, Arno, *Lehrbuch der praktischen Wasserheilkunde,* München 1892

KUKOWKA, Albert, *Physikalische Therapie und Balneologie,* Berlin 1959

LASSAR, Oscar, *Über Volksbäder,* Braunschweig 1887

LUTHER, Gustav, *Bemerkungen über das alt-römische Bad in seiner verbesserten irischen Form und seine Heilkraft in langwierigen Krankheiten,* Leipzig 1862 (3. Auflage)

MARGGRAF, Hugo, *Badewesen und Badetechnik der Vergangenheit,* Berlin 1881

MARCARD, Heinrich Matthias, *Beschreibung von Pyrmont,* Leipzig 1784, 1785

MARTIN, Alfred, *Deutsches Badewesen in vergangenen Tagen,* Jena 1906

MEHL, Erwin, *Antike Schwimmkunst,* München 1927

MÜHRY, Carl, *Über das Seebaden und das Norderneyer Seebad,* Hannover 1836

MÜLLER, Franz Carl, *Hydrotherapie,* Leipzig 1890

MUNDE, Carl, *Genaue Beschreibung der Gräfenberger Wasserheilanstalt und der Prießnitzschen Curmethode*, Leipzig 1837

MUNSTER, Sebastian, *Cosmographey oder beschreibung aller Länder*, Basel 1567

Österreichisches Bäderbuch, Wien 1928

OLEARIUS, Adam, *Curieuse Beschreibung seiner gethanen Reise aus Hollstein nach Mußcau und Persien / und was sich darauff sonderbahres begeben und zugetragen*, Hamburg 1696

OSANN, Emil, *Physicalisch-medicinische Darstellung der bekannten Heilquellen der vorzüglichsten Länder Europas*, Berlin 1829, 1832

OTT, Victor R., *Die Sauna*, Basel 1948

PETERS, Hermann, *Der Arzt und die Heilkunst in der deutschen Vergangenheit*, Leipzig 1900

PRIGNITZ, Horst, *Vom Badekarren zum Strandkorb*, Leipzig 1977

SCHERER, Alexander Nicolaus, *Versuch einer systematischen Uebersicht der Heilquellen des Russischen Reiches*, Petersburg 1820

SCHMATZ, Joseph, *Baiae, das erste Luxusbad der Römer*, Regensburg 1906

SCHREGER, Christian Heinrich Theodor, *Balneotechnik oder Anleitung Kunstbäder zu bereiten und anzuwenden*, Fürth 1803

SIEBOLD, Adam Elias von, *Ausführliche Beschreibung der Heilquellen zu Kissingen*, Berlin 1828

SOMMER, Georg Lorenz, *Kaiser Franzensbad bei Eger und seine Umgebungen*, Eger 1842

SPENGLER, Ludwig, *Der Kurgast in Ems*, Bad Ems 1853

TOLBERG, Johann Wilhelm, *Geschichte und jetzige Einrichtung des Sool- und Saltzbades zu Elmen bei Salze*. In: Journal der practischen Heilkunde, Berlin 1818, 3. Stück, Seite 1 ff

VOGEL, Samuel Gottlieb, *Annalen des Seebades zu Doberan vom Sommer 1799*, Rostock 1800

VOGEL, Samuel Gottlieb, *Fortgesetzte Annalen des Seebades zu Doberan vom Sommer 1800, 1801, 1802*, Rostock 1801, 1802, 1803

VOGEL, Samuel Gottlieb, *Neue Annalen des Seebades zu Doberan*, 1.–8. Heft, Rostock 1804–1811

ZAPPERT, Georg, *Über das Badewesen mittelalterlicher und späterer Zeit*, Wien 1858

ZÜCKERT, Johann Friedrich, *Systematische Beschreibung aller Gesundbrunnen und Bäder Deutschlands*, Berlin/Leipzig 1768

Verzeichnis der Abbildungen auf den Textseiten

11 Der Bader. Kupferstich aus: Chr. Weigel, Abbildung der gemeinnützlichen Haupt-Stände ..., Regensburg 1698
Foto: Thomas Helms

12 Büstenkonsole von Charles Dubut im Baderaum der im Jahre 1717 erbauten Badenburg im Park von Schloß Nymphenburg
Foto: Bayerische Verwaltung der staatlichen Schlösser, Gärten und Seen, München

13 Baderaum der Badenburg im Park von Schloß Nymphenburg
Foto: Bayerische Verwaltung der staatlichen Schlösser, Gärten und Seen, München

14 Reinigung der Weiber im Bad. Kupferstich aus: P. Chr. Kirchner, Jüdisches Ceremoniel, Nürnberg 1726
Foto: Sächsische Landesbibliothek, Abteilung Deutsche Fotothek, Dresden

15 De thermis helveticis – Von den helvetischen Thermen. Pump- und Heizwerk des Schweizer Bades Fideris im 16. Jahrhundert. Holzschnitt aus: De balneis, Venedig 1553
Foto: Thomas Helms

16 Der Jungbrunnen. Ausschnitt aus einer vierteiligen Holzschnittfolge von Sebald Beham, um 1536: Der Weg zum Brunnen, Der Jungbrunnen. Nach: M. Geisberg (Hrsg.), Die 207 Einblatt-Holzschnitte des Sebald Beham und Barthel Beham, München 1929
Foto: Renate Ladewig

17 Der Sprudel zu Karlsbad im 17. Jahrhundert. Kupferstich von G. Hupschmann. Nach: A. Martin, Deutsches Badewesen in vergangenen Tagen, Jena 1906
Foto: Thomas Helms

18 Der Cornelische Badwasser-Brunnen in Aachen Mitte des 17. Jahrhunderts. Kupferstich aus: F. Blondel, Außfürliche Erklärung und augenscheinliche Wunderwirckung deren heylsamen Badt- und Trinckwässeren zu Aach, Aachen 1688
Foto: Thomas Helms

19 Ansicht des warmen Brunnens auf dem Markt zu Aachen um 1730 (Ausschnitt). Kupferstich aus: K. L. v. Pöllnitz, Amusements des eaux d'Aix-la-Chapelle, Amsterdam 1736
Foto: Thomas Helms

20 Der Sauerbrunnen zu Göppingen. Kupferstich von Matthäus Merian, aus: Topographia Germaniae, Band Schwaben, 1643
Foto: Thomas Helms

21 Das Badener Bad bei Wien. Kupferstich von Matthäus Merian, aus: Topographia Germaniae, Band Österreich, 1656
Foto: Renate Ladewig

22 Ansicht von Langen-Schwalbach mit dem Weinbrunnen im Jahre 1631. Kupferstich von Matthäus Merian, aus: Topographia Germaniae, Band Hessen, 1655
Foto: Thomas Helms

23 Das Emser Bad. Kupferstich von Matthäus Merian, aus: Topographia Germaniae, Band Hessen, 1655
Foto: Renate Ladewig

24 Das Bad Pfäfers in der Mitte des 17. Jahrhunderts. Kupferstich von Matthäus Merian, aus: Topographia Germaniae, Band Schweiz, 1654
Foto: Renate Ladewig

25 Ansicht des Marktes zu Spa und des Brunnens Pouhon. Kupferstich aus: K. L. v. Pöllnitz, Amusements des eaux de Spa, Amsterdam 1740
Foto: Thomas Helms

26 Südlicher Prospect des Brunnen- und Badhauses bei Hofgeismar. Kupferstich von Wolfgang Christoph Mayr nach einer Zeichnung von Johann Heinrich Tischbein (dem «Kasseler» Tischbein), aus: Chr. H. Böttger, Beschreibung der Gesundbrunnen und Bäder bey Hofgeismar, Kassel 1772
Foto: Karin Wieckhorst

27 Das im Jahre 1778 erbaute Badehaus in Zarskoje Selo
Foto: Sächsische Landesbibliothek, Abteilung Deutsche Fotothek, Dresden

28 Schwimmende Kinder mit luftgefüllten Tierblasen. Kupferstich von Conrad Meyer, Zürich 1657. Nach: A. Martin, Deutsches Badewesen in vergangenen Tagen, Jena 1906 – Foto: Thomas Helms

29 Badeschiff des Arztes G. A. Welper an der Langen Brücke zu Berlin, 1802 (Ausschnitt). Kupferstich. Berlin, Ansichtensammlung des Stadtarchivs
Foto: Stadtarchiv Berlin

30 Das 1781 auf der Donau bei Wien eröffnete Flußbad. Kupferstich aus: P. J. de Ferro, Vom Gebrauch des kalten Bades, Wien 1781
Foto: Thomas Helms

31 Die Kohl'sche Badeanstalt auf dem Main bei Frankfurt. Kupferstich, um 1802. Frankfurt am Main, Stadtarchiv
Foto: Stadtarchiv Frankfurt am Main

32 Der im Jahre 1774 von dem Pariser Abbé de La Chapelle empfohlene Scaphander zum gefahrlosen Überqueren von Flüssen. Kupferstich aus: De La Chapelle's gründliche und vollständige Anweisung, wie man das von ihm erfundene Schwimmkleid oder den sogenannten Scaphander nach untrüglichen Grundsätzen verfertigen und gebrauchen soll, Warschau 1776 (im Besitz der Forschungsbibliothek Gotha)
Foto: Forschungsbibliothek Gotha

33, 34 Rettungsgeräte um 1790. Kupferstiche aus: J. A. Günther, Geschichte und itzige Einrichtung der Hamburgischen Rettungs-Anstalten für im Wasser verunglückte Menschen, Hamburg 1794
Fotos: Volkmar Herre

35 Baden und Schwimmen. Kupferstich aus: J. C. F. GutsMuths, Gymnastik für die Jugend, 1793
Foto: Volkmar Herre

36 Die 1826 gestiftete Pfuelsche Sommer-Schwimmanstalt zu Berlin. Lithographie, 1830. Berlin, Ansichtensammlung des Stadtarchivs – Foto: Stadtarchiv Berlin

37 Das schöne Geschlecht in der Schwimmschule. Karikatur von Honoré Daumier, 1865. Nach: G. Kahn (Hrsg.), Das Weib in der Karikatur Frankreichs, Stuttgart 1907
Foto: Thomas Helms

38 Brighton um 1800. Kupferstich aus: A Guide to all the watering and sea-bathing places, London 1815
Foto: Thomas Helms

39 Das englische Seebad Margate um 1800. Kupferstich aus: A Guide to all the watering and sea-bathing places, London 1815
Foto: Thomas Helms

40 Karrenbäder zu Cuxhaven. Kupferstich aus: A. A. Abendroth (Hrsg.), Ritzebüttel und das Seebad zu Cuxhaven, Hamburg 1818
Foto: Thomas Helms

41 Ballspiel auf dem Kamp vor dem Logierhause in Doberan (Ausschnitt). Radierung von Johann Friedrich Frick nach einem Gemälde von Janus Genelli, 1801. Schwerin, Staatsarchiv
Foto: Staatsarchiv Schwerin

42 Das Fest der Landleute auf dem Kamp zu Doberan (Ausschnitt). Lithographie von A. Achilles, 1842. Schwerin, Staatliches Museum
Foto: Staatliches Museum Schwerin

43 Der Heilige Damm. Lithographie von J. Havemann, um 1830. Schwerin, Staatsarchiv
Foto: Staatsarchiv Schwerin

44 Johann Both, Badediener in Heiligendamm. Lithographie von W. Hauer nach einer Zeichnung von C. Rettberg, 1833. Schwerin, Staatliches Museum
Foto: Staatliches Museum Schwerin

45 Das Badehaus zu Putbus-Lauterbach, erbaut 1817/18. Stahlstich von Johann Friedrich Rosmäßler, 1834. Stralsund, Kulturhistorisches Museum
Foto: Kulturhistorisches Museum Stralsund

46 Das fürstliche Jagdhaus in der Granitz (auf Rügen), erbaut 1836. Lithographie von Ludwig Eduard Lütke, um 1840. Stralsund, Kulturhistorisches Museum
Foto: Kulturhistorisches Museum Stralsund

47 Ansicht von Swinemünde um 1825. Kupferstich von Johann Poppel nach einer Zeichnung von Wilhelm Schirmer, aus: R. Kind, Das Seebad zu Swinemünde, Stettin 1828
Foto: Thomas Helms

48 Warnemünde. Lithographie von Wilhelm Heuer, um 1840. Schwerin, Staatsarchiv
Foto: Staatsarchiv Schwerin

49 Das Conversations-Haus auf Norderney. Kupferstich nach einer Zeichnung von A. v. Halem, aus: J. L. Bluhm, Die Seebade-Anstalten auf Norderney, 2. Auflage, Bremen 1840
Foto: Thomas Helms

50 Blick auf das Seebad Dieppe. Xylographie aus: J. Berthier, Album universel des eaux minérales et des bains de mer, Paris 1864
Foto: Thomas Helms

51 Das Seebad Cherbourg. Xylographie von Predhomme, aus: J. Berthier, Album universel des eaux minérales et des bains de mer, Paris 1864
Foto: Thomas Helms

52 Badeschiff vor Wismar-Wendorf, erbaut 1821. Lithographie von C. C. Gundlach, 1836. Wismar, Stadtarchiv
Foto: Hildegard Levermann-Westerholz

53 «Wie die Türckin inn das badt gehenn». Kupferstich, etwa 1557, aus: N. Nicolai, Der Erst Theyl Von der Schiffart und Rayß in die Türckey unnd gegen Orient, Übersetzung aus dem Französischen, 1572
Foto: Renate Ladewig

54 Gebrauch des Halb-Dampfbades in Aachen. Kupferstich aus: K. L. v. Pöllnitz, Amusements des eaux d'Aix-la-Chapelle, Amsterdam 1736
Foto: Thomas Helms

55 Gebrauch des Halb-Wasserbades in Aachen. Kupferstich aus: K. L. v. Pöllnitz, Amusements des eaux d'Aix-la-Chapelle, Amsterdam 1736
Foto: Thomas Helms

56 Brunnenplatz in Pyrmont. Kupferstich von Christian Gottlieb Geyser nach einer Zeichnung von Johann Friedrich Weitsch, aus: H. M. Marcard, Beschreibung von Pyrmont, Leipzig 1784/1785
Foto: Karin Wieckhorst

57 Ein finnländisches Bad. Kupferstich aus: G. Acerbi, Reise durch Schweden und Finnland bis an die äußersten Grenzen von Lappland in den Jahren 1798 und 1799, Berlin 1803
Foto: Volkmar Herre

58 Ansicht von Baden-Baden. Kupferstich aus: A. Schreiber, Baaden im Großherzogthum mit seinen Bädern und Umgebungen, Karlsruhe 1804
Foto: Karin Wieckhorst

59 Blick auf Bagnères-de-Luchon. Stich von Eugène Wormser, aus: J. Berthier, Album universel des eaux minérales et des bains de mer, Paris 1864
Foto: Thomas Helms

60 Le Bain de Vapeur – Das Schwitzbad. Französische Karikatur, nach 1850. Nach: E. Holländer, Die Karikatur und Satire in der Medizin, 2. Auflage, Stuttgart 1921
Foto: Renate Ladewig

61 Trinkhalle in Bath (Ausschnitt). Kupferstich aus: A Guide to all the watering and sea-bathing places, London 1815
Foto: Thomas Helms

62 Nordpromenade in Bath (Ausschnitt). Kupferstich aus: A Guide to all the watering and sea-bathing places, London 1815
Foto: Thomas Helms

63 Blick in die Große Allee in Pyrmont. Kupferstich von Christian Gottlieb Geyser nach einer Zeichnung von Johann Friedrich Weitsch, aus: H. M. Marcard, Beschreibung von Pyrmont, Leipzig 1784/1785
Foto: Karin Wieckhorst

64 Das herzogliche Badhaus und der Weinbrunnen zu Langenschwalbach. Kupferstich von Johann Jakob Müller, um 1830, aus: H. Roth, Die drei Stahlquellen zu Schwalbach, Wiesbaden 1856
Foto: Thomas Helms

65 Das Kasino von Arcachon. Xylographie von Auguste Pontenier, aus: J. Berthier, Album universel des eaux minérales et des bains de mer, Paris 1864
Foto: Thomas Helms

66 Hauptstraße in Tunbridge (Ausschnitt). Kupferstich aus: A Guide to all the watering and sea-bathing places, London 1815
Foto: Thomas Helms

67 Franzensbad von der Gartenseite (Ausschnitt). Kupferstich von Georg Döbler nach einer Zeichnung von Philipp Knieschek, aus: E. Osann/B. Trommsdorf, Die Mineralquellen zu Kaiser-Franzensbad bei Eger, Berlin 1822
Foto: Thomas Helms

68 Das Kurhaus und die untere Kolonnade in Gießhübl in der Mitte des 19. Jahrhunderts. Lithographie von Joseph Schäfler, aus: Löschner, Der Gießhübler Sauerbrunnen in Böhmen, die König-Otto-Quelle genannt, 5. Auflage, Karlsbad 1860
Foto: Thomas Helms

69 Die Gießhübler König-Otto-Quelle bei Karlsbad in der Mitte des 19. Jahrhunderts. Lithographie von Joseph Schäfler, aus: Löschner, Der Gießhübler Sauerbrunnen in Böhmen, die König-Otto-Quelle genannt, 5. Auflage, Karlsbad 1860
Foto: Thomas Helms

70 Mineral-Brunnen-Trinkanstalt in Berlin, eröffnet 1823. Stahlstich von Barber nach einer Zeichnung von Heinrich Hintze. Berlin, Märkisches Museum
Foto: Märkisches Museum Berlin

71 Rippoldsau im Großherzogtum Baden (Ausschnitt). Stich nach einer Zeichnung von Charles Lallemand, aus: J. Berthier, Album universel des eaux minérales et des bains de mer, Paris 1864
Foto: Thomas Helms

72 Thermal-Badeanstalt von Bagnères-de-Bigorre. Lithographie von Aubrun, aus: J. Berthier, Album universel des eaux minérales et des bains de mer, Paris 1864
Foto: Thomas Helms

73 Das 1895 vollendete Kaiserbad in Karlsbad. Xylographie aus: F. A. Genzmer, Bade- und Schwimmanstalten, 2. Auflage, Leipzig 1921
Foto: Renate Ladewig

74 Blick auf Gastein. Xylographie aus: J. Berthier, Album universel des eaux minérales et des bains de mer, Paris 1864
Foto: Thomas Helms

75 Kissingen, Dame, Brunnen trinkend. Zeichnung von Adolph v. Menzel, 1884. Berlin, Staatliche Museen, Kupferstichkabinett und Sammlung der Zeichnungen
Foto: Staatliche Museen zu Berlin

76 Der Aachener Badearzt Franciscus Blondel (1613 bis 1703). Kupferstich aus: F. Blondel, Außfürliche Erklärung und augenscheinliche Wunderwirckung deren heylsamen Badt- und Trinckwässeren zu Aach, Aachen 1688
Foto: Thomas Helms

77 Anwendung verschiedener Duschbäder in Aachen Mitte des 17. Jahrhunderts. Kupferstich aus: F. Blondel, Außfürliche Erklärung und augenscheinliche Wunderwirckung deren heylsamen Badt- und Trinckwässeren zu Aach, Aachen 1688
Foto: Thomas Helms

78 Gebrauch der Dusche in Aachen. Kupferstich aus: K. L. v. Pöllnitz, Amusements des eaux d'Aix-la-Chapelle, Amsterdam 1736
Foto: Thomas Helms

79 Gräfenberg von der Westseite. Kupferstich aus: A. H. Kröber, Prießnitz in Gräfenberg und seine Methode, das kalte Wasser gegen verschiedene Krankheiten des menschlichen Körpers anzuwenden, Breslau 1833
Foto: Renate Ladewig

80 Die Walddusche in Gräfenberg. Kupferstich aus: A. H. Kröber, Prießnitz in Gräfenberg und seine Methode, das kalte Wasser gegen verschiedene Krankheiten des menschlichen Körpers anzuwenden, Breslau 1833
Foto: Renate Ladewig

81 Elgersburg um 1840. Lithographie von E. Sachse nach einer Zeichnung von E. John, aus: A. H. A. Hatham, Schloß und Dorf Elgersburg am Fuße des Thüringer Waldes mit seiner Wasserheilanstalt und nächsten Umgebung. Arnstadt/Elgersburg 1841 (im Besitz der Forschungsbibliothek Gotha)
Foto: Forschungsbibliothek Gotha

82 Kurgebäude zu Elgersburg um 1840. Lithographie von E. Sachse nach einer Zeichnung von E. John aus: A. H. A. Hatham, Schloß und Dorf Elgersburg am Fuße des Thüringer Waldes mit seiner Wasserheilanstalt und nächsten Umgebung, Arnstadt/Elgersburg 1841 (im Besitz der Forschungsbibliothek Gotha)
Foto: Forschungsbibliothek Gotha

83 Staubbad, Dusche und Tropfbad um 1835. Kupferstich aus: Die neueste praktische Wasserheilkunde in ihrem ganzen Umfange, Oder der vollständigste Wasser-Arzt für Jedermann, Ulm 1837 – Foto: Thomas Helms

84 Verschiedene Wasseranwendungen um 1835. Kupferstich aus: Die neueste praktische Wasserheilkunde in ihrem ganzen Umfange, Oder der vollständigste Wasser-Arzt für Jedermann, Ulm 1837
Foto: Thomas Helms

85 Thermal-Badeanstalt der Fregatte «La ville de Paris». Xylographie von Antoine Valérie Bertrand, aus: J. Berthier, Album universel des eaux minérales et des bains de mer, Paris 1864
Foto: Thomas Helms

86 Die 1855 errichtete Bade- und Waschanstalt in der Wiener Leopoldstadt. Zinkographie. Wien, Historisches Museum
Foto: Museen der Stadt Wien

87 Der Saal des Wiener Sophienbades. Lithographie, um 1870. Wien, Historisches Museum
Foto: Museen der Stadt Wien

88 Aussicht von der Burgstraße nach dem Badehaus der Friedrichsbrücke in Berlin, errichtet 1802 von G. A. Welper. Kupferstich von J. D. Laurens und Friedrich Christoph Dietrich nach einer Zeichnung von F. A. Calau, 1827. Berlin, Ansichtensammlung des Stadtarchivs
Foto: Stadtarchiv Berlin

89 Die um 1870 erbauten Paddington-Bäder und -Waschhäuser in London. Xylographie, 1874, aus: F. A. Genzmer, Bade- und Schwimm-Anstalten, Stuttgart, 1899
Foto: Thomas Helms

90 Warmes Bassinbad für Frauen im 1860 umgebauten Raitzenbad zu Ofen (Buda). Xylographie, 1867, aus: F. A. Genzmer, Bade- und Schwimm-Anstalten, Stuttgart 1899
Foto: Thomas Helms

91 Ein Winterabend im Sophienbad zu Leipzig. Xylographie aus: Die Gartenlaube, Nr. 11, 1875, Leipzig
Foto: Karin Wieckhorst

92 Badeleben an der Ostsee. Radierung von Johannes Plato, um 1910. Stralsund, Kulturhistorisches Museum
Foto: Kulturhistorisches Museum Stralsund

93 Kaiserstraße in Helgoland. Xylographie aus: Illustrierter Führer durch Hamburg und die Nordsee-Bäder, Hamburg 1895
Foto: Volkmar Herre

94 Westerland auf Sylt. Xylographie aus: Illustrierter Führer durch Hamburg und die Nordsee-Bäder, Hamburg 1895
Foto: Volkmar Herre

95 Am Strande. Karikatur von Abel Faivre, um 1900. Nach: G. Kahn (Hrsg.), Das Weib in der Karikatur Frankreichs, Stuttgart 1907
Foto: Renate Ladewig

96 Familie Panke, Berlin O. (Schlächter und Hauswirt) zeigt sich ihren Mietern ... Zeichnung von Heinrich Zille, 1909. Nach: H. Ostwald, Das Zillebuch, Berlin 1929
Foto: Renate Ladewig

Der Verfasser dankt den Mitarbeitern der Universitätsbibliothek Rostock für freundliche Unterstützung.

Personenregister

Ortsregister